CONSTITUTION DE LA MODERNITÉ
sous la direction de Jean-Claude Zancarini
11

# L'Individu libre

Ce travail a été réalisé au sein
du LabEx COMOD (ANR-11-LABX-0041) de l'université de Lyon,
dans le cadre du programme « Investissements d'avenir » (ANR-11-IDEX-0007)
de l'État français, géré par l'Agence nationale de la recherche (ANR)

Françoise Orazi

# L'Individu libre

## Le libéralisme anglo-saxon de John Stuart Mill à nos jours

PARIS
CLASSIQUES GARNIER
2018

Françoise Orazi est maître de conférences à l'université Lumière – Lyon 2. Elle enseigne la civilisation britannique et se spécialise dans l'histoire des idées politiques depuis son doctorat sur L.T. Hobhouse. Elle a notamment publié *John Stuart Mill et Harriet Taylor. Écrits sur l'égalité de sexes* (Lyon, 2014) et *Le Parti libéral (1906-1924)* (Neuilly-sur-Seine, 2010) avec Ph. Vervaecke.



ISBN 978-2-406-07478-6 (livre broché)
ISBN 978-2-406-07479-3 (livre relié)
ISSN 2493-8947

*Liberalism has a unique problem which arises, I think, from its central requirement of tolerance. This requires that the true liberal must accept much of what other people do at the same time as disapproving of it.* (Guest 2013, 209)

« Le libéralisme a un problème singulier, qui est dû, me semble-t-il, à l'exigence de tolérance : le véritable libéral doit accepter presque tout ce que font les autres, même s'il le réprouve[1]. »

1 Toutes les traductions sont de l'auteure, sauf mention contraire.

# INTRODUCTION

## DÉFINIR LE LIBÉRALISME
## Un exercice impossible ?

« Qu'est-ce que le libéralisme ? » Cette question sert d'introduction à la quasi-totalité des ouvrages, articles ou chapitres consacrés à une étude partielle ou complète de cette doctrine politique, et ne cesse de devenir plus complexe au fil du temps, au fur et à mesure qu'apparaissent des différences de plus en plus notables entre les différentes théories politiques qui s'en revendiquent ou auquel on l'associe. Ces dernières sont-elles de nouvelles versions distinctes au point de l'incompatibilité, si bien que l'emploi d'un même terme pour les désigner est problématique, ou plutôt des évolutions témoignant, malgré des variations certaines, d'un continuum libéral qui aurait traversé les deux, voire les trois derniers siècles ? De nombreux chercheurs ont tenté d'apporter des éléments de réponse, choisissant souvent d'utiliser le terme au pluriel pour rendre compte des variations. Il semble certes évident qu'on ne peut résumer tout le libéralisme à un ensemble monolithique, toutefois varier les termes pour parler de « libéralisme », « libéralismes », « courants » ou de « la famille libérale », ne suffit pas à élucider la question de l'identité. Un examen historique ou conceptuel semble plus fertile. Ainsi certains privilégient la division par périodes historiques tandis que d'autres tracent les contours de sous-catégories qui s'établissent selon les ressemblances thématiques. Alan Ryan signale, comme tant d'autres, que le libéralisme, plus que les autres idéologies politiques principales, s'auto-définit parfois comme hégémonique, de telle façon que seuls les méchants et les fous (Ryan, *Liberalism*, 361) en sont exclus, affirmant rassembler si largement qu'il devient impossible de prétendre qu'il existerait des caractères identificatoires propres, permettant de l'opposer à d'autres courants d'idéologie politique. Dès lors, en effet, tout régime ou penseur qui ne soutiendrait ni la dictature ni la guerre civile, ni quelque utopie totale nécessitant, ou engendrant, une hypothétique transformation de l'homme, seraient libéraux. Si personne ne peut souscrire sérieusement à cette thèse, il reste que le libéralisme recoupe nombre de variations doctrinaires, qu'il a été soumis à des influences profondément diverses, s'est écrit dans des contextes très différents et a produit, au fil du temps, un corpus si foisonnant que tout travail de synthèse, qui viserait en outre à mettre en évidence un hypothétique cœur de la doctrine, ce qui est commun et spécifique à tout le, ou les, libéralisme(s), risque presque inévitablement d'être considéré partiel ou, au contraire, trop large, trop englobant, pour finalement s'exposer dans les deux cas à une critique justifiée, surtout si la présentation se veut délibérément succincte, parce qu'elle figure, par exemple, dans un ouvrage d'introduction à la philosophie politique ou en introduction à une problématique plus précise. Ainsi, lorsque Ryan propose d'opposer le libéralisme classique, auquel il associe John Locke, Adam Smith, Alexis de Tocqueville, Friedrich von Hayek, au libéralisme « moderne » qui caractériserait John Stuart Mill, L.T. Hobhouse, et, du côté des acteurs politiques, Lloyd George et Roosevelt, il semble, par exemple, passer un peu vite sur les point communs entre Tocqueville et Mill, tout en acceptant peut-être trop facilement la lecture que L.T. Hobhouse, dont le libéralisme est tout aussi discutable, fait de Mill dans son ouvrage *Liberalism* (Hobhouse, *Liberalism*, 1911 (1919)), par exemple, ou même celle que propose Sydney Webb[1], qui voyait en Mill un précurseur du socialisme fabien : tout classement trouvera inévitablement un contradicteur, en l'occurrence Isaiah Berlin n'aurait certainement pas mis Mill à la même place. Pour autant, cette présentation a le mérite de ne pas s'en tenir à la seule division historique qui tend généralement à expliciter la doctrine et ses évolutions en fonction du contexte,

1 « *After listing a program of socialist reforms, Webb invoked Mill again: "This is the programme to which a century of industrial revolution has brought the Radical working man. Like John Stuart Mill, though less explicitly, he has turned from mere political Democracy to a complete, though unconscious, Socialism."* » (Caldwell, *Hayek on Mill*, 2008, 694) – « Après avoir détaillé le contenu d'un programme de réforme socialiste, Webb fit encore référence à Mill : "Voici le programme auquel les travailleurs radicaux sont parvenus, après cent ans de révolution industrielle. Comme John Stuart Mill, mais de façon moins explicite, ils sont passés de la simple démocratie politique, au socialisme intégral, quoiqu'inconscient." »

approche certes tout à fait fondée, mais qui ne permet pas de mettre en évidence un « cœur » doctrinaire anhistorique, car elle l'étudie, en quelque sorte, plus en tant que phénomène politique lié à des événements précis qu'en tant qu'idéologie qui serait certes soumise à l'histoire, mais témoignerait néanmoins d'une adhésion à des idéaux transcendants. C'est, par exemple, le cas de l'approche de J.S. McClelland (McClelland, 1996), qui propose de distinguer trois phases libérales, de la naissance au déclin, en passant par l'âge d'adulte et la maturité[2], pour finir avec Spencer et Green. S'il semble difficile de contester les critères d'une telle division, il n'en demeure pas moins que Spencer et Green sont, justement, très différents l'un de l'autre et que les phases suivantes, c'est à dire celles du XX^e^ et de ce début de XXI^e^ siècles sont omises, si bien que le lecteur peut conclure que le libéralisme à proprement parler, serait aisément identifiable au moins de la fin du XVIII^e^ (voire de la fin du XVII^e^) à la fin du XIX^e^, mais n'aurait pas de continuité évidente depuis. En même temps, il faut noter que la division chronologique reste influente puisque l'on se réfère fréquemment à la notion de « libéralisme classique » comme une origine aux contours stables, à l'aune de laquelle on pourra apprécier la fidélité ou la distance adoptée par des versions plus récentes qui se réclament du libéralisme. Une tendance actuelle consiste à décrire « la famille du libéralisme » ce qui permet d'identifier des déclinaisons différentes tout en gardant l'idée d'une identité commune[3]. L'avantage de cette terminologie est évident puisqu'elle permet de ne pas trancher entre une notion unitaire et celle d'une fragmentation du libéralisme. Mais, prise isolément, elle semble toutefois peu opérante lorsqu'il s'agit de savoir si tous les membres de la famille libérale ont suffisamment en commun pour être réunis sous une même appellation, par opposition à d'autres familles politiques. La géographie peut aussi être convoquée, du moins en tant que marqueur de contextes culturels distincts. Ainsi la thèse d'Alain Laurent fait-elle du « libéralisme américain », un courant qui ne mérite justement pas sa place dans le libéralisme (Laurent, 2006). Notre ouvrage se fonde d'ailleurs sur ce critère géographique pour circonscrire notre étude

2 « *The Rise of Liberalism, Liberalism comes of Age, Liberalism in maturity and Decline.* » – « La naissance du libéralisme, le libéralisme atteint sa majorité, la maturité et le déclin du libéralisme. »

3 Voir, par exemple, (Freeden, 2013).

au monde anglo-saxon. Mais, comme nous espérons le montrer, les échanges culturels sont tels de nos jours, que la géographie ne permet pas, ou plus, d'identifier une idéologie.

Une difficulté supplémentaire réside dans le fait qu'un certain nombre d'auteurs d'essais sur le libéralisme sont eux-mêmes des penseurs ou philosophes politiques qui se servent de leur définition du libéralisme pour affirmer leur orientation politique : la version qu'ils livrent de ce dernier vient finalement étayer leur propre théorie. C'est particulièrement vrai du libéralisme philosophique qui a connu un renouveau dans les universités américaines, et par extension, anglo-saxonnes, à la suite des travaux de John Rawls. La plupart des théoriciens récents du libéralisme sont en effet universitaires et enseignent eux-mêmes les sciences politiques ou la philosophie politique. On peut aussi penser au britannique John Gray qui distingue entre « deux visages du libéralisme » (Gray, 2000), l'un pour qui la tolérance politique (*toleration*) est un idéal, un principe universel, l'autre qui envisage la tolérance comme un simple moyen permettant la coexistence pacifique : le premier, d'inspiration Lockienne est moniste, le second, d'inspiration Hobbesienne, est pluraliste. L'usage de l'opposition binaire moniste/pluraliste laisse deviner de quel côté se situent les sympathies de Gray. Le phénomène n'est pas récent : Friedrich von Hayek, sur lequel Gray a d'ailleurs écrit, constitue un exemple similaire puisqu'il oppose[4] le libéralisme « anglais », « classique », ou « évolutionniste », au libéralisme « continental », « rationaliste », ou « constructiviste » pour appeler à un retour au premier. Enfin, les concepts principaux de la pensée d'Isaiah Berlin ont été exposés dans ses travaux portant sur l'histoire des idées, lui-même préférant d'ailleurs se décrire comme historien des idées plutôt que comme philosophe et c'est bien de cette histoire-là qu'il pense tirer des notions qui vont profondément renouveler les conceptions libérales. Mais l'exercice de définition du libéralisme n'est pas l'apanage des libéraux : on peut aussi penser au rôle de repoussoir que joue le « libéralisme », pour ceux qui vont, au contraire, chercher à s'inscrire contre lui, et qui se serviront également de l'interprétation de celui-ci comme stratégie d'autodéfinition. Là encore, on ne trouvera pas de caractérisation stable, puisqu'on pourra être tenté notamment de réduire les rangs du

4 « *"English," "classical" or "evolutionary" liberalism, as opposed to "Continental," "rationalistic" or "constructivistic" liberalism.* » (Farrant, 2011, 21-22)

libéralisme afin de renforcer sa propre position, ou, au contraire, de les grossir pour s'en distinguer radicalement.

Kévorkian remarque que « l'établissement de la liste des auteurs dits libéraux » « serait plus stable chez les historiens du libéralisme que chez les penseurs libéraux ayant situé leur propre position sur un arbre généalogique » (Kévorkian, 2010, 262). Poursuivant une réflexion épistémologique sur la possibilité de définition du libéralisme, il s'interroge sur les « conditions d'unification d'un paradigme libéral » pour se concentrer « restrictivement » sur « la veine philosophique » [260], distinguant quatre stades de constitution dudit paradigme, qui finit, plutôt que de commencer, par l'identification et le classement des auteurs libéraux. Les trois étapes qui précèdent s'ordonnent comme suit : premièrement, l'identification du père fondateur, John Locke en l'occurrence, puis, deuxièmement, l'identification d'auteurs paradigmatiques, « John Stuart Mill pour le libéralisme politique dans sa version utilitariste, Kant dans sa version déontologique, Smith pour le libéralisme économique » [260] et de textes canoniques tels que « l'introduction de l'ouvrage de Mill, *De la liberté* » [261]. Troisièmement, toujours selon les propres termes de Kévorkian, « l'entreprise de fixation du paradigme extrait les coordonnées conceptuelles cardinales censées constituer le paradigme libéral » « de l'auteur paradigmatique » [261]. Quatrièmement, enfin, on procède à « l'établissement de la liste des auteurs dits libéraux par inclusion corrélative dans le paradigme, ou par exclusion » [262], ce qui produit en fin de processus, le dit paradigme. Mais en admettant, ce qui est déjà peu prudent, ne serait-ce que parce que le changement de contexte d'une étape à l'autre (Locke et Mill appartenant à deux périodes bien distinctes), ou le recul temporel de l'analyse (on ne lit pas Locke aujourd'hui comme on pouvait le faire à son époque), induisent des incertitudes quant à l'interprétation, que le premier et le deuxième stade relève de l'évidence, le troisième est particulièrement périlleux. Car, comme toute idéologie, le libéralisme n'est pas un concept en soi, mais un ensemble de concepts qui, pris individuellement, sont déjà l'objet de définitions dissimilaires, dont l'arrangement global varie aussi significativement. La liberté, concept cardinal s'il en est, fait l'objet de nombreuses définitions distinctes voire concurrentes, et se trouve bornée différemment par l'égalité ou la justice selon la configuration d'une pensée, d'un texte, d'un contexte... Ces dernières sont soumises à leur tour au même processus de variation.

L'analyse de Kévorkian possède le mérite de souligner à quel point le travail de définition du libéralisme doit en passer par une réflexion historiographique, puisque l'identification du libéralisme oblige à envisager la dimension diachronique. Celle-ci pourrait aller jusqu'à se contenter d'une identification des stratégies interprétatives sans prétendre pouvoir réellement faire émerger de définition stable, autrement dit, pour reprendre la formule de Pocock, au demeurant abondamment cité dans l'article de Kévorkian, « pour commencer, je ne pense pas qu'il existe une histoire unifiée et narrable de la philosophie politique » (Pocock, 2009, 52).

Outre les difficultés d'ordre « diachronique », il faut aussi envisager la question sémantique : si le libéralisme est un ensemble de concepts, ceux-ci sont variables, même s'ils sont désignés par le même terme. C'est là qu'il faut, sans doute, mentionner l'œuvre de Michael Freeden, remarquable non seulement par sa qualité, mais aussi parce qu'elle répond justement à cette double ambition : proposer une analyse du libéralisme, notamment du « nouveau libéralisme » (voir chapitre 2) mais aussi examiner les conditions de cette analyse, ce qui mène Freeden à élaborer une méthodologie globale de l'étude de l'idéologie politique[5], laquelle se caractérise surtout par la « perspective morphologique », qui revient à « identifier, décrire, analyser les parties et éléments qui la [l'idéologie] constituent ainsi que les rapports que ceux-ci entretiennent. » (Freeden, 1996, 63)[6]. Les composantes d'une idéologie sont les concepts politiques, lesquels sont eux-mêmes des constructions complexes que Freeden décompose en identifiant des éléments « inéliminables », ou minimaux, c'est à dire sans lesquels le concept s'écroule parce qu'il serait alors vidé de sens, auxquels se rajoutent des éléments plus contingents, qui peuvent varier sans que le concept soit nul pour autant, tout en participant également au sens de celui-ci. Il faut donc déterminer ces éléments pour révéler le sens spécifique d'un concept. Puis, il faut examiner comment les concepts s'organisent entre eux, voire s'absorbent en partie, afin de pouvoir, en quelque sorte, cartographier une idéologie : « Par exemple, l'autonomie est un concept politique et moral en soi, qui se situe néanmoins dans une proximité, une quasi-dépendance, du

5 Il faut préciser, en amont de ce court exposé, que la théorie de Freeden est à la fois si complexe et si riche qu'il est impossible de lui rendre justice en quelques lignes, nous l'évoquons ici de manière extrêmement partielle et forcément réductrice.

6 « *identifying, describing, and analysing the building blocks that constitute it [an ideology] and the relationships among them.* »

concept de liberté » (Freeden, 1996, 67)[7]. Cette approche permet de mettre à jour une constellation conceptuelle qui constitue l'idéologie étudiée. Précisons que nous employons le terme « idéologie » pour désigner les penseurs du libéralisme présentés dans cet ouvrage, même si ceux-ci appartiennent exclusivement à la veine philosophique, pour reprendre l'expression de Kévorkian, et que l'on peut aussi, dans la plupart des cas, appeler leur activité « philosophie politique ». Il ne s'agit bien sûr pas d'affirmer que l'une se résume à l'autre, cependant, grâce encore à l'éclairage de Freeden (Freeden, 2004), il est possible de distinguer une intersection des deux, soit un contenu normatif, prescriptif, explicite ou implicite, revendiqué, ignoré et peut-être nié, mais néanmoins discernable.

## LIBERTÉ, INDIVIDUALITÉ, AUTONOMIE ET RAISON
### L'individu libéral

Ces remarques liminaires doivent cependant être considérées comme des précautions plutôt qu'un constat d'impossibilité. Tout d'abord, comme l'a noté Jeremy Waldron, il n'est pas étonnant que les théories politiques développées par chaque auteur semblent résister au classement : « [...] les théories politiques occidentales n'ont pas été délibérement énoncées pour figurer dans telle ou telle rubrique ou ensemble idéologique. Locke n'a pas écrit les deux *Traités* pour être liberal, pas plus que Burke n'a écrit les *Réflexions sur la révolution de France* pour être conservateur. » (Waldron, 1993, 35-36)[8]. Peut-être est-ce ce que Waldron désigne comme « l'exception, qui est très récente, de la pensée socialiste, élaborée explicitement dans le sillage de Karl Marx et sous la direction de la Première et la Deuxième Internationales » (Waldron, 1993, 36)[9] qui nous fait perdre de vue que la désignation du libéralisme

---

7 « *For instance, autonomy has the status of a distinct political and moral concept, yet can be found within the quasi-contingent zones of the concept of liberty.* »

8 « [...] *political theories in the West have not been constructed self-consciously under any ideological rubric or classification. Locke did not write the* Two Treatises *in order to be a liberal, any more than Burke wrote* Reflections on the Revolution in France *in order to be a conservative* ».

9 « *the exception, and it is quite a recent exception, of socialist thought developed explicitly in the wake of Karl Marx and under the auspices of the First and Second Internationals* ».

en l'occurrence est, de fait, de nature rétrospective ou interprétative et que ladite exception a encouragé les penseurs du XX^e^ et XXI^e^ siècles à s'auto-désigner, faisant de leur appartenance au libéralisme un des enjeux de leur pensée politique propre.

De ce point de vue, il existe, néanmoins, grâce – plutôt que malgré – au développement des recherches méthodologiques, des conventions d'authentification du libéralisme, même si elles font elles-mêmes l'objet d'une remise en question constante et qu'il faut bien admettre qu'elles ne résistent pas très bien à des analyses approfondies. En tout cas, au-delà des différends, on constate qu'il existe bien quelque chose de l'ordre d'un minimum consensuel parmi les quelques approches auxquelles il vient d'être fait allusion. Comme nous allons le voir, même si l'on s'en tient à ce dénominateur commun, les difficultés d'interprétation d'une part, et les enjeux ou conséquences d'autre part, sont nombreux.

Sur le plan conceptuel il semble que le libéralisme s'organise autour de quatre notions qui sont à la fois distinctes et mêlées, à savoir la liberté, l'individu, l'autonomie et la raison. Tout d'abord, comme l'indique son étymologie, le libéralisme reconnaît la primauté de la liberté[10]. On peut considérer celle-ci comme sa valeur cardinale, qui ne doit jamais être sacrifiée, si ce n'est lorsqu'elle empiète sur la liberté d'autrui. Ni l'égalité, ni le bien de la collectivité, ni la patrie, ni aucune autre valeur, ne pourrait justifier que l'on restreigne la liberté. La difficulté réside bien évidemment ici dans ce que l'on entend par ce terme. Certes, pour reprendre la terminologie de Freeden, l'élément inéliminable consiste en l'absence de contrainte ou de restriction (*non-constraint*) (Freeden, 1996, 64), mais la liberté ne se résume pas à celle-ci. Une variation communément identifiée est celle qui est décrite par la fameuse opposition entre liberté négative et liberté positive, que l'on peut illustrer, à titre d'exemple, par les non moins fameuses « quatre libertés » énoncées par le président Roosevelt dans son discours de 1941 (*State of the Union address*) : la liberté d'expression, la liberté de religion, la liberté de vivre à l'abri de la peur, et la liberté de vivre à l'abri du besoin. Les

10 Ronald Dworkin, nous y reviendrons au chapitre 5, maintient notoirement que c'est l'égalité qui est au cœur du libéralisme, non la liberté. Si nous n'adoptons pas ce point de vue, il est aisé de concéder qu'il s'agit bien d'une égalité de liberté, de liberté pour chacun, d'autant que l'une des conceptions de la liberté est celle de « *equal freedom* » qui insiste que le fait qu'il n'est de liberté que si tous les membres d'une société jouissent de la même.

deux premières sont proches de l'élément inéliminable, la troisième peut éventuellement faire l'objet d'un consensus entre les tenants d'un État-arbitre et ceux qui désirent plus d'intervention, dans la mesure où la sécurité des personnes est constitutive de leur liberté, mais, en tout cas, la quatrième préfigure la justification de l'intervention, par le biais notamment de l'État-providence qui peut étendre concrètement le champ des possibles, faciliter l'accès à l'éducation, au logement, donc, d'un certain point de vue, rendre plus libre. C'est là toute la question de l'opposition entre liberté négative et positive, qui permet au libéralisme de varier en ce qui concerne notamment le rôle de l'État. Nous aurons l'occasion de revenir plus longuement sur celle-ci, dans les chapitres 2 et 3. Contentons-nous, dans cette introduction, de remarquer que l'on pourrait arguer que le fait de chérir la liberté n'est pas le propre des libéraux, ce à quoi il faudrait alors répondre que la spécificité libérale consiste à organiser toutes les autres valeurs autour de la liberté. Ainsi, l'égalité est avant tout conçue comme une égalité de liberté, la tolérance religieuse, qui débouche sur le pluralisme, religieux dans un premier temps puis culturel ou identitaire, lui est aussi clairement reliée et ainsi de suite.

L'objection demeurerait cependant valide, si l'on n'ajoutait un adjectif essentiel au terme de liberté, à savoir « individuelle ». Car le libéralisme se distingue tout autant, si ce n'est plus, par sa conception individualiste que par la place centrale qu'il donne à la liberté. Ainsi, si l'on devait élire une formule de présentation, on pourrait énoncer que le libéralisme est la doctrine, pensée ou philosophie politique qui se fonde sur la liberté individuelle ou, tout aussi justement, sur l'individu libre. Certes la formulation peut sembler pléonastique dans la mesure où « un groupe ne peut être libéré : il ne peut pas, en tant que groupe, exercer sa liberté ; seuls les individus peuvent être libres. » (Brown, 2003, 22)[11], mais il faut pour autant insister sur cet enjeu épistémologique, parce que les critiques extérieures au libéralisme, ont bien souvent pour cible, non pas la primauté de la liberté, mais celle de l'individu, qui serait une abstraction, ou, en tout cas, une négation d'autres aspects de la réalité de la condition humaine. Au demeurant, c'est d'ailleurs ici même que s'opère la distinction avec les autres idéologies, ou *Weltanshauung* qui

11 « *A group cannot be liberated–it cannot, as a group, exercise freedom–only individuals can be free.* »

ne sont pas, pour autant, liberticides par principe. Comme l'a démontré Patrick Neal (Neal, 1997), c'est aussi ici qu'est posée la limite de l'universalité du libéralisme, qui ne peut prétendre, comme proposé plus haut, englober toutes les organisations politiques à l'exception des dictatures et autres fanatismes ; il n'est pas, en effet, assimilable aux théories ou pratiques politiques qui acceptent l'idée d'une restriction des libertés individuelles au profit du Bien Commun (par exemple la restriction ou l'interdiction de la libre-entreprise)[12], ou même l'idée d'une restriction momentanée des libertés afin de construire une organisation politique et sociale qui amènerait, à terme, une meilleure protection de ladite liberté. Selon les termes de Waldron : « [...] le libéral nie l'idée que l'ordre social est constitutif de la liberté individuelle. » (Waldron, 1993, 42)[13]. Un individu peut certes être soumis à la loi ou à une règle quelconque mais elle doit demeurer abstraite, générale, et ne peut prescrire comment vivre, sans quoi elle constitue une atteinte à sa liberté.

Ce dernier point peut sembler relativement simple ; il recèle toutefois de nombreuses difficultés qui ont donné lieu au débat autour du pluralisme, lequel a suscité tant de controverse dans les dernières décennies : la question de la neutralité en ce qui concerne « la vie bonne » (« *the good life* ») pour l'individu est devenue si centrale dans la recherche contemporaine qu'il semble désormais impossible de ne pas l'intégrer à une réflexion générale sur le libéralisme, même si elle ne fait son apparition que tardivement au regard de l'histoire. Avant de continuer notre examen des notions piliers du libéralisme, il nous faut donc expliquer en quoi l'individu libre est un des enjeux principaux de la pensée libérale actuelle : l'ambition universelle du libéralisme, si tant est qu'elle existe, en tout cas son ambition hégémonique, se fonde précisément sur la liberté individuelle. Puisqu'au sein d'une société libérale, les individus sont tous libres de mener la vie qu'ils désirent, libres de choisir leurs opinions et croyances, le libéralisme serait alors le seul régime qui permette à chacun d'exister de la manière qu'il juge bonne, en d'autres termes, le seul régime garantissant la coexistence ou la pluralité, qui ne mènerait donc pas à l'oppression de ceux qui vivent ou pensent autrement. Or le libéralisme entre dans une zone de

---

12 Ce qui ne signifie pas que la libre-entreprise fait, de facto, partie de toute conception de la liberté individuelle, mais il faut alors montrer que la première menace la dernière.

13 « [...] *the liberal rejects the view that the social order is constitutive of individual freedom.* »

turbulences quand il se trouve confronté à une conception de la liberté qui ne s'établit pas sur la primauté de l'individu et ce non seulement dans un régime non-libéral mais aussi de la part de certaines composantes de la société libérale. Un exemple que l'on propose fréquemment de nos jours est celui du groupe qui n'adhère pas à cette dernière, qui réclamerait, implicitement du moins, précisément au nom de sa liberté, la possibilité d'imposer à ses membres une soumission à un impératif culturel ou religieux. Récemment cette caractéristique a donné lieu, par exemple, à la confrontation entre communautarisme et libéralisme[14] qui repose en grande partie sur la question de la légitimité qu'aurait une culture minoritaire à s'organiser en son sein selon des principes contraires à ceux de libéralisme. Certes, il peut paraître spécieux de dire d'un régime qui garantit la liberté individuelle qu'il aurait, par là même, tendance à restreindre la liberté de ceux qui ne veulent pas faire de la liberté individuelle une règle imprescriptible, même si un tel choix supposerait déjà une certaine liberté, voire de ceux qui revendiquent un mode de vie restrictif des libertés. Pourtant, il faut bien concéder que l'attention portée à la liberté individuelle suppose que la catégorie « individu » est fondatrice et détermine une vision de la société comme ensemble d'individus, plutôt que de familles, lignées, âmes, castes…Et encore existe-il des différences entre les régimes qui partagent le respect de la liberté individuelle. On peut penser à des situations concrètes : L'État peut-il imposer de telles conditions, en interdisant certaines sectes par exemple ? En France, il y a relative unanimité sur la légitimité d'interventions en ce sens, mais pas aux États-Unis. Inversement, peut-on évoquer le principe de la protection de la liberté des femmes comme l'une des raisons conduisant à l'interdiction du voile intégral ? De nombreuses voix se sont élevées en France pour dire que celles qui le portaient, ne le faisaient pas par choix mais sous la pression de leur entourage ; dans les pays anglo-saxons, par contre, cette interdiction est largement perçue comme constituant une atteinte flagrante à la liberté, contraire aux principes du libéralisme[15]. Qu'est-ce qu'un individu libre de ses choix en effet ? Est-ce, minimalement, un adulte en possession

14 Pour une présentation de ce débat voir (Kymlicka 2002).

15 Voir (Nussbaum, *The New Religious Intolerance*, 2012, 116) où l'interdiction de la burqa dans certains pays européens est décrite comme « indigne des démocraties libérales » – *« unworthy of liberal democracies »*.

de toutes ses facultés, auquel cas interdire le voile est forcément une atteinte à la liberté, ou est-ce quelqu'un dont la capacité à la pensée critique et indépendante est avérée, si bien qu'interdire le voile revient peut-être à limiter une forme d'oppression à laquelle la personne n'a pas les moyens de s'opposer seule ? Et encore ne faudrait-il pas réduire ce débat à une opposition entre la culture française et anglo-saxonne, ou entre républicanisme et libéralisme. Au sein de la pensée libérale anglo-saxonne de mêmes dilemmes se font jour, même s'ils portent sur d'autres cas :

> *While many liberal thinkers have worked to qualify their liberal morality to accommodate ethnic, cultural, religious, and ideological diversity, there is invariably some moral baseline that limits and restricts their accommodationist ends. Perhaps it is polygamy, perhaps female genital mutilation, or perhaps using Peyote during religious practice that elevates liberal disgust to the breaking point, but something is likely to do so. As William Galston has emphasized on more than one occasion, there can be "no free exercise for Aztecs." The free exercise of religion, it seems, is just fine as long as it doesn't involve human sacrifice or anything else anathema to liberal sentiments.* (Carr, 2010, 4)
>
> « Si beaucoup de penseurs libéraux se sont appliqués à nuancer leur moralité libérale pour s'adapter à la diversité ethnique, culturelle, religieuse et idéologique, ils se heurtent, en fin de compte, toujours à des fondements moraux qui limitent et restreint leurs ambitions d'adaptation. Parfois c'est la polygamie, ou les mutilations génitales féminines, ou encore l'usage du Peyotl dans le cadre d'une pratique religieuse, qui va pousser le dégoût du libéral jusqu'au point de rupture, mais quelque chose de cet ordre finit en général par surgir. Comme l'affirme parfois William Galston "il ne peut y avoir de libre exercice pour les Aztèques" : le libre exercice de la religion, semble-t-il, ne pose aucun problème tant qu'il n'implique pas de sacrifice humain ou quoique ce soit d'autre que les libéraux abhorrent. »

L'exemple du voile (ou de l'aztèque sacrifié) a le mérite de faire apparaître que les conditions de l'exercice de la liberté individuelle apparaissent supposer l'autonomie de l'individu, ou, pour en revenir à la constellation conceptuelle évoquée plus haut, que le concept d'autonomie jouxte, explicitement ou implicitement, le concept de liberté individuelle au sein de l'idéologie libérale. Ainsi, pour en revenir à l'exposition des notions piliers, on voit que, à ce stade, selon le libéralisme, la liberté est celle de l'individu, ce qui suppose son autonomie, qui participe, en quelque sorte, de sa capacité à la liberté. Mais l'autonomie est aussi un concept à la fois difficile et variable, dont on peut retenir la définition suivante :

> *I believe the most useful conception of autonomy is the following: autonomy is a second-order capacity of persons to reflect critically upon their first-order preferences, desires, wishes and so forth, and the capacity to accept or attempt to change these in light of higher-order preferences.* (G. Dworkin, 2007, 444)
>
> « Je crois que la conception de l'autonomie la plus féconde est celle-ci : l'autonomie est une capacité de second ordre qui permet à l'individu de formuler des jugements critiques face à ses préférences, désirs, souhaits, etc. de premier ordre, et de les accepter, ou d'essayer de les changer en tenant compte de ses préférences d'ordre supérieur. »

L'autonomie fait donc elle-même forcément référence à la notion d'une pensée individuelle et raisonnable, ce qui met au jour la dépendance du libéralisme à un quatrième pilier à savoir la raison ou rationalité, dont l'émergence historique coïncide avec la naissance de la figure moderne de l'individu. Baumeister (Baumeister, 2000, 5-15)[16] évoque les circonstances originelles de ce lien, en revenant à l'apparition de la doctrine afin d'en distinguer les fondements, qui seraient toujours présents malgré les évolutions diverses ou successives. Elle signale l'enracinement du libéralisme dans la philosophie des Lumières qui prône la suprématie de la raison et l'établit en tant que principe universel auquel les hommes auraient tous accès : une libération de l'ignorance et du despotisme par la pensée individuelle, mais aussi un précepte normatif, puisque prétendument universel, seraient à l'origine du libéralisme. Qui plus est, il ne s'agit pas de reconnaître que les êtres humains sont doués d'intelligence et capables d'agir rationnellement, mais bien d'une conception de la rationalité qui justifie la valeur accordée à la liberté individuelle. Freeden parle ici de « rationalité substantielle » (« *substantive rationality* »)

> *Instrumental rationality will engage in cost–benefit calculations concerning the values it endorses as well as the means to promote them. Substantive rationality endorses values at whatever cost to their champions, and is sustained by an attachment that transcends the quantitative and purposive features of instrumental rationality. Thus*

16 L'auteure ne propose pas de présentation du libéralisme mais situe son analyse dans le cadre de la tension entre l'universalisme et les particularismes, sujet éminemment actuel auquel les théoriciens qui se revendiquent libéraux ne peuvent éviter de se confronter (voir surtout le chapitre 1). Cependant la thèse résumée ici n'est nullement spécifique à Baumeister.

> *liberalism has a rational belief in the superiority of liberty and human rights, which means that they cannot be traded in wholesale for other values under any circumstances. Concurrently the language of liberalism has always sanctioned liberty in quasi-sacred terms, and has eulogized its worth as a supreme sign of civilization.* (Freeden, 2004, 12)

> « La rationalité pratique a tendance à calculer les bénéfices et coûts qui seront engendrés par l'adoption de valeurs, voire par un soutien actif de celles-ci. La rationalité substantielle souscrit à des valeurs sans se soucier des conséquences, mue par un fort attachement qui transcende le côté quantification ou calcul, caractéristique de la rationalité pratique. Ainsi le libéralisme comporte une adhésion rationnelle à l'idée de la supériorité de la liberté et des droits humains, ce qui signifie qu'on ne peut jamais la négocier, jamais l'échanger contre d'autres valeurs. De même, le langage du libéralisme a toujours approuvé de la liberté en usant de termes confinant au sacré, en a fait l'éloge, l'a décrit comme une marque suprême de civilisation. »

Face à cette affirmation, les romantiques et des philosophes comme Herder, Kierkegaard ou Nietzsche ont, au contraire, dénoncé l'idée de l'objectivité et d'un principe moral universel comme illusoires. Cette analyse fait à nouveau peser sur le libéralisme le soupçon d'un refus de la diversité idéologique et morale, ou, en tout cas, d'une aporie face à cet enjeu, puisque, malgré sa tendance à vouloir englober tout régime vaguement respectueux des libertés individuelles, il ne pourrait, aux yeux de ses critiques, véritablement concevoir la différence en termes égalitaires en continuant à prôner une prétendue primauté de la raison, laquelle fournirait bien un moyen de trouver un langage commun et par extension un compromis social.

Le rôle joué par la raison au sein de l'idéologie libérale semble ainsi se décliner en trois points. Comme nous venons de le voir, il implique la possibilité d'un universalisme, et lie, implicitement mais immanquablement, les individus entre eux, dans l'apprentissage et le dialogue que celle-ci suppose. En ce sens il indique une dimension sociale de l'individu. Enfin, il suppose un progrès, dynamisme ou mouvement de l'esprit, d'où il suit qu'il y aurait bien une éthique libérale, ce que Macpherson a appelé « le principal principe éthique du libéralisme : la liberté pour l'individu de réaliser son potentiel » (MacPherson, 1977, p. 2)[17]. Or l'imposition d'un système de valeur, quel qu'il soit, n'est

17 « *the central ethical principle of liberalism–the freedom of the individual to realize his or her human capacities* ».

pas, en fin de compte, absolument compatible avec un respect de la liberté individuelle et/ou de l'autonomie. On peut dès lors parler d'un paradoxe libéral qui ne peut garantir la liberté qu'à la condition que tous s'accordent pour la considérer comme valeur essentielle. En effet les quatre notions que nous retenons comme caractéristiques du libéralisme coexistent, potentiellement au moins, dans une certaine tension semblant à la fois justifier son existence en tant que système politique et paradoxalement contenir implicitement sa condamnation.

## LE DÉBAT CONTEMPORAIN
## Liberté et pluralisme

On le voit ici, la définition de la liberté, donc du fondement primordial du libéralisme, ne va pas de soi : faut-il dès lors abandonner toute idée de consensus, même sur des enjeux aussi fondamentaux, ou peut-on espérer sauvegarder un élément commun qui constituerait le cœur indiscuté du libéralisme ? La liberté individuelle peut-elle apparaitre comme ce cœur de la tradition libérale jusqu'à nos jours mais aussi comme la garantie de son avenir ? Dans le sillage d'Isaiah Berlin (voir chapitre 3), les penseurs du pluralisme sont pourtant loin d'avoir unanimement rejeté le libéralisme, mais beaucoup ont, au contraire, tenté d'en proposer une conceptualisation qui en fait le meilleur, voire le seul, défenseur de la liberté, c'est-à-dire, de leur point de vue, du pluralisme. C'est là, d'ailleurs, l'un des principaux enjeux du « renouveau stupéfiant de la pensée libérale » (Freeden, 1996, 226) de la fin du XX^e^ et du début du XXI^e^, (chapitre 4 et 5) dont John Rawls est la figure la plus connue. Ils prétendent définir les quatre notions identifiées ci-dessus d'une manière qui permet la neutralité et conserve un consensus universel face à des valeurs fondamentales, résolvant par là le paradoxe libéral. En effet, en érigeant la liberté, donc la tolérance, ou plutôt le respect (puisque qu'aujourd'hui certains rejettent le terme de tolérance au motif qu'il implique un certain dénigrement des différences, et encore le double vocable anglais *Toleration* et *Tolerance* relativise-t-il le sens paternaliste de tolérance) de la dissension ou de la différence, en idéal incontestable, le libéralisme impose, finalement, une hiérarchie de valeurs au sein de laquelle la liberté individuelle occupe la position suprême. Dès lors, l'individu qui adhère aux valeurs de libéralisme aurait le privilège de vivre dans une société qui reflète ses idéaux tandis que l'opposant serait lui sur un strapontin. Or, si le libéralisme reconnaît les individus comme égaux, la liberté ne doit-elle pas, comme toutes les autres valeurs, ne pas faire l'objet d'un favoritisme de la part d'un État neutre parce que respectueux de la diversité promise justement par le principe de liberté ? On pourrait arguer alors que la liberté n'est pas une valeur : elle constitue le cadre qui permet à la coexistence de valeurs différentes au sein de la société. Il faudrait alors finalement différencier la notion de liberté en tant qu'idéal de vie, impliquant déjà une proximité avec le libéralisme, rejoignant la notion d'autonomie de la liberté en tant que statut politique du citoyen, qui ne préjugerait pas de la valeur éthique de la liberté en dehors de ce cadre

À nouveau, les questions de fond qui émergent ici sont emblématiques des enjeux contemporains : le libéralisme est-il fondé sur une conception de l'individu libre, qui, en tant que telle, ne peut logiquement pas produire une politique susceptible de rester neutre face à des conceptions différentes de ce même individu, ou est-il, au contraire, ou bien à la fois, la garantie, voire la seule garantie, d'une existence libre, à savoir libre de déterminer ses propres conditions d'existence, méritant à ce titre d'être infligée à ceux qui ne tiennent pas la liberté individuelle pour la valeur suprême, limitant de ce fait leur liberté de vivre dans un monde où la liberté ne s'impose pas ? Cette problématique souligne une nouvelle fois l'influence du contexte, actuel en l'occurrence. La diversité culturelle de nos sociétés postmodernes pousse, en effet, du moins du côté anglo-saxon, à s'interroger sur les conditions actuelles du vivre-ensemble, et la neutralité des institutions face à des individus qui usent de leur liberté de manières très différenciées constitue une question cruciale. On peut aussi avancer que l'identification de phénomènes comme celui de la domination culturelle sont le fruit d'une évolution intellectuelle produite par les progrès de disciplines telles que la sociologie, l'anthropologie, voire la psychologie, et que, dès lors, ces évolutions constituent autant d'outils d'analyse qui influencent la critique du libéralisme dans un certain sens.

Plus généralement toutefois, la question de la liberté de chacun, qui s'incarne dans (ou qui équivaut à) l'égalité des droits, sous-tend ces aspects du débat contemporain : si celle-ci n'est pas, en elle-même, aussi récente que le débat sur le pluralisme, elle est envisagée principalement sous cet angle aujourd'hui, non seulement dans la mesure où les théories récentes s'interrogent effectivement sur cet enjeu, mais aussi parce que la lecture rétrospective ne s'effectue pas sans elle. Comme nous l'avons déjà signalé, en effet, de nombreux chercheurs sont aussi eux-mêmes des théoriciens du libéralisme : le libéralisme, comme c'est souvent le cas des doctrines politiques, se confond donc bien souvent avec son exégèse, si bien que cette dernière se renouvelle au rythme des évolutions et des variations doctrinaires. Dès lors, il semble impossible d'écrire sur l'histoire de l'individu libéral sans être implicitement partie prenante du débat actuel sur cette même question, ne serait-ce parce que l'appareil critique qui renouvelle l'analyse participe lui-même de cette histoire.

## GÉOGRAPHIE DU LIBÉRALISME
### La tradition anglo-saxonne

Admettant donc que notre propre étude s'ancre dans un contexte, que l'histoire de libéralisme est bien une histoire, cet ouvrage propose de contribuer à celle-ci depuis que la démocratie s'est imposée en occident, notamment en Grande-Bretagne, en examinant tout particulièrement ce que nous tenons pour le cœur du libéralisme, à savoir la liberté individuelle. Nous verrons que certains libéraux emblématiques n'ont eu de cesse de s'interroger sur la nature et les conditions de la liberté dans la société, et qu'en tirant toutes les conséquences logiques de ces prémisses, les conclusions auxquelles ils sont parvenus sont à la fois proches et opposées. En tout cas, on peut peut-être avancer que c'est précisément cette interrogation sur la liberté individuelle qui tient lieu au fond d'identité du libéralisme anglo-saxon.

Il faut souligner la place de choix qu'occupe la tradition anglo-saxonne dans l'histoire du libéralisme, à la fois dans sa mise en place en tant que régime politique et dans la production de philosophie politique : « la tradition libérale s'est surtout développée dans l'espace anglo-saxon, et tout particulièrement en Grande-Bretagne à ses débuts : Jeremy Bentham,

David Hume, John Stuart Mill, John Locke, en restent les principaux représentants. »(Heidenreich et Schaal 2012, 105) Cette restriction semble peu contestable sans être pour autant dénuée de difficultés. Faut-il comprendre la sphère anglo-saxonne comme un ensemble linguistique ou géographique ? Sur les quatre auteurs paradigmatiques cités ci-dessus, tous sont britanniques, et le Royaume-Uni, voire l'Angleterre, puisque seul Hume est écossais, a continué d'être un haut-lieu du libéralisme après le XIXe siècle. L'usage d'une même langue et d'une même unité géographique et culturelle offre en outre l'avantage de limiter le champ interprétatif notamment parce que les variations contextuelles sont, de fait, limitées et que les références culturelles sont stables. De ce point de vue, le libéralisme anglais ou britannique forme un ensemble cohérent, même si la problématique diachronique demeure, constituant toujours un éclairage essentiel du sens d'un texte. La période contemporaine se prête cependant moins aisément à cette délimitation. Comme nous le verrons aux chapitres 3, 4 et 5, les liens universitaires, l'augmentation des échanges internationaux, la dissémination de la culture américaine par le biais de la langue anglaise rendent les frontières plus perméables, les idées et les personnes circulant notamment dans un échange transatlantique, mais aussi européen) permanent. De plus en plus, les auteurs se réfèrent eux-mêmes à une tradition « anglo-américaine » ou « de langue anglaise » sans qu'on puisse, pour autant, nier l'existence de spécificités nationales, particulièrement en politique ou en philosophie. Dans quelle mesure peut-on encore distinguer la pensée libérale britannique de son pendant américain, néo-zélandais (Jeremy Waldron), canadien (Will Kymlicka), australien (George Crowder) ou, plus largement, du monde occidental anglo-saxon, est l'une des questions auxquelles cet ouvrage se trouve confronté, dans les chapitres consacrés à la période contemporaine. Ainsi, l'étude proposée ici est d'abord circonscrite à la Grande-Bretagne, berceau du libéralisme, puis élargie à la sphère anglo-saxonne pour la période la plus récente. Au sein de cet ensemble, nous proposons de présenter la pensée de quelques auteurs représentatifs en examinant particulièrement leur traitement de la liberté. Qu'ils soient envisagés isolément ou en tant que membres d'un réseau de pensée, ils incarnent les étapes fondamentales qui relient l'avènement de la démocratie moderne à nos jours et déterminent les grands mouvements de son évolution théorique.

## DE MILL À NOS JOURS

Dans la mesure où la question thématique nous a mené à restreindre la période considérée à la période démocratique, (même si l'on peut arguer que l'individu libre peut tout à fait exister lorsqu'il est soumis à un pouvoir politique qui ne tire pas sa légitimité de la représentation) donc d'exclure les philosophes du XVIIe, XVIIIe et début du XIXe, le premier auteur que l'on peut aisément relier au libéralisme actuel, est J.S. Mill, autrement dit l'auteur paradigmatique qui inaugure, ne serait-ce que pour des raisons historiques, le libéralisme démocratique et les problèmes particuliers qui se pose à celui-ci :

> *As a classical democrat Mill illustrates the substantial development of liberal theory towards liberal democratic history. Mill is clearly more democratic in his view of the role and extent of the franchise than other theorists discussed, yet the work is not without its problems. As C.B. Macpherson notes, Mill was unable to recognize or at least satisfactorily address the problem inherent in attempting to synchronize a concept of the state which was fully democratic within a civil society that was predicated on class divisions. In Mill's civil society humans are liberal possessive individuals and ultimately unequal, yet a market-based civil society offers them no assured mode of achieving the standing necessary for democratic participation. In Mill, classical liberalism reached a point of theoretical development that raised questions that began to be answered in alternate theoretical frameworks or substantial revisions of the classical liberal positions.* (Knuttila, 1992, 27)
>
> « En tant que démocrate classique, Mill illustre l'évolution considérable de la théorie libérale vers la théorie libérale démocratique. Mill a une conception du rôle et de l'étendue du droit de vote qui est clairement plus démocratique que celle des autres théoriciens déjà cités : ce qui ne signifie pas que son œuvre ne soit pas parfois problématique. Comme l'a remarqué C.B. Macpherson, Mill n'est pas parvenu à reconnaitre, ou, du moins, à traiter de manière satisfaisante, les questions qui se posent forcément lorsqu'on cherche à appliquer une conception entièrement démocratique de l'État à une société censée être divisée en classes sociales. La société que décrit Mill regroupe des personnes typiques de l'individualisme possessif libéral ; elle est, au fond, inégalitaire, dirigée par le marché, et ne garantit pas la possibilité pour chacun de se hisser au niveau nécessaire à la participation démocratique. Chez Mill, le libéralisme classique atteint un degré d'évolution qui précipitent des questions dont les réponses seront formulées au sein d'autres cadres théoriques ou d'un libéralisme dont les positions classiques seront très largement révisées. »

D'innombrables études de l'auteur ou du libéralisme attestent que l'association entre Mill et le libéralisme contemporain reste pertinente, parmi lesquelles la présentation de Skorupski, qui a le mérite d'être à la fois brève et claire : si le libéralisme est à la fois « un ensemble de doctrines liées à la libre-concurrence et l'égalité des chances » ainsi que « par ailleurs et avant tout, une doctrine morale limitant l'autorité de l'État et la société sur les individus » (Skorupski, 2006, 5-6)[18], alors l'œuvre de Mill est effectivement un modèle du genre. Aujourd'hui encore, il est l'archétype du penseur libéral, au point que l'ouvrage de Catherine Audard, *Qu'est-ce que le libéralisme* (2009), l'une des études les plus complètes disponibles sur le sujet, choisit une citation de Mill pour exergue de l'avant-propos. Pourtant, comme nous l'avons signalé ci-dessus, il est aussi parfois décrit comme un fossoyeur du libéralisme classique qui aurait introduit le germe du socialisme, compromettant, à terme, le respect de la liberté individuelle dont il s'était pourtant fait le défenseur. Qu'on le considère comme un pilier du libéralisme ou, au contraire, comme ayant introduit la division dans une doctrine jusqu'alors plutôt homogène, ou encore comme une simple version à l'instar de tant d'autres, il reste que Mill sert de repère définitionnel à ses successeurs, qui élaborent leur propre pensée avec ou contre lui. L'œuvre millienne consacre la doctrine d'un individu libre la rendant exemplaire du libéralisme, tout en étant spécifique, et constituant à ce titre plutôt une « version » plausible du libéralisme. Cette spécificité – ou divergence face à d'autres « versions du libéralisme » – s'ancre dans une vision philosophique du monde, qui ne se résume pas à celui-ci. Comme nous le verrons par la suite, c'est d'ailleurs souvent une philosophie différente qui se trouve à l'origine de la conception particulière du libéralisme et en explique les variations doctrinaires : l'empirisme ou l'utilitarisme de Mill, le scepticisme des antirationalistes ou encore l'influence du pluralisme sur les penseurs contemporains, sont autant de clés qui permettent d'appréhender celles-ci.

À la suite de Mill, on peut distinguer en Grande-Bretagne deux développements presque contradictoires du libéralisme. D'abord, les nouveaux libéraux, fortement influencés par l'idéalisme hégélien qui

---

18 « *a set of doctrines centring on free competition and equal opportunities* » ainsi que « *more fundamentally–and rather separately* » « *a moral doctrine limiting the authority of state and society over individuals* ».

les conduit à adopter une conception organiciste du monde, laquelle, à son tour, suggère une redéfinition de l'individu et de la liberté pour construire un libéralisme qu'ils souhaitent, plus ou moins explicitement, présenter comme hérité du libéralisme millien. Ce libéralisme aux accents collectivistes qui se soucie de justice sociale tout autant que du respect des libertés formelles va être rejeté en à peine deux ou trois décennies par un libéralisme antirationaliste dont l'individualisme est bien plus radical et dont les conclusions l'orientent au contraire vers un certain conservatisme politique. Au contraire des nouveaux libéraux, ces penseurs ne font pas école, ne revendiquent pas une appartenance à un même courant, semblant incarner l'individualisme qu'ils prônent dans leurs écrits. Ils font la part belle à l'histoire des idées pour opérer une dénonciation des Lumières ou du moins de la domination d'une certaine interprétation de celles-ci. Outre ce point ils ont en commun un certain scepticisme face au progrès social, à la justice sociale, à la possibilité de réconcilier liberté et égalité, en réaction à un contexte favorable à l'intervention de l'État.

Rawls constitue sans aucun doute le jalon suivant dans l'évolution du libéralisme, réhabilitant dans un premier temps la justice en concevant une théorie ayant pour but de permettre à tous les individus d'accéder aux promesses du libéralisme, tandis qu'il se préoccupe plus précisément des enjeux soulevés par la question du pluralisme, évoquée ci-dessus, dans un deuxième temps. Avec Rawls, la théorie libérale connaît un renouvellement spectaculaire donnant lieu à un débat foisonnant, d'une densité telle qu'il semble impossible d'en évoquer tous les aspects et encore moins les participants. Nous retiendrons deux directions comme exemplaires du libéralisme post-rawlsien, c'est-à-dire du libéralisme strictement contemporain. D'une part l'insistance sur l'égalité comme « vertu souveraine » qu'illustre la pensée de Dworkin, d'autre part la continuité de la veine sceptique dont John Gray semble constituer le meilleur exemple.

# MILL ET LA LIBERTÉ INDIVIDUELLE

## MILL ET LA TRADITION LIBÉRALE

> *liberalism, which is for making every man his own guide & sovereign master, & letting him think for himself & do exactly as he judges best for himself, giving other men leave to persuade him if they can by evidence, but forbidding him to give way to authority; and still less allowing them to constrain him more than the existence & tolerable security of every man's person and property renders indispensably necessary.* (octobre 1831) (Mill, 1963)
>
> « le libéralisme, qui est en faveur de permettre à chaque homme d'être son propre guide et souverain, de le laisser penser par lui-même, d'agir exactement de la manière qu'il considère être la meilleure pour lui, d'admettre que les autres puissent tenter de le convaincre, s'ils disposent d'arguments solides, mais qui interdit qu'on cède à l'autorité, et permet encore moins l'imposition d'une contrainte, à moins que celle-ci ne soit nécessaire et indispensable à l'existence et à une certaine sécurité des hommes et de la propriété. »

Le jeune J.S. Mill a donné cette définition du libéralisme presqu'en passant, lors d'une lettre à John Sterling[1] (où il était principalement question de l'idéologie conservatrice ou *Toryism*), ce qui explique, sans doute, sa concision. Les quatre éléments conceptuels énoncés en introduction sont pourtant tous présents. La liberté, liée à son sens inéliminable dans son opposition à « contrainte » (« *constrain* ») ou autorité (« *authority* ») et limitée seulement par la sauvegarde d'autrui, l'individualité « lui-même » (« *himself* »), « propre » (« *own* »), l'autonomie « souverain » (« *sovereign master* »), « guide » (« *guide* »), enfin la raison/rationalité qui se manifeste dans le jugement « considère être la meilleure » (« *judges best* »), la recherche de la vérité « tenter de le convaincre, s'ils disposent d'arguments solides » (« *persuade him if they can by evidence* ») ou « le laisser penser par lui-même » (« *letting him think for himself* »).

1 Écrivain écossais, 1806-1844.

Presque trente ans plus tard, il livre une œuvre, consacrée toute entière à la liberté « civique ou sociale » (« *civil, or social* », Mill, 1977, 231) qui, à la fois, marque une étape dans la tradition libérale notamment parce qu'il ne s'agit plus de définir la liberté religieuse ou la tolérance dont elle doit faire l'objet, et qui sera en même temps considérée comme exemplaire de celle-ci. De manière caractéristique, Mill annonce que sa réflexion ne vaut que pour un stade distinct de l'histoire, celle du progrès représentatif de son époque, qui justifie que l'on réexamine le rapport entre l'individu et l'autorité politique, puisque l'on peut constater une propension à ne plus se méfier de cette dernière dès lors qu'elle est constituée de représentants élus, alors même que « Les "gens du peuple" qui exercent le pouvoir ne sont pas toujours les mêmes que ceux sur qui il s'exerce ; et "l'autonomie politique" dont il est question n'est pas le gouvernement de chacun par soi-même mais celui de chacun par tous les autres. » (Mill, 1977, 218)[2] Deux réserves doivent donc être émises face à l'enthousiasme que suscite l'accroissement de la représentation populaire. D'une part cette nouvelle forme de pouvoir ne préserve pas plus l'individu que les formes précédentes, puisque celui-ci demeure sous le gouvernement d'une volonté extérieure à lui-même, d'autre part les représentants ne représentent pas *stricto sensu* la population mais bien sa majorité, tout aussi capable de tyrannie que les formes plus anciennes d'autorité politique. La tradition libérale de défense des droits de l'individu face au pouvoir politique n'est pas anachronique dans un contexte de gouvernement représentatif. Au contraire, nous dit Mill, rejoignant Tocqueville, puisque la tyrannie peut s'exercer non pas seulement par le biais de l'exercice du pouvoir mais plus directement via l'opinion allant jusqu'à réduire l'esprit, ou l'âme (*soul*), en esclavage. Contre ce danger, l'auteur énonce son fameux principe :

> *one very simple principle, as entitled to govern absolutely the dealings of society with the individual in the way of compulsion and control, whether the means used be physical force in the form of legal penalties, or the moral coercion of public opinion. That principle is, that the sole end for which mankind are warranted, individually or collectively, in interfering with the liberty of action of any of their number, is self-protection. That the only purpose for which power can be rightfully exercised over any*

---

2 « *The "people" who exercise the power are not always the same people with those over whom it is exercised; and the "self-government" spoken of is not the government of each by himself, but of each by all the rest.* »

*member of a civilized community, against his will, is to prevent harm to others. His own good, either physical or moral, is not a sufficient warrant. He cannot rightfully be compelled to do or forbear because it will be better for him to do so, because it will make him happier, because, in the opinions of others, to do so would be wise, or even right. These are good reasons for remonstrating with him, or reasoning with him, or persuading him, or entreating him, but not for compelling him, or visiting him with any evil in case he do otherwise. To justify that, the conduct from which it is desired to deter him, must be calculated to produce evil to some one else. The only part of the conduct of any one, for which he is amenable to society, is that which concerns others. In the part which merely concerns himself, his independence is, of right, absolute. Over himself, over his own body and mind, the individual is sovereign.* (Mill, 1977, 236)

« un principe très simple, fondé à régir absolument les rapports de la société et de l'individu dans tout ce qui est de l'ordre de l'usage de la force ou du contrôle, que les moyens utilisés soient la force physique par le biais de sanctions pénales ou la contrainte morale exercée par l'opinion publique. Ce principe requiert que la seule raison permettant à l'humanité d'intervenir individuellement ou collectivement dans la liberté d'action de quiconque est sa propre protection. La seule raison légitime que puisse avoir une communauté pour user de la force contre l'un de ses membres est de l'empêcher de nuire aux autres. Le propre bien, physique ou moral, ne constitue pas une justification suffisante. Un homme ne peut pas être légitimement contraint d'agir, ou de s'abstenir d'agir, sous prétexte que ce serait bon pour lui, que cela le rendrait plus heureux ou que, du point de vue des autres, agir ainsi serait sage ou même juste. Ce sont certes de bonnes raisons pour lui faire des remontrances, le raisonner, le persuader ou le supplier, mais pas pour le contraindre ou lui causer du tort s'il agit autrement. Ce traitement ne se justifie que lorsque la conduite dont on désire détourner cet homme a pour but de nuire à quelqu'un d'autre. Le seul aspect de la conduite d'un individu pour lequel il doit rendre des comptes à la société est celui qui concerne les autres. Mais pour ce qui ne concerne que lui, son indépendance est, de droit, absolue. Sur lui-même, sur son corps et son esprit, l'individu est souverain. »

Cet extrait de *On Liberty*, à la fois limpide, concis et précis, caractéristique de la rhétorique millienne, est probablement l'un des écrits libéraux les plus connus et les plus emblématiques. On notera les accents programmatiques révélés par les termes « principe » (« *principle* ») « régir absolument » (« *govern absolutely* »), qui annoncent, à première vue, une certaine universalité et transcendance dudit principe, lui permettant de voyager à travers les âges et les frontières sans difficulté. Celui-ci souligne une nouvelle fois à quelle point la liberté libérale est indissociable de l'individualisme, la liberté individuelle ne souffrant aucune concession à d'éventuelles conditions particulières, et devant *in fine* primer sur quelle qu'autre considération qu'elle-même, y compris la volonté populaire incarnée dans les lois d'un gouvernement représentatif et d'un État de droit. De fait, il s'agit pour Mill de préciser le statut politique de la liberté à l'âge démocratique, réactualisant ainsi l'individualisme libéral contre le despotisme éventuel de la majorité au pouvoir, pour se garder non seulement d'une oppression qui, bien qu'étant d'origine différente, serait finalement en tout point identique à celle que dénoncèrent les proto-libéraux, mais aussi de ses formes nouvelles comme « la contrainte morale exercée par l'opinion publique » (« *moral coercion of public opinion* »). En d'autres termes, l'auteur procède à une sorte de mise au point en rappelant que l'abus de pouvoir ou son caractère arbitraire ne disparaît pas quand ledit pouvoir est issu d'instances représentatives.

Pour le lecteur actuel, *On Liberty* a pour avantage de souligner la permanence des fondamentaux du libéralisme et de verser de l'eau au moulin de l'interprétation qui retient une essence commune à celui-ci, malgré les différents contextes. À ce titre, Mill occupe une place de choix dans l'histoire du libéralisme : outre son statut de principal penseur libéral de l'époque victorienne, il est le héraut de la continuité du libéralisme dans les sociétés démocratiques modernes contre l'illusion d'une volonté collective qui prétendrait se substituer à la somme des volontés individuelles, il incarne, à ce titre, la permanence du libéralisme malgré un changement politique majeur, valide sa pertinence dans un contexte représentatif qui n'aura de cesse de s'affirmer après sa mort.

C'est certainement pour ces raisons que Mill demeure une figure canonique du libéralisme. Pourtant, comme pour chaque penseur, les quatre éléments énoncés plus hauts s'organisent au sein d'une philosophie propre. Il ne faut donc notamment pas perdre de vue la manière dont se conçoit la liberté individuelle au sein de toute la pensée millienne pour en apprécier les enjeux et toute la signification. Un tel examen s'avère difficile parce que, même si la philosophie de Mill n'est pas systématique à proprement parler, elle constitue néanmoins un ensemble, et le corpus traitant de philosophie politique est forcément lié à d'autres enjeux tels que la logique, la méthode, la métaphysique, la morale… Pourtant il faut bien interroger le fondement du principe énoncé, aux accents universalistes, quoique, en accord avec la philosophie de l'auteur, demeurant lié à une période et un contexte culturel. Au nom de quoi, en effet, faudrait-il faire de la liberté individuelle un principe, politique notamment, général, sinon absolu, d'une société « civilisée » ? Sans chercher l'exhaustivité, nous proposons ici quelques éléments de réponse.

## FONDEMENTS UTILITARISTES DE LA CONCEPTION DE LA LIBERTÉ INDIVIDUELLE

L'une des particularités de Mill, du point de vue global de l'histoire du libéralisme, est d'avoir conservé de l'influence utilitariste dans laquelle il a grandi, le rejet de notions abstraites, quasi dogmatiques, comme celle des droits naturels ou innés. De son point de vue, qui tranche avec celles des pionniers du libéralisme comme Locke, la liberté n'est pas un principe préalable, métaphysique ou transcendant, issu d'un État de nature qui se confond parfois avec la loi divine. Elle possède, au contraire, une utilité. Il faut signaler ici que la vision utilitariste marque une rupture au sein de l'histoire du libéralisme qui tendait à faire de la liberté individuelle un *a priori*, tout en s'inscrivant dans une continuité remarquable puisque la liberté est, dans toute l'œuvre millienne au demeurant, maintes fois réaffirmée comme le fondement de toute politique et le cœur de l'éthique ; *On Liberty* n'échappe évidemment pas à la règle. En outre, la question d'une conception utilitariste de la liberté constitue, à de nombreux égards, une des problématiques des études milliennes : comme l'ont souligné de nombreux critiques, Mill livre une définition de l'utilitarisme qui s'éloigne sensiblement de celle de son inventeur, Jeremy Bentham, le « parrain » de Mill[3], au point d'être méconnaissable. En premier lieu, il faut noter que l'utilitarisme (même dans la version révisée qu'en donne l'auteur[4]) donne lieu à l'érection de la liberté en principe nécessaire sans pour autant procéder à une

3 James Mill (1773–1836), le père de John Stuart, était lui-même philosophe, historien et très proche de Jeremy Bentham auquel il avait demandé d'être le gardien de son fils s'il venait à décéder.

4 Du propre aveu de l'auteur : « L'utilité est, à mes yeux, le dernier mot dans toutes les questions d'éthique, mais il s'agit de l'utilité au sens le plus large. » – « *I regard utility as the ultimate appeal on all ethical questions: but it must be utility in the largest sense* [...] » (Mill, [*On Liberty*] The Collected Works of John Stuart Mill, Volume XVIII – Essays on Politics and Society Part I, 237).

sacralisation qui irait à l'encontre de la conception philosophique générale. Mais si c'est l'utilité qui donne ses lettres de noblesse à la liberté, il faut, dès lors, démontrer que celle-ci est effectivement utile, ou, dans le cas présent, absolument nécessaire, et c'est là l'entreprise à laquelle l'auteur se consacre dans l'ouvrage éponyme.

Ainsi dans le cas de la liberté d'expression (« *freedom of thought and discussion* ») toute limitation est nocive :

> *the peculiar evil of silencing the expression of an opinion is, that it is robbing the human race; posterity as well as the existing generation; those who dissent from the opinion, still more than those who hold it. If the opinion is right, they are deprived of the opportunity of exchanging error for truth: if wrong, they lose, what is almost as great a benefit, the clearer perception and livelier impression of truth, produced by its collision with error.* (Mill, 1977, 240)
>
> « le fait de réduire l'expression d'une opinion au silence a pour effet de causer un tort bien particulier, à savoir celui qui consiste à priver l'humanité, la postérité comme la génération actuelle, notamment ceux qui sont en désaccord avec cette opinion, plus encore que ceux qui la partagent. Si l'opinion est juste alors ils sont privés de la possibilité de connaître la vérité plutôt que l'erreur ; si elle est erronée alors ils perdent une perception plus claire, plus vivace de la vérité, qui serait produite par la confrontation avec l'erreur, ce qui est presque aussi grave. »

*On Liberty* consacre en effet le lien entre liberté et recherche de la vérité : limiter la liberté d'expression revient à risquer l'erreur, car elle désigne comme fausse ou dangereuse une idée qui serait exprimée, sous prétexte d'extrémisme par exemple, interdisant sa diffusion qui pourrait pourtant peut-être participer à la progression de la connaissance ou du débat. Le point de vue utilitariste est ici patent. Ce qui importe surtout ici, c'est de noter que Mill considère l'idée de liberté comme un moyen permettant le progrès de la vérité, c'est-à-dire de la confrontation des idées entre elles, elle-même susceptible de faire émerger des vérités jusqu'alors non connues. La liberté n'est donc pas une valeur en soi, du moins la fin ultime de la politique, mais une condition *sine qua non* à l'accès à ce qui semble être la valeur suprême, c'est à dire la connaissance. En outre, l'approche utilitariste impose que Mill ne s'en tienne pas strictement à une vision individualiste. Comme on peut le voir dans l'extrait ci-dessus, la liberté est désormais la condition du progrès collectif « humanité » (« *human race* ») et ce pour toujours « postérité » (« *posterity* »).

Cette justification de la liberté ne vaut pas seulement pour la liberté de penser ou la liberté d'expression puisque Mill l'emploie aussi pour plaider en faveur de la liberté d'action, infléchissant toutefois son argument en remplaçant la vérité par une notion proche à ses yeux, à savoir le progrès individuel qu'il associe au bonheur ; la liberté se trouve assimilée à l'affirmation de l'individualité, elle-même justifiée par l'argument utilitariste traditionnel : « Là où les règles de conduite ne sont pas fixées par le propre caractère de la personne mais par la tradition et la coutume, il manque l'un des principaux ingrédients du bonheur des humains » (Mill, 1977, 265)[5] Le progrès individuel et social est convoqué au même titre puisque l'auteur finit la phrase en ajoutant « et l'ingrédient essentiel du progrès individuel et social[6] ». Ainsi, sur le plan individuel, en accord avec Von Humboldt qu'il cite ici, Mill continue de faire de la liberté un moyen servant une vision idéale d'un homme cultivant l'individualité et la raison/rationalité.

> *"the end of man, or that which is prescribed by the eternal or immutable dictates of reason, and not suggested by vague and transient desires, is the highest and most harmonious development of his powers to a complete and consistent whole;" that, therefore, the object "towards which every human being must ceaselessly direct his efforts, and on which especially those who design to influence their fellow-men must ever keep their eyes, is the individuality of power and development;" that for this there are two requisites, "freedom, and a variety of situations;" and that from the union of these arise "individual vigour and manifold diversity," which combine themselves in "originality."* (Mill, 1977, 266)
>
> « "le but des hommes, du moins celui que prescrit la voix éternelle ou immuable de la raison et non ce que suggère quelque vague désir passager, est le développement le plus élevé, le plus harmonieux de ses facultés en un ensemble accompli et cohérent", par conséquent l'objet "vers lequel chaque être humain doit tendre, sans jamais faiblir, et que ceux qui ont le dessein d'influencer leurs semblables doivent constamment avoir à l'esprit, est l'individualité des facultés et du développement", ce qui suppose deux conditions : "la liberté et la diversité des situations", qui, réunies, permettent l'émergence de "la vigueur de l'individu, la diversité, la variété" qui aboutissent ensemble à "l'originalité" ».

Parallèlement, sur le plan social, la liberté est le terreau de l'expérience, de l'interaction avec autrui ou avec le monde qui favorise l'émergence

---

5 « *Where, not the person's own character, but the tradition or customs of other people are the rule of conduct, there is wanting one of the principal ingredients of human happiness* [...] ».

6 « *and quite the chief ingredient of individual and social progress* ».

de la vérité. Cet aspect de la légitimation de la liberté s'enracine dans l'empirisme de Mill qui laisse toute son importance à l'expérience individuelle : le parcours vers la connaissance passe par l'erreur, c'est en se confrontant aux choses ou aux idées que celle-ci est éventuellement corrigée. La liberté permet aussi l'apparition du génie et l'interaction avec lui, lesquelles font, à leur tour, progresser la société. Dans les deux cas, individuel et social, la liberté peut donc être envisagée, avec certaines précautions préalables, comme synonyme de progrès.

> *The despotism of custom is everywhere the standing hindrance to human advancement, being in unceasing antagonism to that disposition to aim at something better than customary, which is called, according to circumstances, the spirit of liberty, or that of progress or improvement. The spirit of improvement is not always a spirit of liberty, for it may aim at forcing improvements on an unwilling people; and the spirit of liberty, in so far as it resists such attempts, may ally itself locally and temporarily with the opponents of improvement; but the only unfailing and permanent source of improvement is liberty, since by it there are as many possible independent centres of improvement as there are individuals.* (Mill, 1977, 274)

> « Partout, le despotisme de la coutume fait obstacle au progrès humain, parce qu'il est en conflit constant contre cette disposition d'avoir mieux que ce que l'on a coutume d'avoir, qu'on appelle, suivant les circonstances, esprit de liberté, esprit de progrès et de développement. Ce dernier n'est pas toujours un esprit de liberté, car il peut chercher à imposer le progrès à un peuple réticent ; et l'esprit de liberté, quand il résiste à de tels efforts, peut s'allier localement et temporairement aux adversaires du progrès ; mais la seule source intarissable, permanente de développement est la liberté, puisque grâce à elle, il peut y avoir autant d'unités indépendantes de développement que d'individus. »

## UNE ÉTHIQUE DE L'ACCOMPLISSEMENT DE SOI

Par conséquent, si le libéralisme de Mill se révèle constituer dans son application strictement politique une doctrine de l'individu libre qui semble correspondre en tout point à l'idée d'un canon doctrinaire, les fondements philosophiques de la doctrine sont, quant à eux, plus spécifiques. Cette dernière s'ancre résolument dans son contexte historique, ne serait-ce que parce que Mill lui-même a pour intention de traiter la question de la liberté dans son époque, mais aussi parce que la valeur du progrès est typique de la vision progressiste de la doxa du XIXe siècle. À cet égard, la conception millienne englobe à la fois la dimension collective dans la mesure où l'interaction entre les individus libres permet à l'ensemble de la société de progresser vers la vérité, et la dimension strictement individuelle parce que le progrès, ou ici le développement individuel, est aussi fonction de la liberté. Cette dernière semble constituer une véritable éthique à laquelle la conception de la liberté est soumise. Le libéralisme millien ne postule en aucune manière que toute activité et toute pensée se valent, que la liberté de se cultiver comme on l'entend n'a pas plus de valeur que celle de rester indolent par exemple. Il faut, en outre, préciser que la conception de l'individualité n'est pas affaire de choix ou de croyance. Mill ne la présente pas comme sa vision subjective mais comme une vérité, l'homme – ou l'être humain – étant un être progressif, dont « l'intérêt permanent » est, forcément, de progresser[7]. Ou, pour reprendre la formulation de J. Skorupski : « c'est le point le plus fondamental pour qui veut saisir la pensée éthique et politique de Mill. Avant tout, il s'agit d'une conception du bien humain comme essentiellement dynamique, évolutif, individuel » (Skorupski, 2006, 5)[8]. La pensée millienne s'enracine donc dans une éthique de l'accomplissement de soi, lequel est synonyme de bonheur[9] lui-même lié au plaisir, ce qui revient à conserver une approche utilitariste. Mill se distingue toutefois de ses prédécesseurs en insistant sur la qualité du plaisir, certains plaisirs étant « plus désirables et plus valables que d'autres[10] » mais moins fréquemment éprouvés que des plaisirs inférieurs. Cette hiérarchie est au demeurant empirique, puisque ceux d'entre nous qui connaissent les plaisirs de grande et de moindre qualité désirent forcément les premiers plutôt que les derniers ; il ne s'agit pas là d'un *a priori* mais bien d'un constat.

> *no intelligent human being would consent to be a fool, no instructed person would be an ignoramus, no person of feeling and conscience would be selfish and base, even though they should be persuaded that the fool, the dunce, or the rascal is better satisfied with his lot than they are with theirs.* (Mill, 1985, 264)

---

7 « *the permanent interests of man as a progressive being* ».

8 « *No point is more fundamental for grasping Mill's ethical and political outlook. Its essence is a conception of human good as something dynamic, developmental and individual* ».

9 On a souvent souligné le parallèle avec la notion aristotélicienne *to ergontouanthropou* (l'homme qui a accompli son métier d'homme).

10 « *some* kinds *of pleasure are more desirable and more valuable than others.* » (Mill, 1985, 211)

> « aucun être humain intelligent ne consentirait à être un imbécile, aucune personne instruite ne voudrait être un ignorant, aucune personne ayant du cœur et une conscience ne voudrait être égoïste et vile, même s'ils avaient la conviction que l'imbécile, l'ignorant ou le gredin sont plus complètement satisfaits de leurs lots, qu'eux-mêmes ne le sont du leur. »

Il en est pourtant certains qui ont connu ces plaisirs de qualité et qui vont pourtant se satisfaire des plaisirs inférieurs. Mais alors il ne s'agit pas d'un choix à proprement parler mais plutôt d'une régression vers un état incapable d'aspirations plus élevées. La dimension collective est convoquée une nouvelle fois pour expliquer un tel phénomène. Un entourage médiocre pourra, par exemple, inciter à une telle régression. Ce fait constitue d'ailleurs l'un des principaux arguments qui sous-tendent le féminisme de Mill. En effet, dans le contexte familial, l'homme entretient des rapports quotidiens avec les femmes, son épouse, mais aussi les autres êtres de sexe féminin qui composent sa famille, et leur déficit d'éducation, leur manque d'autonomie, signifient que les relations sont souvent peu épanouissantes. Au contraire, une épouse qui serait une égale sur le plan intellectuel, un être libre donc, sera susceptible de participer au progrès individuel.

Ce bref examen du libéralisme selon Mill fait donc apparaitre la coexistence de concepts clés (ou *core concepts* pour reprendre la terminologie de Freeden) qui sont interdépendants voire inter-signifiants : la liberté est celle de l'individu, lui permettant d'aller toujours plus loin dans son évolution en tant que tel, et elle est progrès vers la connaissance. Elle est aussi condition du bonheur. Elle n'a pas de valeur en soi, autrement dit, il n'est pas d'immanence de la liberté ou d'une sorte d'affirmation que le seul fait d'être au monde implique d'y être librement.

Pourtant, au moins sur le plan de la philosophie politique, elle semble revêtir l'apparence d'un principe absolu (« Mais pour ce qui ne concerne que lui, son indépendance est, de droit, absolue. Sur lui-même, sur son corps et son esprit, l'individu est souverain. (Mill, 1977, 236)[11]) voire supérieur, puisque le seul élément probant qui interdit de la désigner réellement comme tel réside dans l'incompatibilité d'une quelconque sacralisation avec la conception utilitariste de l'auteur, ce qui explique peut-être pourquoi, en quelque sorte, la protection de la

---

11 « *In the part which merely concerns himself, his independence is, of right, absolute.* »

liberté individuelle doit constituer un absolu institutionnel, et non être reconnue comme un absolu « dans l'absolu » qui serait préalable ; mais entre la sanctuarisation politique et la sacralisation, la nuance est plutôt mince, du moins du côté des conséquences. Lorsque Mill propose une distinction radicale entre la sphère individuelle et la sphère collective, il ne s'éloigne guère, dans la perspective de l'histoire du libéralisme, de la notion irréductible d'un individu qui possède des droits naturels, la liberté inaltérable étant le préalable nécessaire à toute organisation politique. C'est d'ailleurs l'accusation que formule James Fitzjames Stephen dans son ouvrage *Liberty, Equality, Fraternity* (Stephen, 1874 (1993)) dénonçant une sacralisation masquée de la liberté, qui constituerait finalement une trahison de l'empirisme et l'utilitarisme que Mill avait affirmé dans certaines œuvres préalables, notamment *A System of Logic* et *An Examination of William Hamilton's Philosophy.*

La distinction qu'opère Mill entre l'individu et la collectivité a aussi été largement disputée, et ce dès les premières critiques consécutives à la publication de *On Liberty.* La différenciation entre *self-regarding* (ce qui ne concerne que soi) et *other-regarding acts* ou *conduct* (les actes ou les conduites qui concernent les autres) peut effectivement sembler artificielle, puisqu'il est aisé de démontrer que nos choix ont toujours un impact sur autrui. J.C. Rees (Rees, 1991), a notamment montré que *On Liberty* n'oppose pas l'individu et la société mais s'efforce plutôt de distinguer entre les intérêts de l'individu et ceux d'autrui, pour affirmer que certaines conduites n'affectant pas ce dernier, il n'est pas légitime de contraindre l'individu.

Cette même distinction suscite un troisième type de critique, il est en effet possible de juger que Mill a le tort, à l'instar de nombreux libéraux, de prétendre que l'individu est indépendant de ses pairs et peut être conçu de manière abstraite comme isolé : c'est la critique que fera T.H. Green et l'école idéaliste britannique comme nous le verrons dans le chapitre suivant. Il faut cependant garder à l'esprit les prémices de l'ouvrage qui spécifient bien ne traiter que de « la liberté sociale ou civile : la nature et les limites du pouvoir que la société peut légitimement exercer sur l'individu » (Mill, 1977, 217)[12]. La thèse de Mill repose sur une conception plus large de la liberté mais son principe de distinction

12 « *Civil, or Social Liberty: the nature and limits of the power which can be legitimately exercised by society over the individual.* »

s'applique au projet énoncé. Mill n'aurait sans doute pas eu de mal à souscrire à l'idée que l'homme est un animal social ; plus précisément le progrès de l'individu s'effectue au sein de la collectivité, le développement de soi, ou autonomisation, sont aussi fonction de l'échange avec autrui. L'individualité dépend dès lors d'autrui pour sa constitution et son développement. Toutefois Mill insiste évidemment sur la diversité que la société doit offrir à l'individu : il s'agit là d'une condition essentielle du progrès puisque l'expérience est le moyen de la connaissance, à la fois connaissance théorique et connaissance de soi. Une trop grande conformité sociale serait nocive à l'individualité car elle ne permettrait pas la multiplicité des expériences et la constitution de la singularité, ce que certains détracteurs ont appelé la « sainte particularité » (« *the sanctity of idiosyncracy* »)[13] millienne, à savoir le fait que le développement de soi révèle la diversité des individus. On pourrait même être tenté d'affirmer que ce n'est pas (seulement en tout cas) la liberté en soi que Mill cherche à mettre à l'abri de toute attaque, mais bien la diversité de l'expérience qui seule peut satisfaire le besoin de développement de l'individu, ce qui reviendrait à corroborer l'interprétation utilitariste de la pensée politique de Mill, qui tiendrait alors bien la liberté pour un moyen et non un principe moral.

Une interprétation plus fine semble donc devoir mettre l'accent sur l'autonomisation de l'individu comme finalité ultime de la conception politique millienne et tendre à admettre son fondement utilitariste, qui, par définition, peut conjuguer une vision atomistique de l'individu et un intérêt pour le plus grand nombre, donc pour la société en tant qu'addition des individualités, au détriment de l'intérêt de la minorité. On l'aura compris, Mill ne souscrit aucunement à l'idée que le bonheur de la majorité peut justifier le sacrifice de la minorité, qui, selon son interprétation de son époque, n'était plus la minorité des privilégiés, mais celles des non-conformistes : sa défense de la liberté demeure néanmoins tout à fait conciliable avec l'intérêt du plus grand nombre, puisque la liberté des uns participe, en fin de compte, au progrès qui profite aux autres.

13 Ce point est mis en avant par cité par John Gray, qui cite Mill (Gray, 1991, 151).

## LIBERTÉ ET INDIVIDUALITÉ

Il reste qu'une telle lecture de la philosophie politique de Mill oblige à se pencher sur la conception de cette individualité que Mill place au cœur de son libéralisme : L'individu, (et par là la société), est de nature[14] perfectible, et trouve son épanouissement, qui est assimilable au bonheur, lorsqu'il peut effectivement s'améliorer dans un progrès, certes individuel et singulier, de la pensée (au sens large, recouvrant l'imagination, la sensibilité) individuelle, donc dans un développement au moins en partie intellectuel.

Or, cette conception peut apparaître comme problématique en tant que conception libérale, dans la mesure où la liberté, conçue comme moyen, est associée à une fin déterminée. Dès lors affleure un doute sur une éventuelle inféodation de la liberté à un but supérieur, qui pourrait alors constituer une forme de restriction de la liberté, en tant qu'elle serait soumise à un impératif supérieur. Plus largement n'y aurait-il pas forcément contradiction entre une définition précise de l'individualité et la neutralité, ou tolérance, politique qui garantit la liberté : que faire, en effet, des cas qui semblent échapper ou résister à une telle définition ? Chez Mill il n'existe certes pas un modèle de développement susceptible de faire le bonheur de tous, car l'autonomisation mène à la diversification des individus, mais la liberté de chacun est liée à la conception d'un individu perfectible, une perfectibilité qui coïncide précisément avec l'autonomisation puisque Mill affirme qu'il existe des modes supérieurs d'être qui sont forcément plus souhaitables que des formes moins avancées de développement. L'emploi de certains termes (« plus noble ou supérieur » (« *higher* »), « inférieur » (« *inferior* »)) peut en effet conduire à lire un certain élitisme dans l'œuvre de Mill, de même que de nombreux passages *a priori* très explicites :

---

14 Le terme de nature ne signifie pas forcément une nature innée : voir, par exemple, (Mill, 1985, 230) : « *On the other hand, if, as is my own belief, the moral feelings are not innate, but acquired, they are not for that reason the less natural. It is natural to man to speak, to reason, to build cities, to cultivate the ground, though these are acquired faculties.* » – « D'autre part, si, comme je le crois, les sentiments moraux ne sont pas innés mais acquis, ils n'en sont pas moins naturels. Il est naturel pour l'homme de parler, de raisonner, de construire des cités, de cultiver le sol, même s'il s'agit bien de facultés acquises. »

> *It is better to be a human being dissatisfied than a pig satisfied; better to be Socrates dissatisfied than a fool satisfied. And if the fool, or the pig, is of a different opinion, it is because they only know their own side of the question.* (Mill, 1985, 212)

> « Il vaut mieux être un homme insatisfait qu'un porc satisfait ; il vaut mieux être Socrate insatisfait qu'un imbécile satisfait. Et si l'imbécile ou le porc sont d'un avis différent, c'est qu'ils ne connaissent qu'un coté de la question. »

On peut lire dans de tels passages un certain mépris de choix de vie différents que ceux que prône Mill. Celui qui aurait librement choisi une vie « de porc » aurait eu tort, selon Mill, et aurait mal usé de sa liberté. Ou plutôt il n'aurait guère de liberté, puisque son ignorance lui barre la route de l'autonomie. Mais alors la conception millienne laisse-t-elle vraiment l'individu libre si elle juge que certains usent mieux de leur liberté que d'autres, voire que certains n'accèdent pas à la liberté même si la société libérale leur en offre la possibilité ? À nouveau on peut résumer les principaux commentaires critiques à deux reproches. D'abord l'inégalité des conditions sociales ne permet pas le même accès aux conditions de l'autonomie, ce dont Mill a d'ailleurs parfaitement conscience. Il faudra alors intervenir plus fortement auprès des individus pour construire une organisation sociale plus à même de fournir effectivement les moyens de l'autonomie, quitte à se départir de la neutralité théorique d'un État libéral. Mais aussi, des critiques, souvent plus récentes, soulignent à quel point il apparaît problématique de faire coïncider une adhésion au pluralisme, qui semble le corollaire logique de la primauté de la liberté sur les autres principes politiques et moraux, avec une vision hiérarchique des accomplissements individuels. Pour recourir à la terminologie actuelle, un jugement si défini sur ce qui constitue la bonne vie n'est-il pas contradictoire avec l'affirmation de la liberté individuelle ? Le libéralisme millien se caractériserait alors par une absence de neutralité face à l'usage qui serait fait de la liberté, il constituerait à ce titre une conception moniste qui ne pourrait penser le pluralisme, ce qui, aux yeux des libéraux actuels, constitue une contradiction.

Distinguons, bien sûr, entre liberté en tant que principe politique qui sous-tend l'organisation de la société notamment le droit, et la liberté en tant que conception philosophique. Du point de vue politique, Mill rejette absolument la moindre tentative « d'encadrement » de la liberté, ou n'importe quelle restriction plus ou moins masquée.

La conception philosophique de la liberté interdit justement que l'on s'engage sur une pente glissante qui tolèrerait une atteinte à celle-ci pour servir un quelconque objectif même celui de mieux permettre l'accès à l'autonomie. Le texte de *On Liberty* interdit formellement une telle interprétation, et Mill ne peut être soupçonné de mauvaise foi : son « programme politique » s'articule effectivement sur une liberté réelle pour chacun de choisir sa vie bonne, pour continuer l'emploi de termes plus contemporains : on ne mérite pas d'être libre uniquement si l'on sait faire usage de sa liberté :

> *He who lets the world, or his own portion of it, choose his plan of life for him has no need of any other faculty than the ape-like one of imitation.* (Mill, 1977, 267)
>
> « Celui qui laisse le monde, ou du moins son entourage, choisir pour lui le canevas de sa vie, n'a besoin d'aucune qualité si ce n'est la faculté d'imitation des singes. »

Si certains demeurent entièrement sous le joug de la coutume et se drapent dans leur ignorance, il faut s'assurer qu'ils n'empêchent pas le développement voire le génie des autres d'évoluer sans entrave. Pour le reste, tous pourront, au même titre, jouir des mêmes libertés et ce particulièrement pour deux raisons : d'abord parce que forcer quelqu'un à l'autonomie ou à l'individualité relève du non-sens, toute intervention en ce sens étant forcément vouée à l'échec, ensuite parce que cela suppose que l'on sait mieux que l'individu ce qui est bon pour lui, donc contrevient au concept même de l'individualité sur lequel se fonde le respect de la liberté, à savoir que nul ne sait mieux que l'individu lui-même ce qui le concerne. Il n'existe pas d'alternative à la liberté individuelle. Si celle-ci ne suffit pas à mener chacun à l'autonomie, un individu autonome est, lui, nécessairement le produit d'une société libre.

En outre cette même société fournit l'environnement le plus susceptible de susciter le progrès le débat s'enrichissant, les idées devenant de plus en plus convaincantes au fur et à mesure que s'accroit la diversité, elle-même fruit de l'affirmation des individualités. Ceux qui seraient dans l'erreur ou dans l'ignorance, ne seraient alors pas laissés pour compte, mais rappelés à la raison. Mill ne semble pas douter que l'évolution d'une société libre la portera vers plus de rationalité même s'il admet qu'il est naïf de croire à un progrès constant et linéaire. On trouve un exemple très frappant de cette vue dans *On Liberty* quand l'auteur évoque l'apparition récentes des Mormons, alors polygames, aux États-Unis qui a déclenché l'opprobre de ses contemporains. Bien qu'affligé par le phénomène (« Je suis le premier à désapprouver entièrement cette institution mormone[15] »), il continue néanmoins de soutenir le droit des Mormons à vivre comme bon leur semble :

> *A recent writer, in some respects of considerable merit, proposes (to use his own words) not a crusade, but a civilizade, against this polygamous community, to put an end to what seems to him a retrograde step in civilization. It also appears so to me, but I am not aware that any community has a right to force another to be civilized.* (Mill, 1977, 289)
>
> « Un écrivain moderne, de grand mérite à certains égards, propose (pour reprendre ses propres termes) non pas une croisade, mais une civilisade contre cette communauté polygame, pour mettre fin à ce qui lui semblait être un mouvement rétrograde dans la marche de la civilisation. Je partage sa vision des choses ; mais à ma connaissance, aucune communauté n'a le droit d'en forcer une autre à être civilisée. »

Pourtant la polygamie étant une expression manifeste de l'asservissement des femmes, Mill la juge *a fortiori* très sévèrement, affirmant qu'elle contrevient bien à la liberté de l'individu :

> [...] *far from being in any way countenanced by the principle of liberty, it is a direct infraction of that principle, being a mere riveting of the chains of one-half of the community, and an emancipation of the other from reciprocity of obligation towards them.* (Mill, 1977, 289)
>
> « [...] loin d'être justifiée par le principe de liberté, elle constitue une infraction directe à celui-ci, rivant simplement les chaînes d'une moitié de la communauté, et dispensant l'autre moitié de toute réciprocité d'obligation envers la première. »

Les Mormones n'étant pas contraintes, elles sont les victimes volontaires de leur situation. Mill explique leur assentiment par l'éducation que reçoivent les femmes en général et qui les poussent à considérer le mariage, même polygame, comme le but nécessaire de leur existence. Dans la mesure cependant où leur choix de vie n'est pas contraint, même s'il est la conséquence d'une oppression culturelle, rien ne légitime qui les contraindraient justement à vivre autrement.

---

15 « *No one has a deeper disapprobation than I have of this Mormon institution* ».

Ainsi l'individualité selon Mill suppose une sphère dans laquelle l'individu est absolument libre, ou non-contraint, ce qui correspond à une définition minimale de la liberté et correspond à ce titre à un principe commun à tous les libéralismes. L'autonomie de l'individu est fortement souhaitable mais ne peut donner lieu la remise en cause de la liberté, qui est au contraire sa condition ou son prolongement mais pas sa garantie. Au moins deux conceptions de la liberté sont à l'œuvre ici. Une liberté minimale, que d'aucuns ont appelé « négative[16] », qui du point de vue de la pensée peut se contenter de ce que Kant appelle la raison passive et une liberté portant l'empreinte des Lumières, dont on a déjà évoqué la parenté avec le libéralisme, celle qui libère l'esprit, met fin à l'hétéronomie de la raison pour permettre l'accès à l'autonomie. Selon Gray (Gray, *Mill's conception of happiness*, 1991) il faut même distinguer quatre états de liberté, la liberté négative – simple absence d'entrave –, l'autodétermination (« *self-determination* ») qui suppose une correspondance entre les actions et la volonté rationnelle, qui ne s'accompagne pas forcément de liberté négative puisque, à la manière des stoïques, il est concevable de ne pas désirer ce qui nous est interdit pour ne pas éprouver les entraves à notre liberté négative. Lorsqu'il y a coïncidence des deux, on parle alors autarcie. L'autonomie, quant à elle, constitue un état différent de l'autarcie, dans la mesure où elle suppose d'avoir pris « certaines distances face aux conventions de son environnement social et à l'influence des personnes de son entourage » (Gray, *Mill's conception of happiness*, 1991, 194) ; les actions témoignent alors de « principes et de politiques que la personne a ratifié grâce à un processus de réflexion critique » (Gray, 1991, 195). L'autarcie peut donc être comprise comme l'état minimal de liberté selon Mill, la liberté négative étant pré-requise dans un État de droit, tandis que sont exclus les individus (enfants ou fous) qui ne sauraient posséder la capacité d'autodétermination. L'autonomie, quant à elle, relève de l'accomplissement et à ce titre n'est jamais complètement accomplie ; elle est plus une trajectoire qu'un état, un idéal vers lequel tendre, sans qu'il soit jamais acquis. Ce point est au demeurant corroboré par Freeden qui formule une différenciation entre la « détermination de soi » (« *self-determination* ») dont le « développement de soi » (« *self-development* ») constitue un sous-ensemble, lequel équivaut

---

16 Voir chapitre 2.

selon lui à la liberté telle que Mill la conçoit, sans pour autant se confondre avec la « réalisation de soi » (« *self-realization* »), un sous-ensemble de « *self-development* » cette fois. Seules les conceptions perfectionnistes font de la liberté un synonyme de « *self-realization* » (Freeden, 1996, 147). La distinction qu'opère Gray (qui précise que la terminologie n'est pas celle employée par Mill) permet de mieux analyser le caractère souhaitable de l'autonomie et de comprendre la notion de perfectibilité de l'individu qui sous-tend la pensée millienne : celle-ci n'est pas une catégorie qui s'oppose à l'autarcie ; elle en est un développement éventuel, désirable. On peut alors reformuler le programme de *On Liberty* qui est de ne pas entraver l'autarcie de l'individu, condition d'une possible autonomie. Dès lors on peut parler de neutralité politique où la métaphysique de Mill n'intervient pas, et reconnaitre que si la pensée politique millienne peut évidemment être décrite comme mettant en avant l'idée de développement (« *developmental* »), pour reprendre le terme de MacPherson (MacPherson, 1977), elle n'en reste pas moins aussi « protectrice » (« *protective* »), toujours au sens de ce dernier. Ainsi, si le « libéralisme éthique » de Mill constitue une sous-catégorie du libéralisme, il propose une plate-forme commune à la tradition libérale. L'utilitarisme de Mill, qui lui ne s'inscrit pas dans cette dernière, désigne finalement l'organisation libérale de la société comme le meilleur calcul, le système le plus susceptible de fournir le bonheur au plus grand nombre.

## POSTÉRITÉ DU LIBÉRALISME DE MILL

Au début de ce chapitre nous avons brièvement évoqué comment la pensée politique de Mill prend place dans l'histoire du libéralisme. La contribution de l'auteur a été immédiatement reconnue pour être, comme il y a aussi déjà été fait allusion, critiquée ou acclamée. En tout cas, sa renommée est telle qu'il n'est guère d'écrits libéraux qui ne l'évoquent. Dans les décennies qui ont suivi sa mort, Mill était déjà cet auteur paradigmatique signalé en introduction. Les évolutions successives du libéralisme ont donc en commun de s'être souvent au moins partiellement situées par rapport à sa pensée. Cela ne signifie pas, loin s'en faut, que Mill ait permis un consensus mais plutôt, semble-t-il, que sa pensée ait été suffisamment riche pour permettre à différentes tendances de s'en inspirer ou d'en produire des interprétations variables. À ce titre, l'individu millien préfigure à la fois la version sociale qu'en donnera le libéralisme du début du XX^e^ siècle et les conceptions plus tardives. Certes, une telle flexibilité s'explique à la fois par les enjeux interprétatifs généraux évoqués en introduction et par la complexité de l'œuvre de Mill, qui reste indéniable, même si l'on ne s'en tient qu'à la question de la liberté individuelle. Mais si la postérité de Mill peut effectivement paraître déroutante et faire douter soit de l'honnêteté des interprétations soit même de la cohérence de l'œuvre[17], on peut aussi l'aborder sous un autre angle et dire qu'elle s'explique au contraire plutôt bien dans la mesure où Mill avait déjà identifié de ce qui devait devenir le paradoxe libéral à l'ère démocratique, à savoir que le régime démocratique suppose à la fois que l'individu intervienne dans le gouvernement et que le gouvernement intervienne dans le développement de l'individu ne serait-ce que pour lui permettre d'être lui-même un intervenant de qualité dans les affaires publiques. Dès lors l'existence ne peut rester hermétique à la vie publique et le destin de l'individu est lié positivement à celui de l'État, d'autant que l'individu autonome fait un meilleur gouvernant car il sait penser. Mais cette proximité comporte des dangers et nécessite la mise en place de protections de la liberté de l'individu toujours plus fortes. Selon que l'on se concentre plus sur la première conséquence de l'avènement de la démocratie ou que l'on s'attarde sur la deuxième, on peut tout fait logiquement aboutir à l'interventionnisme de l'État nouveau libéral ou au contraire au retrait de l'État néo-libéral.

17 Ce reproche est récurrent voir, par exemple, (Arneson, 1982).

# LE NOUVEAU LIBÉRALISME

## L'individu libre dans une société organique

Le nouveau libéralisme occupe une position particulière dans l'histoire du libéralisme, car du point de vue des composants traditionnels de la doctrine libérale, il peut être considéré comme l'une des variations qui s'en sont le plus éloigné, pour ce qui concerne le rôle de l'État, la définition de ses domaines légitimes d'intervention, la liberté d'entreprise, ou encore la distinction entre l'individuel et le collectif. Cependant il peut aussi être vu comme une continuation indéniable du libéralisme, ne serait-ce que parce qu'il participe d'une interrogation sur le sens à donner à la liberté et la conception de l'individu. Les prémisses théoriques semblent donc caractéristiques. La difficulté émerge lorsque l'on examine les conclusions de la révision théorique : pour les résumer succinctement, le nouveau libéralisme va affirmer que l'intervention dans la sphère de l'individu peut justement rendre celui-ci plus libre. À nouveau on peut estimer, comme le font ses détracteurs, qu'une telle conclusion se démarque des principes généraux évoqués en introduction comme de ceux plus spécifiques qui caractérisent le libéralisme millien. À l'inverse on peut aussi juger que l'idée d'une dépendance entre la possibilité de la liberté individuelle et sa restriction est un enjeu pérenne du libéralisme. Ainsi, des origines aux développements au XIXe siècle, de Locke à Mill, en passant par Bentham, les penseurs libéraux n'ont eu de cesse de considérer la soumission à la loi, qui émane bien de l'État, comme constitutive de la liberté civile et politique. Mais quand bien même pourrait-on admettre que l'intervention dans la vie de l'individu reste compatible avec le libéralisme dès lors qu'il ne s'agit que de permettre la plus grande liberté pour le plus grand nombre, pour paraphraser l'utilitarisme, des divergences se font effectivement jour quand on cherche à la délimiter précisément. C'est en tout cas la question qui se pose pour le nouveau libéralisme qui a abordé cette entreprise de définition avec un certain optimisme, comme s'il pensait dans un premier temps pouvoir apporter des réponses un tant soit peu définitives pour finir sur une note plus sceptique.

## DIVERSITÉ ET UNITÉ DES FONDEMENTS DU NOUVEAU LIBÉRALISME

Parmi toutes les évolutions théoriques du libéralisme présentées dans cet ouvrage, le nouveau libéralisme est certainement la plus aisément identifiable du point de vue non pas uniquement de l'histoire des idées mais de l'histoire politique, tant le nouveau libéralisme a correspondu à un échange entre les penseurs et le parti libéral, le parti travailliste et plus largement les politiques mises en place notamment à partir du début du XXe siècle. Mais ce mouvement théorique apparait parfois comme une convergence de vues plutôt qu'une unanimité. Dans le détail, le consensus est plus vague qu'il n'y paraît, et sur la question de la conception de l'individu et de sa liberté, ni les prémisses ni les conclusions ne sont les mêmes, sans pour autant être radicalement opposées. La synthèse proposée ici comporte donc le risque de ne pas rendre compte de la diversité du nouveau libéralisme ou de la richesse de l'œuvre de chaque penseur ; il faut néanmoins connaitre cette déclinaison du libéralisme pour pouvoir envisager les évolutions ultérieures qui rejetteront ou intégreront cette phase particulière.

En Grande-Bretagne le nouveau libéralisme, que l'on appelle aussi, de nos jours, le « libéralisme social », est notoirement associé à l'idéalisme et à son fondateur du côté britannique, Thomas Hill Green. Cette parenté constitue une nouvelle difficulté qui rappelle celle, rencontrée dans le chapitre précédent, du lien entre l'utilitarisme et le libéralisme de Mill. Comme nous l'avons vu, on ne peut ni reconnaitre l'utilitarisme de Bentham dans la pensée de celui-ci, ni affirmer que Mill a abandonné l'utilitarisme puisqu'il continue de fonder sa politique dans ce que certains ont nommé un « utilitarisme indirect », qui vient donner une utilité à la liberté, la rendre concrète, partie prenante du bonheur, c'est-à-dire du développement de l'individu. On peut donc parler d'un lien nécessaire mais non suffisant entre utilitarisme et libéralisme millien. Ainsi, si le libéralisme éthique ou « *developmental* » de Mill était en même temps le fruit et le dépassement de l'utilitarisme, on constate à la fois une logique et une tension dans le lien entre idéalisme et nouveau libéralisme. Mais, dans le cas de Mill, l'utilitarisme est revendiqué en tant que vision philosophique dont la politique est dépendante ; le libéralisme est en quelque sorte la conséquence de l'utilitarisme, ce qui ne revient pas à dire que tous les utilitaristes sont libéraux et que tous les libéraux sont utilitaristes, même parmi les contemporains de Mill. Pour poursuivre le parallèle, on ne s'étonnera donc pas que l'idéalisme ne puisse être considéré comme le fondement philosophique de tous les penseurs affiliés au nouveau libéralisme. Parmi ceux-ci, on trouve effectivement des idéalistes revendiqués mais aussi des penseurs qui ne sont pas directement affiliés à cette philosophie. Néanmoins ils n'échappent pas à l'influence de Green avec lequel ils ont des « affinités » pour reprendre la terminologie dont usent Simhony et Weinstein :

> *Every political theory must have two components: ontology and advocacy (philosophical anthropology and prescriptivity).* [...] *The essential issue concerns the relationship between ontology and advocacy which is typically viewed either as analytical or supportive, either as logical or as one of affinity. Analytic connection holds that prescriptive principles are somehow derived from, and justified by, social ontology. Relations of affinity hold that political advocacy is not conceptually derived from social ontology. Rather, such relations are much weaker, with ontology merely supporting, or setting the boundaries for, prescriptive principles.* (Simhony et Weinstein, 2001)
>
> « Chaque théorie politique se constitue de deux parties, l'une est ontologique, l'autre apologétique (anthropologie philosophique et normativité). [...] la question essentielle est celle du rapport entre l'ontologie et l'apologie, qui peut être soit de nature analytique, soit corroboratif, ou soit logique, soit de l'ordre de l'affinité. Le lien analytique affirme que les principes normatifs se trouvent être dérivés de, et justifiés par, l'ontologie sociale. Le rapport entre les deux est plutôt moins franc, l'ontologie se contentant de corroborer, ou de délimiter les principes normatifs. »

Comme le signale Freeden en effet, Green est « l'un des derniers grands philosophes sociaux en Grande-Bretagne » (Freeden, 1996, 181)[1] mais il n'est pas de la même importance au regard de l'histoire de libéralisme « un regard neutre conclura certainement que plusieurs

1 « *one of the last important social philosophers in Britain* ».

penseurs libéraux postérieurs à lui ont été à la fois plus novateurs et plus influents sur le plan idéologique » (Freeden, 1996, 179)[2]. Il semble donc plus avisé de le considérer, toujours avec Freeden, comme « un relai idéologique, à mi-chemin entre l'individualisme libéral de Mill et les théories communautaires des nouveaux libéraux britanniques » (*ibid.*)[3] pour présenter sa pensée en guise d'introduction au nouveau libéralisme puisque l'idéalisme s'avère toutefois être le fondement historique le plus évident du nouveau libéralisme. Ce courant met, en effet, particulièrement en avant le caractère social de l'individualité justifié par la métaphysique. Ceux qui ne se réclament pas de l'idéalisme, voire le rejettent, adoptent cependant aussi une conception holiste, conséquence de l'idéalisme pour Green et ses successeurs, en se basant sur d'autres préceptes que la philosophie idéaliste, qui postulent néanmoins l'idée d'une communauté d'intérêts entre l'individu et la société. Parmi celles-ci, on peut citer l'évolution, empruntée à Darwin, consistant ici en la survie de l'espèce grâce à la solidarité entre ses membres, le développement de la raison qui permet de comprendre enfin l'intérêt d'autrui comme propice, plutôt que contraire à l'intérêt propre, l'idée d'un accroissement de la sociabilité de l'homme comme facteur historique, constatable scientifiquement… Il est donc possible, si l'on s'en tient à la recherche d'un dénominateur commun plus large, ou élément inéliminable, en guise d'introduction à cette présentation du nouveau libéralisme, de parler d'une référence organique commune à tous ses théoriciens qui donne justement corps à l'idée d'une dépendance mutuelle entre l'individuel et le social. Ces derniers se situent de manière univoque dans le rejet de l'individualisme atomiste pour insister sur la dimension collective qui permet, à son tour, de légitimer l'action de l'État (« *State* »), ce terme renvoyant à la fois au gouvernement désormais démocratique, à l'action des pouvoirs publics et à la société, au sens de l'État-nation (Meadowcroft, 1995). De nombreux ouvrages ont traité l'aspect contextuel de l'émergence de ce nouveau courant[4] qui apparaît à une période où les revendications sociales se font mieux entendre et donnent lieu à des inflexions politiques notables sous la forme de mesures plus interventionnistes, telle que la scolarité

2 « *a number of liberal thinkers who succeeded him can fairly be designated as more ideologically innovative and influential* ».

3 « *an ideological halfway house [from Mill's liberal individualism] towards the communitarian theories of the British new liberals.* »

4 Par exemple, W.H. Greenleaf, *The Rise of Collectivism* (Greenleaf, 1983).

obligatoire. L'État est de plus en plus perçu comme un allié plutôt qu'un oppresseur potentiel ou un arbitre. Le nouveau libéralisme effectue, en effet, une mutation remarquable en cherchant à théoriser l'intervention de l'État qu'il faut réconcilier avec l'individu libre. On a parfois jugé que, ce faisant, il se rapprochait dangereusement du socialisme, mais sur le plan doctrinaire, force est de constater que la trajectoire théorique semble authentiquement libérale dans la mesure où elle part de la liberté individuelle pour conceptualiser le rôle de l'État. Il reste que la conclusion sur laquelle ladite trajectoire débouche n'est pas en apparence suffisamment conforme à l'image traditionnelle du libéralisme – celle que l'on partage dans la période qui le précède ainsi que celle qui dominera dans la période suivante-pour que son appartenance au libéralisme soit incontestable.

## L'ORGANICISME DE T.H. GREEN

T.H. Green n'est pas le seul philosophe qui formalise l'idéalisme en Grande-Bretagne. On peut aussi citer Bradley, Caird, Muirhead, Bosanquet… Mais ces premiers ne développent pas de politique, encore que la publication récente des manuscrits politiques de Caird nuance fortement cette affirmation[5], tandis que les suivants sont des héritiers de Green. Dans l'ensemble, l'époque connait un regain théorique que Francis et Morrow nomment « le renouveau de la théorie politique formelle » (« *the revival of formal political theory* »), signalant ainsi l'émergence dans les universités d'un mouvement qui devait développer « une théorie politique formelle abordant la nature, les fonctions et la structure de l'État de manière systématique » (Francis et Morrow 1994, 270)[6], dont Green, le fondateur de l'école idéaliste, peut être vu comme la figure de proue. Il propose une formalisation complexe, dont on ne gardera ici

5 Selon Colin Tyler (qui a publié, en 2 volumes, les *Unpublished Manuscripts in British Idealism: Political Philosophy, Theology and Social Thought*, London, Thoemmes Continuum, 2005), « Caird et Green partageaient le même radicalisme politique dont ils ont déduit des fondements normatifs très largement similaires » (« *Caird and Green gave essentially the same normative foundations to their undoubtedly shared political radicalism* ») (Tyler 2006, 128).

6 « *a formal theory of politics which treated the nature, functions and structure of the state in a systematic manner* ».

que les éléments de conclusion susceptibles d'éclairer la politique et la conception de l'individu, se démarquant de la tradition dominante de la philosophie britannique, à savoir l'empirisme, qu'il considère erroné, pour bâtir une épistémologie d'inspiration kantienne tenant la raison pour « une instance *a priori* » (Fontaney, 1999, 49). L'esprit n'est pas produit par l'expérience, il est la manifestation de la conscience éternelle, qui est de nature divine (Dieu étant présent en chacun de nous et non pas en tant qu'entité extérieure) et c'est à elle que nous devons notre capacité à percevoir l'unité des phénomènes que nous ne percevrions que séparément si notre conscience était le seul produit de l'expérience. Chaque individu participe de l'unité (« une sorte de reproduction de soi-même, qu'effectue le sujet du monde » (Green, *Prolegomena to Ethics*, 1906 (1883), 110)[7]). La conscience éternelle consiste donc en une multitude d'individus qui possèdent une conscience propre (c'est d'ailleurs leur particularité en tant que sujets : ils ont conscience d'eux-mêmes.) Qui plus est,

> Elle se « communique » à lui, se « reproduit » en lui, se « réalise » en lui, « opère » en lui, « utilise ses fonctions ». Elle installe ainsi en lui une dynamique par l'effet de laquelle il tend téléologiquement à faire retour vers elle : d'elle il reçoit la vocation ontologique à se réaliser lui-même – à s'autoréaliser – afin de se rapprocher d'elle qui est la réalisation absolue. (Fontaney 1999, 51-52)

Or l'homme étant limité par ses circonstances, il ne réalise pas le divin à lui tout seul, mais y participe dans un processus qui constitue nécessairement un progrès, puisqu'il consiste d'une part, en la marche de la raison (qui recherche la cohérence) et de la connaissance, vers la raison absolue qu'est la conscience éternelle, et d'autre part, en l'actualisation du désir de perfection qui a pour finalité la perfection de l'humanité. On devine ici que la philosophie greenienne ne peut déboucher que sur une politique qui souligne la relation individu/collectif. Pour autant l'individu n'est en rien discrédité, il est un fragment du divin, lequel n'existe qu'en l'homme (et non en dehors de lui sous une forme indépendante). La réhabilitation du collectif, de la dimension sociale du monde ne remet pas en cause la prééminence de l'individu.

> *Our ultimate standard of worth is an ideal of personal worth. All other values are relative to value for, of, or in a person. To speak of any progress or improvement or*

7 « *a certain reproduction of itself on the part of the subject of the world* ».

*development of a nation or society or mankind, except as relative to some greater worth of persons, is to use words without meaning. The saying that 'a nation is merely an aggregate of individuals is indeed fallacious, but mainly on account of the introduction of the emphatic 'merely.' The fallacy lies in the implication that the individuals could be what they are, could have their moral and spiritual qualities, independently of their existence in a nation. The notion is conveyed that they bring those qualities with them ready-made into the national existence, which thereupon results from their combination; while the truth is that, whatever moral capacity must be presupposed, it is only actualised through the habits, institutions, and laws, in virtue of which the individuals form a nation. But it is none the less true that the life of the nation has no real existence except as the life of the individuals composing the nation, a life determined by their intercourse with each other, and deriving its peculiar features from the conditions of that intercourse.* (Green, *Prolegomena to Ethics*, 1906 (1883), 210-211)

« Notre critère suprême de la valeur est un idéal de valeur personnelle : toutes les autres valeurs se rapportent à la valeur pour, de, dans, une personne. Parler de progrès, d'amélioration, de développement d'une nation, d'une société ou de l'humanité qui ne se rapportent pas à une plus grande valeur des personnes revient à employer des mots qui n'ont pas de sens. La formule "une nation n'est qu'un ensemble d'individus" est effectivement fallacieuse, mais uniquement parce que "n'est que" revient à restreindre. C'est une erreur de sous-entendre que les individus peuvent être ceux qu'ils sont, être en possession de leurs qualités morales et spirituelles, indépendamment de leur existence dans une nation. Cela donne l'impression qu'ils apportent ces qualités, qui se trouveraient déjà en eux, lorsqu'ils rejoignent l'existence nationale, laquelle serait donc le résultat de leur association : or la vérité, c'est que toute aptitude morale présupposée n'est actualisée que par les habitudes, institutions et lois qui font que les individus forment une nation. Mais il est tout aussi vrai que la vie d'une nation n'a pas d'existence en dehors de la vie des individus qui composent la nation, une vie que déterminent les rapports qu'ils entretiennent entre eux, et qui tire ses caractéristiques des conditions de ces rapports. »

L'individu selon Green est un être autonome caractérisé par sa liberté morale, il diffère des autres non seulement parce qu'il ne possède pas les mêmes capacités, parce qu'il rencontre des circonstances différentes dans sa vie mais aussi parce que « le potentiel humain est d'une telle richesse, que dès lors que nous cultivons ce potentiel, il nous faut nous spécialiser : "aucun individu ne peut, à lui tout seul, explorer le développement de la nature humaine, que nous tenons pour le critère suprême de la vie." » (G.F. Gaus, 1994, 348)[8]

---

8 « *the very richness of human possibilities means that, if we are to cultivate our capacities at all, we must specialize: 'in the development of human nature, which we take to be the ultimate standard of life, no one individual can cover the whole ground'* ».

Cette particularité de l'individu signifie son incomplétude, donc son imperfection, et il se tourne forcément vers l'autre, ou plutôt les autres, guidé par son besoin de cohérence, pour trouver la perfection que la société des hommes ne peut réaliser que collectivement. L'individu greenien est donc un individu libéral parce qu'il est libre, cependant il est un être social, non pas uniquement dans ses inclinations et dans sa condition, ce qui n'aurait rien de novateur dans la tradition libérale, mais aussi de manière nécessaire, possédant, en quelque sorte, une finalité collective. En s'en tenant à cet examen le plus bref possible de la métaphysique greenienne, on en devine les conséquences politiques. L'ambivalence du libéralisme face à la société, évoquée à la fin du chapitre précédent, fait place à une franche adhésion, le lien individu/société étant désormais conçu comme organique, l'individu n'existant pas en dehors de la société ce qui amène Green à « nier toute opposition réelle entre le bien moral commun et le bien moral privé » (Mortier, 1999, 79). Sur le plan de l'idéologie libérale, Green théorise donc deux innovations conceptuelles principales : l'idée du Bien Commun, qui a pour effet de solidariser les individus entre eux et avec leur société ainsi qu'une conception de la liberté qui, non sans rappeler celle de Mill, dépend plus encore d'une vision téléologique de celle-ci :

> *The citizen, for Green, was not simply the passive recipient of rights, but rather an active self-realising being. Green viewed all political concepts from this standpoint. Rights, obligations, property or freedom were devices to allow individuals to realise their powers and abilities. [...] The nub of Green's optimistic vision of liberal politics was that of providing an ethical 'enabling and educative state' for all its active citizens.* (Boucher et Vincent, 2000, 29)

> « Le citoyen, selon Green, n'est pas le récipiendaire passif de droits mais un être activement engagé dans la réalisation de soi. Green envisage tous les concepts politiques sous cet angle. Les droits, les obligations, la propriété, la liberté sont des outils pour permettre aux individus de réaliser leurs facultés et aptitudes [...] Sa conception optimiste du libéralisme politique repose sur la promesse d'un "État qui donne des possibilités, qui éduque" (à) tous ses citoyens. »

Ces prémisses théoriques du nouveau libéralisme ne peuvent manquer de soulever la question de son identité libérale : la pensée greenienne reste-t-elle fidèle à la primauté de la liberté individuelle si, comme l'affirment Boucher et Vincent, la liberté se retrouve subordonnée à une fin supérieure ? *A fortiori* lorsque l'individu lui-même est désormais intrinsèquement dépendant de la société ? Certes, Green se disait lui-même libéral, était membre du parti du même nom. Quelques années plus tard, ce dernier devait d'ailleurs lui-même amorcer un virage social et faire sienne les propositions des théoriciens du nouveau libéralisme. Mais ni l'auto-désignation, ni l'histoire des partis politiques ne suffisent à répondre par l'affirmative. Une œuvre de Green en particulier apporte des éléments de réponse à savoir la « Lecture on Liberal Legislation and Freedom of Contract » généralement considérée comme l'exposé le plus clair de sa politique. S'exprimant sur des questions politiques contextuelles il déclare :

> *We shall probably all agree that freedom, rightly understood, is the greatest of blessings; that its attainment is the true end of all our effort as citizens. But when we thus speak of freedom, we should consider carefully what we mean by it. We do not mean merely freedom from restraint or compulsion. We do not mean merely freedom to do as we like irrespectively of what it is that we like. We do not mean a freedom that can be enjoyed by one man or one set of men at the cost of a loss of freedom to others. When we speak of freedom as something to be so highly prized, we mean a positive power or capacity of doing or enjoying something worth doing or enjoying, and that, too, something that we do or enjoy in common with others. We mean by it a power which each man exercises through the help or security given him by his fellow-men, and which he in turn helps to secure for them. When we measure the progress of a society by its growth in freedom, we measure it by the increasing development and exercise on the whole of those powers of contributing to social good with which we believe the members of the society to be endowed; in short, by the greater power on the part of the citizens as a body to make the most and best of themselves. Thus, though of course there can be no freedom among men who act not willingly but under compulsion, yet on the other hand the mere removal of compulsion, the mere enabling a man to do as he likes, is in itself no contribution to true freedom.* (Green, 1888, 370-371)

> « Nous sommes probablement tous d'accord pour reconnaître que la liberté, dans son sens véritable, est le plus grand des bienfaits, que sa conquête constitue le but réel des efforts que nous déployons en tant que citoyens. Mais quand nous parlons de liberté ainsi, il nous faut considérer exactement ce que nous voulons dire. Nous ne voulons pas seulement dire libres de toute entrave ou de toute contrainte. Nous ne voulons pas dire la liberté de faire ce qui nous plaît, quel que soit ce qui nous plaît. Nous ne voulons pas dire une liberté dont peut jouir un homme ou un groupe d'hommes au prix de la perte de liberté pour les autres. Ce que nous voulons dire, ce pour quoi nous accordons une telle valeur à la liberté, c'est une faculté ou une capacité de faire quelque chose, ou d'apprécier de faire quelque chose qui vaille la peine d'être faite, ainsi que de faire ou d'apprécier quelque chose que l'on partage avec les autres. Nous voulons dire une faculté que chaque homme exerce grâce à l'aide ou à la sécurité que lui fournissent ses semblables et qu'à son tour il contribue à fournir aux autres. Quand nous mesurons le progrès de

> la société à l'aune de la croissance de la liberté, ce que nous mesurons c'est l'ensemble du développement et de l'exercice de ces facultés qui participent au bien social, dont nous pensons que les hommes sont dotés : en bref c'est l'augmentation de la faculté des citoyens, dans leur ensemble, à atteindre leur développement maximum, qualitativement et quantitativement. Ainsi, s'il ne peut, bien sûr, y avoir de liberté pour des hommes qui n'agissent pas de leur plein gré mais sous la contrainte, le simple fait de supprimer la contrainte, le simple fait de permettre à un homme de faire ce qu'il lui plaît, ne constitue pas, en soi, une contribution à la vraie liberté. »

Green introduit une redéfinition de la liberté individuelle. Elle n'est pas nouvelle en ce sens que l'on en avait déjà, à l'instar de Mill, identifié différents degrés dans la mesure où l'on avait introduit la notion d'autonomie conçue comme progrès. L'individu pouvait donc être plus ou moins libre, du moins faire un usage plus ou moins étendu de sa liberté. Mais ici, Green nie que la simple absence de contrainte s'assimile à la « vraie liberté ». Quelqu'un qui a le choix entre un emploi dégradant, sous-payé, et le chômage avec la misère, son corollaire à l'époque, n'est aucunement libre, il est livré à lui-même, matériellement incapable d'améliorer son sort. C'est donc le collectif, la société, qui peut élever l'individu pour lui donner les moyens de la liberté. On emploierait probablement en anglais aujourd'hui le terme « *empowermen*t », difficilement traduisible au demeurant. Effectivement, il est cohérent de relier la conception greenienne à la version millienne de la liberté individuelle, et d'affirmer qu'elle est du même ordre, à cette différence près que Green aurait pris la pleine mesure des conséquences du rapprochement entre liberté et autonomie. Ainsi, chez Mill, par exemple, la raison, condition de l'autonomie, nécessite aussi l'éducation, donc un système scolaire accessible à tous, parce que les conditions de la liberté sont partie intégrante de la possibilité de son existence. De ce point de vue, Mill aurait lui-même reconnu qu'il faut bien accepter l'intervention de l'État, sous la forme de l'instruction publique en l'occurrence.

Cette interprétation, que les nouveaux libéraux eux-mêmes entérinent, ne fait pas l'unanimité. En effet, les tenants de ce que l'on appelle la liberté négative, c'est-à-dire ceux qui, en fait, refusent d'étendre la notion de liberté à la prise en compte des possibles qui s'offrent réellement à l'individu, verraient dans l'exemple évoqué se profiler le danger de l'intervention extérieure, probablement étatique, rendue obligatoire au nom de la liberté individuelle. À leurs yeux, il s'agit donc d'un remède pire que le mal, puisque, toujours par exemple, dans le cas de l'éducation, une scolarité obligatoire peut donner lieu à l'endoctrinement voire conduire à la passivité, réduire les individus à l'état d'élève plutôt que de les rendre plus indépendants, autonomes justement. Sans compter qu'un système public aurait tendance à figer le savoir en voulant le contrôler ou le définir, et finirait par diffuser des théories obsolètes. Voilà en tout cas les arguments d'un Godwin (West, 1965) que Green aurait sans nul doute balayé d'un revers de main. En effet, comme nous l'avons vu, l'État n'est plus un despote en puissance et n'éveille plus la méfiance constitutive de l'argument de *On Liberty*. Or Mill a, quant à lui, hésité dans le cas de l'éducation. D'un côté il reconnait bien volontiers l'importance du savoir, dont la transmission fait défaut dans de nombreux cas et ne doute pas de la nécessité de rendre obligatoire l'éducation des enfants. Certains, comme Edwin West, y voient la preuve de l'adhésion de Mill à la notion de liberté positive. Mais il semble qu'il faille émettre des réserves, dans la mesure où il s'agit bien d'enfants, d'une part incapables de liberté selon Mill, d'autre part bien distincts de leurs parents, ayant parfois besoin d'être protégés contre la négligence ou l'inaptitude de ces derniers. L'idée d'une scolarité obligatoire n'est donc en ce sens pas vraiment de l'ordre d'une obligation faite à l'individu et ne peut être vue comme une entrave à sa liberté. En outre, Mill se méfie de l'uniformisation que produirait une instruction publique obligatoire, prenant soin de ne pas laisser à l'État la seule direction de l'éducation, sauf quand il n'existe pas d'alternative. C'est alors le moindre mal, « *the lesser of two evils* », c'est-à-dire qu'il vaut mieux risquer l'uniformisation des futurs individus plutôt que les laisser dans l'ignorance.

## LE NOUVEAU LIBÉRALISME SELON HOBHOUSE

Cet exemple met en exergue le fait que le nouveau libéralisme franchit un seuil conceptuel en ce qui concerne la liberté, lequel se dessinait chez Mill sans pour autant être franchi : la liberté est désormais comprise exclusivement comme ce qui permet l'autonomie, augmente le champ des possibles. Ce qui restreint ces derniers restreint *ipso facto* la liberté et doit être empêché. En outre, la liberté est adossée à la loi et à l'État, au moins en tant que législateur, et par ce biais, à l'égalité, puisque l'individu est conçu dans une perspective collective, organiciste si ce n'est holiste. Certes, comme nous venons de le voir, aucune de ces idées n'est inédite dans la tradition libérale, mais leur centralité constitue sans aucun doute un changement paradigmatique d'importance dont les théoriciens du nouveau libéralisme tirent toutes les conséquences sur le plan pragmatique. L'ouvrage de L.T. Hobhouse, *Liberalism*, est caractéristique lorsqu'il énonce, au début de l'examen des « éléments du libéralisme » que « la condition première à la liberté universelle [...] est une mesure de limitation universelle. » (Hobhouse, *Liberalism*, 1911 (1919), 23)[9]. En effet selon Hobhouse, le libéralisme, défini brièvement comme « la passion de la liberté » (« *the passion for freedom* ») (Hobhouse, *Liberalism*, 1911 (1919), 53) est avant tout un processus historique de libéralisation, un affranchissement de la tyrannie brutale des premières sociétés, une critique de l'oppression et de l'autoritarisme qui a pour but de permettre la liberté. Le nouveau libéralisme survient dans un contexte où le despotisme étatique notamment a fait long feu, au moins en partie grâce au libéralisme classique. On retrouve donc les prémisses greeniennes d'un État qui n'est plus hostile aux libertés individuelles, qui ne suscite pas la méfiance qu'il inspirait aux libéraux antérieurs, dont Mill. Comme chez ce dernier au demeurant, les analyses politiques des nouveaux libéraux sont ancrées dans l'histoire. Dans le cas de Hobhouse tout particulièrement, le point de vue de l'historien, ou plutôt celui du sociologue[10], constitue le cadre de sa lecture de la théorie libérale, puisque cette dernière ne dépend pas de la métaphysique idéaliste. La sociologie, qui en est alors, dans l'ensemble, à ses balbutiements, est d'inspiration évolutionniste et constitue une influence supplémentaire dans la pensée de Hobhouse, voire fondamentale chez Richie ou Hobson. En tout cas, le cadre est téléologique, comme la métaphysique greenienne ou l'historicisme des Whigs : l'esprit évolue vers la rationalité, elle-même conçue comme permettant de comprendre l'intérêt individuel comme fonction de l'intérêt collectif. On retrouve donc bien une affinité avec l'idéalisme greenien à défaut d'une adhésion à celui-ci. Plus largement,

9 « *The first condition of universal freedom,* [...] *is a measure of universal restraint.* »

10 Hobhouse est nommé à la LSE sur une chaire de sociologie en 1907. Il est alors le deuxième professeur de sociologie de toute la Grande-Bretagne.

le recul historique permet de voir dans les idées qui accompagnent l'émergence du nouveau libéralisme la marque de la doxa de l'époque, à savoir une conception de l'histoire comme progrès. Il faut noter qu'il s'ensuit logiquement que le libéralisme se conçoit comme accompagnant les évolutions sociales et politiques, justifiant ses développements doctrinaires par les changements contextuels auxquels il participe. La disparition de l'arbitraire, du règne de la violence, la stabilité de l'État de droit, ont rendu les conceptions libérales plus anciennes tout simplement obsolètes. Au-delà de ces simples observations, Hobhouse distingue les stades précédents du libéralisme (la théorie des droits naturels, l'utilitarisme, le « laissez-faire », la pensée millienne) la même tension entre la liberté de l'individu et le rôle de l'État, qu'ils tentaient, selon lui, de réconcilier. À l'instar de la distinction qu'opérait Green, l'analyse de Hobhouse le pousse à décomposer la liberté en sous-catégories. Il parle ainsi de liberté nationale, de liberté coloniale[11], de liberté politique… La liberté ne constitue pas une notion indivisible. Dès lors Hobhouse peut affirmer qu'il existe

> *[…] a distinction between unsocial and social freedom. Unsocial freedom is the right of a man to use his powers without regard to the wishes or interests of anyone but himself. Such freedom is theoretically possible for an individual. It is antithetic to all public control. It is theoretically impossible for a plurality of individuals living in mutual contact. Socially it is a contradiction, unless the desires of all men were automatically attuned to social ends. Social freedom, then, for any epoch short of the millennium rests on restraint. It is a freedom that can be enjoyed by all the members of a community, and it is the freedom to choose among those lines of activity which do not involve injury to others. As experience of the social effects of action ripens, and as the social conscience is awakened, the conception of injury is widened and insight into its causes is deepened. The area of restraint is therefore increased. But, inasmuch as injury inflicted is itself crippling to the sufferer, as it lowers his health, confines his life, cramps his powers, so the prevention of such injury sets him free. The restraint of the aggressor is the freedom of the sufferer, and only by restraint on the actions by which men injure one another do they as a whole community gain freedom in all courses of conduct that can be pursued without ultimate social disharmony.* (Hobhouse, *Liberalism*, 1911 (1919), 91-92)
>
> « […] une distinction entre la liberté antisociale et la liberté sociale. La liberté antisociale est le droit d'utiliser ses facultés sans se soucier des souhaits ou

11 Il faut noter que les nouveaux libéraux ont été très critiques de l'impérialisme, Hobson y a d'ailleurs consacré une majeure partie de son œuvre ; plus généralement sur le plan des questions internationales leurs positions étaient tout à fait dans la tradition libérale pacifiste.

intérêts de quiconque mis à part soi-même. En théorie, il est possible qu'un individu bénéficie d'une telle liberté. Elle n'est pas compatible avec un contrôle extérieur ; il n'est, en théorie, pas possible qu'une multitude d'individus reliés socialement en bénéficient. Sur le plan social, c'est une contradiction, à moins que tous les désirs de tous les hommes ne soient automatiquement en accord avec une finalité sociale. La liberté sociale, donc, repose, quelle que soit l'époque, à l'exception du millénium, sur la limitation. C'est une liberté dont peuvent bénéficier tous les membres d'une communauté, et c'est la liberté de choisir toute forme d'action qui ne porte pas préjudice aux autres. Comme la perception des effets sociaux gagne en maturité, au fur et à mesure que s'éveille la conscience sociale, la notion de préjudice à autrui s'élargit et on comprend de mieux en mieux ses causes. Par conséquent, il y a plus de limitation. Mais dans la mesure où le préjudice constitue un handicap pour celui qui en est la victime, portant atteinte à sa santé, confinant sa vie, entravant ses facultés, alors le fait d'empêcher ce préjudice lui rend la liberté. Imposer une limite à l'agresseur revient à permettre la liberté de la victime : seule cette limitation des hommes qui portent préjudice aux autres permet à ces derniers, à toute la communauté, d'être plus libres, et ce pour toute action qui peut être menée sans conduire, *in fine*, à la "désharmonie" sociale. »

## UNE DILUTION DE LA LIBERTÉ INDIVIDUELLE ?

On peut être tenté de voir ici une forme de dilution de la liberté individuelle qui n'est plus première mais coexiste avec d'autres, ce qui est pour le moins surprenant dans un cadre libéral. La mutation théorique du libéralisme sous la plume d'un Hobhouse est en effet subtile : d'un côté elle consiste en une réaffirmation de la place cardinale de la liberté dans l'action et la théorie politique. En ce sens elle se définit elle-même dans la continuité de la tradition libérale et les lectures *a posteriori*, dont celle proposée ici, abondent en ce sens. En même temps la liberté subdivisée, en positive ou négative, sociale et antisociale, compatible ou incompatible avec un bien commun, voire tout simplement vraie ou fausse liberté, laisse la porte ouverte à des interprétations qui justifient des mesures pour permettre la liberté que d'autres pourraient justement juger liberticides. Pourtant derrière la question du bien commun, cher aux nouveaux libéraux, se pose le problème, bien réel, de la possibilité du libéralisme d'offrir à chacun les moyens de jouir de sa liberté. Car si la liberté peut se concevoir, sur le plan théorique au moins, comme une question strictement individuelle, l'égalité interroge forcément le plan collectif. Selon la reformulation que propose le nouveau libéralisme, le concept de liberté n'est finalement pas indépendant de l'égalité. Dès lors, il devient difficile de le distinguer du socialisme, ce qui équivaut à une difficulté théorique qui se formule plus clairement dans la question suivante : « si la conception d'un individu libre est assimilable à une forme de socialisme, peut-elle être encore rattachée spécifiquement au libéralisme ? » Car pour le reste il n'y a rien d'insurmontable dans le rapprochement du libéralisme et du socialisme démocratique, ce d'autant qu'en ce début de XX^e^ siècle, beaucoup d'observateurs souscrivent à l'idée d'une simple opposition entre forces réactionnaires et progressistes. Le parti travailliste naissant avait vocation à tirer le libéralisme vers la gauche pour constituer un pôle réformateur. Outre la dimension stratégique, sur un plan pragmatique, les politiques sociales ne sont pas non plus l'apanage du socialisme, surtout si elles visent à promouvoir l'intérêt de l'individu lui-même. Or le nouveau libéralisme affirme avec constance que c'est bien l'individu qui doit bénéficier d'une meilleure implication de l'État dans la vie sociale et économique, il n'est jamais perdu de vue ou sacrifié au nom d'un idéal supérieur. En ce sens il n'incarne pas une véritable rupture avec la tradition libérale antérieure, d'autant que, du point de vue de Hobhouse, le libéralisme a toujours tenu pour évident le fait que la liberté implique justement une restriction de la liberté, en interprétant la société civile comme consécutive à un abandon consenti de l'état de nature en échange de la protection de l'individu, par exemple. Dès lors que la restriction de la liberté est postulée comme inhérente à la possibilité d'elle-même, on ne peut affirmer absolument que la conception hobhousienne de la liberté, voire de la liberté individuelle, la situe en dehors du spectre des conceptions libérales. De la même manière, si l'individu n'est pas subordonné au bien commun, parce qu'en tant que partie du tout son bien propre coïncide avec le bien commun, on peut continuer à parler d'individualisme.

Il reste que lorsque l'État est décrit comme l'allié voire le promoteur du bon développement individuel, on peine à distinguer ce qui caractérise désormais le libéralisme. C'est d'ailleurs peut-être pour cette raison que certains historiens de la pensée politique, comme

J.S. McClelland[12]semblent vouloir cantonner le libéralisme à la fin du XIXe siècle au plus tard. Si l'individu n'a plus à craindre la tyrannie, quel est en effet le but du libéralisme ? D'un autre point de vue, dès lors que l'on parle de « démocratie libérale », qui plus est comme un modèle qui s'universalise, le libéralisme n'a-t-il pas justement atteint son but et n'entrons-nous pas, pour paraphraser John Gray, dans une période forcément post-libérale ? En tout cas le libéralisme de Hobhouse est bien nouveau en ce sens qu'il peut être porté par l'État lui-même, ce qui a, de fait, pour effet de faire disparaître son opposition à l'individu, quelque soient les stratégies qui permettent de sauvegarder la place centrale de la liberté individuelle. On peut illustrer l'ambivalence du nouveau libéralisme de Hobhouse, en revenant à l'exemple donné ci-dessus de la justification millienne de l'intervention de l'État en faveur des enfants. Dans ce cas l'État pouvait légitimement intervenir pour imposer la scolarité, certes de par la vulnérabilité des enfants mais aussi parce que ceux-ci de par leur nature sont de toute façon inaptes à la liberté et forcément soumis à l'autorité, parentale en général. Pour Hobhouse, ce que le XIXe siècle a bien voulu admettre dans le cas des enfants, est, ce début de XXe siècle admis pour les hommes adultes. Comme l'on avait légiféré dans le domaine du travail des enfants en admettant leur vulnérabilité, on reconnait désormais que la vulnérabilité des adultes les plus pauvres justifie leur protection par l'État. Ce type d'argument permet à Hobhouse de décrire un processus croissant de correction des inégalités. Mais la deuxième partie de l'argument millien a disparu. Car l'adulte est essentiellement distinct de l'enfant dans la mesure où il est théoriquement libre. Le problème résidant évidemment dans ce « théoriquement » puisque comme nous l'avons vu, on peut arguer que les conditions sociales empêchent cette liberté dans les faits.

12 Cité dans l'introduction.

## LE NOUVEAU LIBÉRALISME ET L'ÉTAT EN GUERRE

Pour conclure sur cette difficulté on peut avoir recours à une analogie linguistique : l'ambiguïté de la conception de l'individu est comparable au glissement sémantique du terme « *welfare* » en anglais qui signifie à la fois le bien-être d'une personne et les politiques sociales caractéristiques du « *welfare state* », que l'on traduit par « État-providence ». Faut-il voir dans ces deux usages un noyau commun ou considérer que les deux acceptions sont tout à fait distinctes ? Chacune de ces deux analyses sont défendables. De la même manière, la question de la fidélité au libéralisme lors du glissement du nouveau libéralisme vers l'exigence de l'intervention de l'État semble reste ouverte du moins si l'on s'en tient à la période précédant la première guerre mondiale. Il est en effet notoire que cette dernière constitue un choc pour les nouveaux libéraux, les obligeant à préciser leurs positions face aux enjeux soulevés par son ampleur et par le rôle accru des États[13]. Les deux principaux théoriciens du nouveau libéralisme de l'époque, « *the two Hobs* », Hobson et Hobhouse, insistent sur la nécessité de conserver les acquis libéraux tels que le libre-échange ou la liberté de conscience. Mais dans le cas de la liberté individuelle face à l'État, il semble que l'on puisse distinguer une certaine ironie de l'histoire qui donne lieu à un infléchissement des thèses tenues avant-guerre. Le nouveau libéralisme avait certes déjà concédé qu'en cas de conflit entre les intérêts de l'État et ceux de l'individu, ces derniers devaient prévaloir ; cependant un tel cas demeurait peu probable et accidentel, puisqu'un concept tel que l'harmonie chez Hobhouse, prévoyait justement la possibilité de réconcilier l'intérêt individuel et le bien commun. Or la guerre a finalement pour effet d'actualiser la contradiction, face à laquelle on ne peut maintenir que l'État est bien cette entité bienveillante décrite avant-guerre dont on n'avait plus réellement besoin de se méfier. Au contraire il fait peser des menaces bien réelles sur la liberté individuelle comme le montre sa décision d'imposer la conscription pour la première fois dans l'histoire du pays. De plus, l'ennemi est justement un pays où régnait un État fort que

---

13 Voir par exemple M. Freeden, *Liberalism Divided*, et P.J. Cain, *Hobson and Imperialism.*

l'on perçoit, en s'appuyant par exemple sur l'exécution d'Edith Cavell, comme prompt à faire passer la raison d'État bien avant le respect des droits de l'individu. Certes, il s'agit là d'un État réactionnaire, sans les contre-pouvoirs que garantit le libéralisme, mais il reste que la Grande-Bretagne a été contaminée par son esprit, ne serait-ce parce que l'effort de guerre a dû s'adapter au totalitarisme germanique.

L'État sort donc discrédité de la Première Guerre, tandis que la tradition libérale incarne la résistance à ses abus. Sur un plan général, les horreurs de la première guerre mondiale fragilisent la confiance dans le progrès inéluctable, le réel oblige en tout cas à accepter que si le dit progrès demeure visible sur le long terme, il peut s'accompagner de périodes de disharmonie où l'unité de l'individu et de la collectivité n'est qu'une vue de l'esprit. Il faut désormais expliquer pourquoi l'État est (re)devenu un danger. Pour Hobhouse, le nouveau libéralisme doit se démarquer de l'étatisme. La stratégie principale consiste à conserver la valeur collective tout en s'éloignant de l'État stricto sensu. Comme nous l'avons déjà fait remarquer, on peut distinguer entre l'État en tant que gouvernement central et en tant que société. Concrètement cette dernière peut toutefois se distinguer complètement du premier, même dans des formes d'action collectives indépendantes. L'État ne doit pas être le seul lieu de l'expression collective et de la collaboration entre les forces sociales. Dès lors on peut désigner comme liberticide les tenants d'un État centralisateur par opposition aux autres formes d'associations volontaires. Cette différenciation était au demeurant déjà présente avant-guerre, à l'apogée du nouveau libéralisme. Mais la méfiance s'accroit envers ceux qui ne les conçoivent que comme des étapes ou des structures intermédiaires soumises à l'État triomphant. De la même manière, on espère que les structures sur-étatiques telles que la SDN pourront encadrer les États qui deviennent par là un échelon d'organisation collective parmi d'autres.

Ces précisions permettent au nouveau libéralisme d'effectuer un remarquable retour aux sources en se distinguant des théories qui survalorisent l'État, pour, dans le cas de Hobhouse, désigner comme ennemi ceux qui n'en voient pas la tyrannie. Le hasard historique va contribuer à faire, ironiquement, de l'idéalisme une cible de choix. En effet, cherchant à expliquer le désastre de la première guerre, Hobhouse conclut que l'État allemand est le produit de l'hégélianisme, et écrit dans une lettre à son fils au front qu'il place en dédicace de *The Metaphysical Theory of the State*

> *In the bombing of London, I had just witnessed the visible and tangible outcome of a false and wicked doctrine, the foundations of which lay, as I believe, in the book before me. To combat this doctrine effectively is to take such part in the fight as the physical disabilities of middle age allow. Hegel himself carried the proof-sheets of his first work to the printer through streets crowded with fugitives from the field of Jena. With that work began the most penetrating and subtle of all the intellectual influences which have sapped the rational humanitarianism of the eighteenth and nineteenth centuries, and in the Hegelian theory of the god-state all that I had witnessed lay implicit.* (Hobhouse, *The Metaphysical Theory of the State*, 1918)

> « Dans le bombardement de Londres, je venais d'être témoin du résultat visible et tangible d'une doctrine fausse et pernicieuse, dont les origines se trouvent, crois-je, dans le livre qui était devant moi. Ma participation au combat contre cette doctrine est celle qu'autorise l'invalidité physique de mes cinquante ans. Hegel lui-même a traversé des rues remplies de ceux qui avaient fui le champ de bataille de Iéna, en portant les épreuves de son premier manuscrit à l'imprimeur. C'est avec cet ouvrage qu'est né le courant intellectuel dont l'influence a subtilement et profondément sapé l'humanisme rationnel des XVIII^e^ et XIX^e^ : tout ce dont je venais d'être témoin était contenu implicitement dans la théorie de l'État divin de Hegel. »

Il s'agit donc pour Hobhouse de dénoncer la conception de l'État des idéalistes. Plus précisément il désigne Hegel ainsi que « son partisan le plus récent et le plus fidèle, Dr. Bosanquet » (Hobhouse 1918, 18)[14] comme les tenants de cette divagation théorique qui a conduit à une nouvelle forme d'absolutisme. Il lui oppose une approche « scientifique » à l'étude de la société, c'est-à-dire la sociologie, qui permet de considérer les individus qui la composent pour ceux qu'ils sont et non ceux qui doivent être. Cette attaque contre l'idéalisme est complexe à bien des égards, notamment parce que les spécialistes de Hegel ou de l'idéalisme britannique jugent l'interprétation de Hobhouse erronée voire inepte : sans prétendre participer à ce débat, l'ouvrage présente effectivement des faiblesses, comme lorsque l'auteur a recours à un argument sans doute trop manichéen dans l'affirmation Hegel est égal à Bismarck est égal à l'ampleur destructrice de 1914-1918. Pour ces raisons, *The Metaphysical Theory of the State* est peu connu et nous semble sous-estimé en tant que plaidoyer libéral. La désignation, certes critiquable, de l'idéalisme

14 « *his most modern and most faithful exponent, Dr. Bosanquet* ».

en tant qu'ennemi de la liberté individuelle que l'on trouve dans des passages comme le suivant :

> *It combats the spirit of freedom in the most effective method possible, by adopting its banner and waving it from the serried battalions of a disciplined army. It justifies that negation of the individual which the modern practice of government is daily emphasizing. It sets the state above moral criticism, constitutes war a necessary incident in its existence, condemns humanity, and repudiates a Federation or League of Nations. In short, we see in it a theory admirably suited to the period of militancy and regimentation in which we find ourselves.* (Hobhouse, *The Metaphysical Theory of the State*, 1918, 24)
>
> « Il combat l'esprit de liberté en usant de la méthode la plus efficace : en adoptant sa bannière qu'agitent les bataillons d'une armée disciplinée, marchant en rangs serrés. Il justifie la négation de l'individu qu'affirme quotidiennement la pratique gouvernementale actuelle. Il élève l'État au-dessus de toute critique morale, définit la guerre comme un incident de parcours nécessaire à son existence, condamne l'humanité, et renie une fédération ou une ligue des nations. En clair nous voyons en lui une théorie parfaitement adaptée à la période de violence et de soumission dans laquelle nous nous trouvons. »

donne lieu à une réactualisation des principes fondamentaux du libéralisme, comme si, face à la tyrannie, le libéralisme qui se trouvait quelque peu noyé dans l'optimisme du progrès triomphant et des réformes sociales d'avant-guerre, regagnait une raison d'être, et s'affirmait plus clairement dans son rôle de défenseur d'un individu libre face à la toute-puissance de l'État. Contre Hegel et Bosanquet donc, Hobhouse insiste sur l'individu comme seul composant tangible de toute association sans nier l'existence des groupes tels que la famille ou les associations. Surtout il rejette l'idée que la liberté ne serait pas l'absence de contrainte, même s'il admet qu'elle ne peut être réduite à cette absence. En ce sens il réintègre l'élément inéliminable qu'a décrit Freeden, qui n'avait certes pas été nié avant-guerre, mais toutefois laissé en arrière-plan. On réaffirme aujourd'hui qu'un individu, conçu comme conscient et capable de se déterminer lui-même, doit avoir le choix pour être libre, quelle que soit la bienveillance des contraintes, ce qui constitue un rapprochement avec les thèmes classiques.

## DEUX LIBÉRALISMES S'AFFRONTENT
## La controverse Bosanquet/Hobhouse

Comme nous l'avons écrit, la validité de l'interprétation que fait Hobhouse de Hegel dépasse largement le cadre de notre étude. Par contre l'attaque conte Bosanquet est trop révélatrice pour être laissée de côté. Bosanquet est certes Hégélien et idéaliste, mais il est surtout un disciple de Green. Or, de manière quelque peu surprenante, par rapport à son argument anti-idéaliste, Green est relativement épargné par Hobhouse :

> *Perhaps it [Hegelian teaching] has been none the less dangerous because it has captivated men of real humanity, genuinely interested in liberal progress, so much so that in the hands of T.H. Green the Hegelian theory was for a time transmuted into a philosophy of social idealism, a variant which has a value of its own and does not lack distinguished living disciples.* (Hobhouse, *The Metaphysical Theory of the State*, 1918)

> « Peut-être est-ce qu'il [l'enseignement de Hegel] a été d'autant plus dangereux qu'il a attiré à lui des hommes dont l'humanisme était réel, qui s'intéressaient véritablement au progrès libéral, à tel point que, pour un instant, sous l'égide de T.H. Green, la théorie hegelienne fut transformée en une philosophie d'idéalisme social qui possède un mérite propre et ne manque pas de disciples distingués encore en activité. »

Pourquoi Hobhouse semble-t-il pardonner à Green son idéalisme alors qu'il condamne Bosanquet pour cette même raison ? D'abord parce qu'il distingue entre les deux philosophies, et juge, non sans raison[15],

15 « *Whereas Green found intrinsic value in the development of the capacities of particular human beings, Bosanquet found it in the manifestation of a concrete universal (or Absolute) which, except in the most unlikely of circumstances, can exist only in the relations of systems of conscious minds. This difference is profound as it means that for Bosanquet, while only particular human consciousness can act as vehicles for the manifestation of the Absolute, in practice the Absolute will never be found in any one human mind. Hence while Green* [...] *recognized only separate particular human minds as sites of potential conceptual systems and hence as intrinsically valuable entities, for Bosanquet in all but the most unlikely of instances, any particular human mind (the consciousness of any particular 'finite centre') can gain a sense of personal worth only to the extent that it recognizes its place within a conceptual system instantiated in a wider community of particular human minds.* » (Tyler, 2006, 157) – « Green voyait dans le développement des facultés des êtres humains, en tant qu'individus, une valeur intrinsèque : Bosanquet la

que Green ne diminue pas l'importance de l'individu, mais surtout – pour ce qui nous concerne –, pour des raisons plus politiques : il semble qu'aux yeux de Hobhouse, la politique greenienne (« *advocacy* » dans la terminologie de Simhony et Weinstein), soit trop importante pour que la critique de ses fondements métaphysiques (« *ontology* ») puisse l'invalider. La liberté positive de Green reste un concept-clé en politique même si elle est déduite d'un cheminement philosophique erroné. Elle constitue la clé de voûte de la théorie politique du nouveau libéralisme. Il est donc impossible pour Hobhouse de se démarquer de Green, parce que c'est lui qui a fourni au nouveau libéralisme les outils conceptuels justifiant le virage social-libéral. Or, l'héritage de Green (la vision organique notamment) ne mène pas Bosanquet à défendre les mêmes politiques sociales que Hobhouse ; sur ce terrain en tout cas, il ne peut partager la même proximité avec les Fabiens. Ce dernier interprète la vision idéaliste du lien intrinsèque entre individus et de la « volonté générale » (« *general will* ») ainsi qu'un positionnement politique apparemment plus à droite, comme autant de signes du caractère réactionnaire de la pensée de Bosanquet. Sa théorie du « *general will* » (conjoint à l'État) qui équivaut au « *real will* » de l'individu donne ainsi lieu à une critique aux accents milliens :

> [...] *in laying down a certain kind of life as expressing the real will of the individual, the ground is prepared for the argument that in the compulsion of the individual to lead such a life there is no interference with his real will. He is supposed to be merely unable to judge for himself. Thus, in principle, there is no limitation to restraints upon the individual, no core of freedom which collective action should not touch.* (Hobhouse, 1918, 45)
>
> « En désignant une certaine manière de vivre comme étant le reflet de la volonté réelle de l'individu, on prépare le terrain pour qu'il soit entendu que

voyait, lui, dans la manifestation d'un universel concret (ou Absolu), lequel, à moins de circonstances très exceptionnelles, ne peut exister que dans des rapports de systèmes de conscience (d'esprits conscients). Cette différence est très significative car elle implique que pour Bosanquet, l'Absolu ne peut se trouver dans un seul esprit, même si telle ou telle conscience humaine peut porter la manifestation de l'Absolu. Ainsi, si Green [...] ne reconnaissait que les esprits humains individuels et indépendants comme susceptibles de produire des systèmes conceptuels, donc comme des entités ayant une valeur en soi, pour Bosanquet, sauf cas tout à fait improbable, un esprit humain individuel (la conscience de n'importe quel "centre fini") ne peut acquérir de valeur en soi que s'il se reconnait comme partie d'un système conceptuel qui s'incarne dans un ensemble plus large d'esprits individuels. »

contraindre l'individu à se conformer à cette manière de vivre ne consiste pas une entrave à sa volonté réelle. On suppose juste que l'individu n'est pas capable d'en juger par lui-même. Donc, en théorie, il n'y a pas de limite à la contrainte de l'individu, pas de noyau de liberté que l'action commune ne devrait pas toucher. »

Cette approche permet à Hobhouse d'en revenir à la polarisation « progrès contre réaction », dichotomie politique dont il use depuis ses premières œuvres, comme nous l'avons déjà vu. Une manifestation emblématique de cette différence politique entre les deux hommes est l'épisode des conclusions de la commission d'étude de la loi sur la pauvreté (*Royal Commission on the Poor Laws and Relief of Distress 1905–09*) : deux rapports sont alors publiés, l'un, qui ralliait la majorité des membres, (« *majority report* ») préconisant le maintien de la *Poor Law*, l'autre (« *minority report* ») son abolition. Beatrice et Sydney Webb sont les auteurs du dernier tandis la rédaction du premier doit beaucoup à Helen Bosanquet, qui préconise le maintien de la loi sur la pauvreté, pourtant décriée, et encourage à s'appuyer sur les charités privées plutôt que d'augmenter et systématiser le rôle des pouvoirs publics comme le veulent les Webb. Une telle politique serait sans effets pour les Bosanquet qui « croyaient que seul le caractère avait le pouvoir d'accomplir des changements, que c'était là la seule façon de résoudre la question de la pauvreté » (Lewis, 1991, 158)[16], voilà pourquoi ils se rangent du côté du rapport majoritaire, même s'ils comptent, dans ce camp, parmi les modérés.

Il est pourtant partial, voire fallacieux de décrire Bosanquet comme un « anti-libéral ». Pour ce qui est de sa métaphysique, celle-ci est notoirement complexe si bien qu'aujourd'hui encore les chercheurs ne s'accordent pas entièrement sur l'interprétation. Et si Hobhouse n'est pas le seul qui l'analyse comme une porte ouverte à l'écrasement de l'individu par l'État, il y a toutefois consensus pour dire qu'une telle lecture témoigne avant tout d'une mauvaise compréhension de la méthode. En tout cas, opposer la pensée de Bosanquet aux principes (nouveaux) libéraux est problématique. Là où on ne s'étonnerait pas de voir un Mill tomber à la renverse face à sa définition de la liberté, on s'attend *a priori* moins à la condamnation de Hobhouse :

16 « *believed the restorative power of character to be the only sure way of tackling the problem of poverty.* »

> *At the root of the concept of liberty is the claim to obey only oneself, and this is evident in the common usage of the term to imply an absence of external restraint. But a man is more truly free when he acts according to the guidance of his real will, as opposed to the trivial impulses of his actual will. True freedom depends upon living a type of life in which we can become 'the best that we have it in us to be'–and a system of institutions which maintains the conditions necessary to such a life 'has an imperative claim upon our loyalty and obedience as the embodiment of our liberty*[17]*'.* (Meadowcroft, 1995, 120)
>
> « Au cœur du concept de liberté on trouve l'idée qu'on ne doit obéir qu'à soi-même, ce que démontre clairement l'usage courant du terme qui indique l'absence de contrainte extérieure. Mais un homme est plus véritablement libre quand il agit en suivant sa volonté réelle, plutôt que les élans sans intérêt que lui dicte sa volonté actuelle. La véritable liberté est liée au fait de vivre de manière à devenir "ce que nous avons de meilleur en nous" : un système institutionnel garantissant les conditions nécessaires à cette manière de vivre constitue par conséquent "un impératif auquel nous devons loyauté et obéissance en tant qu'il est l'incarnation de la liberté". »

D'autres marqueurs indiquent qu'il n'est pas incohérent de considérer Bosanquet comme un libéral lui-aussi, au moins au même titre que Green. Sur d'autres enjeux majeurs de l'époque, guerre des Boers, *Home Rule* en Irlande, dénonciation de la ploutocratie, éducation, il est sur la même ligne que les nouveaux libéraux. Il participe aussi au mouvement d'assistance sociale qui se développe dans les quartiers pauvres au tournant du siècle (Tyler 2006). Surtout, il conserve de Green une volonté de circonscrire l'action de l'État de manière bien plus stricte que les nouveaux libéraux du début du XX^e^. Comme chez ce dernier, l'autorité de l'État étant de nature coercitive, elle est intrinsèquement dangereuse, ou inutile en tout cas. Elle peut remporter l'obéissance mais pas l'adhésion de l'individu concerné. Or le but de l'existence est le progrès vers la « vie meilleure » (*the Best Life*) qui consiste en une conscience morale accrue. En forçant l'individu sans le convaincre, l'action de l'État est contre-productive. Si on laisse momentanément de côté le cadre holiste et perfectionniste de l'idéalisme de Bosanquet, il semble que l'on puisse trouver une certaine similitude entre ce raisonnement et celui que propose Mill en niant que l'on puisse forcer quelqu'un à être libre ou autonome. Meadowcroft signale lui-même la proximité avec Herbert Spencer (Meadowcroft, 1995, 123).

---

17 Les passages cités ici par Meadowcroft sont extraits de B. Bosanquet, *The Philosophical Theory of the State.*

D'autres éléments peuvent donner lieu au même type de rapprochement, comme l'insistance sur l'obligation morale du développement de soi et, nonobstant la métaphysique, ce développement ne peut qu'être libre et mène à une plus grande liberté. Il est donc possible de considérer, sur ce point, Bosanquet comme tout aussi proche, si ce n'est plus, que Hobhouse et de son concept du « *rational will* » de la tradition libérale d'un individu libre et raisonnable.

Cette communauté de vue sur la liberté individuelle ne devrait pas laisser penser que la querelle n'est que d'ordre métaphysique. Hobhouse avait tort, sans doute, de faire de l'idéalisme un précurseur du fascisme[18] ; par contre l'accusation de conservatisme apparait plus cohérente : c'est au nom de cette conception du développement de l'individu que les Bosanquet s'opposent à la proposition émanant des Webb quant à la révision de la loi sur la pauvreté, puisque les mesures économiques qui ignorent la dimension morale sont inefficaces. De la même manière, ils insistent sur le rôle du travailleur social dont la relation avec les pauvres et nécessiteux est seule susceptible de déclencher une prise de conscience qui pourra faire naitre un changement profond. Sur le plan strictement politique le résultat d'une telle conception ne semble guère différer des pires heures du *Laissez-faire* et *self-help* de la période victorienne, lequel était, comme on le sait, justement le reflet du libéralisme des partisans du libre-échange, dont le libéralisme économique était aussi lié à un *Weltanschauung* plus global. Pour résumer on pourrait écrire que Bosanquet est un libéral qui est, sur le plan social, plus à droite que Hobhouse, mais n'est pas, du point de vue politique, l'anti-libéral que décrit Hobhouse.

18 La comparaison est empruntée à Herbert Marcuse que cite Tyler : « Herbert Marcuse affirmait que "l'ouvrage de Bosanquet *The Philosophical Theory of the State* (1899), par certains aspects, fait de l'individu la victime de l'universel de l'état hypostatisé, si caractéristique de l'idéologie fasciste à venir" » – « *Herbert Marcuse claimed that: 'Bosanquet's* Philosophical Theory of the State *(1899) has features that make the individual the victim of the hypostatized state universal, so characteristic of the later Fascist ideology.'* » (Tyler 2006, 137)

## UN NOUVEAU LIBÉRALISME OPPOSÉ AU CONSERVATISME

Cette analyse nous permet de repérer deux courants théoriques libéraux dans la période pourtant dominée par le nouveau libéralisme. Avec le recul et en s'en tenant aux préceptes politiques exclusivement, ils se distinguent par le rôle qu'ils accordent à l'État : celui-ci devient partenaire nécessaire du progrès chez les uns alors qu'il demeure arbitre, même s'il est bien plus vigilant chez les autres. On constate qu'à priori ce sont les tenants de la deuxième conception de l'État qui seraient le plus proches de la tradition libérale et que la position de Bosanquet serait plus authentiquement libérale que celle de Hobhouse. Ces deux conceptions de l'État peuvent être résumées en termes de leurs caractères réformateurs respectifs. L'intervention systématique de l'État sous la forme d'un État-providence est plus réformatrice que la deuxième conception qui débouche sur un conservatisme social, ou des réformes bien moindres. Sur ce critère, la position des nouveaux libéraux est clairement plus progressiste. On bien sûr peut juger que c'est précisément cette politique de progrès qui libèrera l'individu de sa soumission, que le libéralisme politique doit donc faire alliance avec les partis du progrès et finir par rejoindre les rangs du parti travailliste comme le fait Hobson. Sur le plan théorique cela revient à affirmer l'œuvre d'émancipation du libéralisme qui doit, à l'époque, être redéfinie pour faire face à de nouveaux défis. Pour en revenir à la stratégie de Hobhouse, on peut arguer qu'il se sert de Bosanquet pour élaborer une critique cohérente de l'État tout puissant qui aurait surgi pendant la guerre sans abandonner les prétentions sociales du nouveau libéralisme dont l'ambition première était de mettre fin à l'injustice qui prédominait dans la période victorienne. Désigner l'adversaire comme tyran est un bon moyen de rallier les troupes libérales, aussi efficace que d'agiter deux pains de tailles différentes devant une foule lors d'une campagne électorale. Si Hobhouse consacre autant d'efforts à affirmer l'identité libérale du nouveau libéralisme, c'est aussi pour des raisons de court terme : il s'agit de convaincre le parti libéral d'adopter des mesures progressistes, ou, un peu plus tard de faire contrepoids dans le camp progressiste au socialisme bureaucratique. Le nouveau libéralisme fait ici écho à la proximité entre radicalisme politique et libéralisme dans l'histoire britannique et tente d'ancrer la doctrine résolument à gauche, contre le conservatisme. Il reste que cela s'effectue dans un contexte national de relative faiblesse des courants inspirés du marxisme et qu'il ne se voit guère obligé de se définir par rapport à ceux-ci, même s'il pressent que l'état tyrannique n'est pas uniquement le produit d'une idéologie de droite. Sur le long terme, il semble prévenir, du moins dans sa phase plus critique après le début de la guerre, des dangers d'un État tentaculaire, tyrannique et totalitaire dont le XX^e^ n'a pas manqué, sans pour autant renoncer à l'État social que des libéraux come Keynes et Beveridge vont contribuer à mettre en place.

# LE LIBÉRALISME ET LES LIMITES DU RATIONALISME

Si les nouveaux libéraux ont tenté de modérer la défiance traditionnelle des libéraux face à l'État, en tout cas face à la possible tyrannie d'un État trop fort, celle-ci constitue l'un des traits principaux des penseurs qui entament une critique du rationalisme et qui viendront former la génération suivante des théoriciens libéraux. Contrairement aux nouveaux libéraux toutefois, il n'existe pas, à proprement parler, de mouvement ou d'école unique pour les désigner. Il s'agit dans le cas présent, de rassembler des pensées sous une même désignation, elle-même issue d'une analyse critique qu'autorise le recul historique ainsi que les besoins didactiques. Le premier critère que nous avançons ici pour permettre le regroupement d'individualités bien distinctes est celui que l'on pourrait qualifier de méthodologie sceptique ou d'anti-rationalisme qui nous renvoient, une nouvelle fois, aux fondements philosophiques de projets libéraux. Qu'on ne s'attende pas pour autant à découvrir une métaphysique commune, ni même une influence diffuse, plus ou moins revendiquée, d'une telle métaphysique, comme dans le cas des nouveaux libéraux. Les libéraux dont il est question ici n'ont en commun qu'une épistémologie anti-rationaliste, liée ou non à une métaphysique, et un libéralisme qui en est la conséquence. Dans un deuxième temps on distinguera aussi des similitudes dans la méthode ainsi qu'une défense de la liberté individuelle qui nous ramène au fil conducteur de notre étude.

## TROIS CRITIQUES DU RATIONALISME[1]

Comme nous l'avons vu dans le chapitre précédent, l'organicisme qui caractérisait l'idéalisme de Green et de ses successeurs, ainsi que la *Weltanschauung* d'autres penseurs du nouveau libéralisme postule finalement que le monde forme un tout cohérent et que l'on peut le comprendre entièrement ou, en tout cas, progresser toujours plus dans la compréhension de celui-ci. En des termes extrêmement simplifiés, le monde est alors conçu comme intelligible et l'individu comme possédant le potentiel nécessaire pour y avoir accès. Cette approche repose, tacitement ou explicitement, sur une philosophie de la connaissance orientée en ce sens. On peut aussi penser à l'ambition des Lumières, dont nous avons déjà évoqué le lien avec le libéralisme, qui s'assimile à la raison triomphante, sur le continent européen en tout cas, puisque, selon Hayek, les Lumières écossaises échapperaient à cette erreur grâce à Hume. Cette posture fait l'objet ici d'une critique méthodique, sans appel, tour à tour identifiée comme relevant du « rationalisme » (Oakeshott), du « scientisme » (Hayek) ou du « monisme » (Berlin), à laquelle les trois penseurs vont opposer une épistémologie alternative qui possède une caractéristique commune, à savoir que la compréhension est limitée et qu'il existe par conséquent des phénomènes qui ne peuvent être saisis par l'entendement, faire l'objet d'une compréhension de type scientifique ou rationnelle ou tout simplement dépasser des contradictions irréductibles.

Pour Hayek, c'est avant tout la fascination exercée par les sciences physiques et biologiques sur les autres disciplines qui conduit celles-ci

---

1 Nous utilisons ce terme au sens oakeshottien, définit comme suit : « *Oakeshott's Rationalism holds that human beings share a priori "reason" which can be exercised as an "infallible guide" to human conduct by formulating a set of "self-contained" and "perfect" rules. This means that the term Rationalism employed by Oakeshott embraces more than epistemological rationalism ; in fact, it represents a general current of thought which has been inspired and sustained by modem mainstream philosophy as a whole.* » (Tseng 2003, 134) – « Le rationalisme selon Oakeshott suppose que les hommes partagent une "raison" *a priori*, qui peut servir de "guide infaillible" de la manière d'agir en formulant un ensemble de règles "autonomes" et "parfaites". Ceci signifie que le mot "rationalisme", sous la plume d'Oakeshott, signifie bien plus que le rationalisme épistémologique, et désigne, en fait, un large courant de pensée fondé et entretenu par la philosophie moderne conventionnelle. »

à verser dans le scientisme. Ce dernier terme est utilisé ici dans son acception hayekienne.

> En anglais, le mot *scientism* désigne une méthode ou une doctrine considérée comme caractéristique des scientifiques. Mais il a aussi un sens péjoratif, désignant une croyance excessive dans la science et l'application des méthodes scientifiques. Hayek lui donne, dans une série d'articles publiés dans la revue *Economica* entre 1942 et 1944 [1952a], une signification plus précise, soit l'imitation servile, dans tous les domaines du savoir, et plus particulièrement dans celui des sciences sociales, du langage et des méthodes des sciences naturelles, au premier rang desquelles la physique. [...] « Ainsi débuta la tyrannie que les méthodes et les techniques des Sciences au sens étroit duterme n'ont jamais cessé depuis lors d'exercer sur les autres disciplines[2]. » Ceux qui croient faire œuvre rigoureuse dans le domaine des sciences sociales n'ont d'ailleurs, la plupart du temps, pas vraiment compris les méthodes des sciences naturelles. (Dostaler, 2001, 36)

Le scientisme s'assimile à une vue erronée de la nature des sciences sociales à laquelle Hayek oppose une théorie de la connaissance et une psychologie notoirement complexe dont nous ne présentons ici que quelques bribes nécessaires à l'appréhension de la pensée politique. Il s'agit avant tout d'une conception subjectiviste, où la connaissance accessible à l'entendement n'est pas des choses en soi mais bien de leur perception. Peu importe, dès lors, que ces perceptions soient justes ou fausses, c'est notre esprit qui en construit le sens, grâce aux dispositions naturelles du cerveau ainsi qu'à l'expérience qui continue de développer les capacités de classification. Cela est vrai de l'ordre sensoriel comme des opérations plus abstraites ou intellectuelles. De plus, il est impossible pour un esprit d'avoir entièrement conscience de ses opérations et il n'est possible de comprendre autrui que par analogie avec sa propre expérience. La connaissance que nous avons de nous-mêmes, d'autrui, de l'extériorité, est donc imparfaite et limitée. Néanmoins, nous possédons des savoirs, tels que le langage, que nous partageons avec autrui, acquis par imitation de manière inconsciente ou tacite et que nous serions bien à la peine d'expliquer. Cette connaissance non rationnelle, non organisée, qui nous est commune, est un des fondements de la société. Si notre esprit ne peut

2 « *Thus the tyranny commenced which the methods and technique of the Sciences in the narrow sense of the term have ever since exercised over the other subjects.* » (Hayek, *The Counter Revolution Of Science*, 1955, 13) – « Ainsi débuta la tyrannie que les méthodes et les techniques des Sciences au sens étroit du terme n'ont jamais cessé depuis lors d'exercer sur les autres disciplines. » (F. Hayek, 1953, 8)

être entièrement conscient de lui-même, il est bien sûr tout à fait illusoire de prétendre connaitre la société dans son ensemble. Les sciences sociales ne peuvent parvenir qu'à étudier la subjectivité des individus ou groupes d'individus qu'elles considèrent, et encore ces subjectivités sont-elles intelligibles pour le chercheur par analogie avec sa propre subjectivité : les sciences sociales sont et ne peuvent être qu'intersubjectives (Tebble, 2010). En outre, à la coexistence dans chaque individu de connaissances incomplètes dont il n'a pas pleinement conscience, doublée des obstacles à la connaissance d'autrui, s'ajoute parfois la compréhension erronée des motifs d'autrui (*misapprehension*) ou des phénomènes extérieurs. Pour toutes ces raisons notamment, l'action d'un individu, *a fortiori* l'action combinée de plusieurs ne peut être connue ou prédite. Ces prémisses mènent Hayek à formuler sa théorie de l'ordre spontané, qui décrit des phénomènes sociaux qui sont le résultat de l'action humaine combinée mais non concertée, formulée ou consciente. Elles conduisent aussi l'auteur à affirmer que les sciences sociales sont compétentes lorsqu'elles se consacrent à « l'explication de situations particulières et uniques » (Dostaler, 2001, 37), notamment à l'étude des opinions constitutives, c'est-à-dire celles qui poussent les individus à agir comme ils le font. À l'inverse, lorsque les sciences sociales se conforment au scientisme qui les pousse à envisager le monde dans sa globalité, elles se méprennent profondément tombant dans l'un ou plus des trois défauts dont Hayek dresse la liste suivante : l'objectivisme, qui nie le caractère subjectif des sciences sociales, l'historicisme qui fait trop peu de cas de l'action des individus dans l'histoire et le « totalisme » (*collectivism*) qui considère que l'étude de l'histoire permet de faire émerger une compréhension globale de la société voire envisage le monde des hommes comme régi par des lois générales, alors que celles-ci ne sont que des théories postulées par les sciences sociales en question, de la même manière que l'histoire consiste à trouver une réponse à une question préalablement posée (Caldwell, *Hayek's Challenge: an intellectual biography of F.A. Hayek*, 2004). Ces défauts sont certes distincts mais ils produisent une même cécité quand il s'agit de comprendre les phénomènes de société comme résultant de l'ordre spontané :

> *Their most characteristic common feature is a direct result of the inability, caused by the lack of a compositive theory of social phenomena, to grasp how the independent action of many men can produce coherent wholes, persistent structures of relationships*

> *which serve important human purposes without having been designed for that end. This produces a "pragmatic" interpretation of social institutions which treats all social structures which serve human purposes as the result of deliberate design and which denies the possibility of an orderly or purposeful arrangement in anything which is not thus constructed.* (Hayek, *The Counter Revolution Of Science*, 1955, 80)

> « Leur trait commun le plus caractéristique résulte directement de l'incapacité où elles se trouvent, par suite de l'absence d'une théorie synthétique des phénomènes sociaux, de saisir comment l'action indépendante de beaucoup d'hommes peut produire des ensembles cohérents, des structures durables de relations qui servent d'importants desseins humains sans avoir été établis dans ce but. Ceci entraîne une interprétation "pragmatique" des institutions sociales, qui traite toutes les structures sociales, servant des desseins humains, comme le résultat d'un plan délibéré et qui nie la possibilité d'un aménagement ordonné ou voulu dans tout ce qui n'est pas ainsi construit. » (F. Hayek, 1953, 127)

Du point de vue de Hayek donc, la connaissance des phénomènes sociaux est limitée, bien que loin d'être impossible. Le problème ne se limite toutefois pas à l'étude de la société ; les théories politiques qui se fondent sur ces méthodes erronées croient pouvoir amener du progrès en exigeant de plus en plus de contrôle et d'intervention, notamment dans l'économie. Ces interventions sont logiquement vouées à l'échec et propices au totalitarisme.

> *THE UNIVERSAL DEMAND for "conscious" control or direction of social processes is one of the most characteristic features of our generation. It expresses perhaps more clearly than any of its other clichés the peculiar spirit of the age. That anything is not consciously directed as a whole is regarded as itself a blemish, a proof of its irrationality and of the need completely to replace it by a deliberately designed mechanism. Yet few of the people who use the term "conscious" so freely seem to be aware precisely what it means; most people seem to forget that "conscious" and "deliberate" are terms which have meaning only when applied to individuals, and that the demand for conscious control is therefore equivalent to the demand for control by a single mind.* (Hayek, *The Counter Revolution Of Science*, 1955, 87)

> « La demande universelle d'un contrôle ou d'une direction "consciente" des processus sociaux est l'un des traits les plus caractéristiques de notre génération. Elle exprime, plus clairement qu'aucun de ses autres clichés, la mentalité de notre époque. Toute chose qui n'est pas consciemment dirigée comme un ensemble est tenue pour imparfaite ; on y voit une preuve de son irrationalité et de la nécessité de la remplacer entièrement par un mécanisme délibérément établi. Pourtant, peu de gens qui utilisent le terme "conscient" avec une telle liberté semblent savoir avec précision ce qu'il signifie ; la plupart semblent oublier que "conscient" et "délibéré" sont des termes qui n'ont de sens que lorsqu'ils

> s'appliquent à des individus, et que la demande d'un contrôle conscient équivaut donc à demander un contrôle par un esprit unique. » (F. Hayek, 1953, 139)

Oakeshott rejoint Hayek sur ce point, lorsqu'il écrit en 1939 que la division principale en politique n'est pas entre la droite et la gauche mais plutôt entre ceux qui veulent imposer un certain mode de vie à la société et ceux qui « non seulement refusent de livrer le destin d'une société à un ensemble de responsables, quels qu'ils soient, mais aussi considèrent que l'idée même de planification et à la fois stupide et immorale[3] » (Oakeshott, 1939, xxii). Le communisme, le fascisme et le national-socialisme étant des exemples récents et extrêmes de ce type de dirigisme. Si ce dernier apparaitra aux yeux des libéraux ou des catholiques (qui constituent d'autres doctrines politiques contemporaines en 1939) comme n'étant « rien d'autre que de l'ignorance prétentieuse, de la part d'hommes qui n'ont aucun respect pour les êtres humains et désirent faire d'eux de simples moyens pour arriver à leurs propres fins[4] » (Oakeshott, 1939, xxii), il est avant tout coupable d'incohérence aux yeux de Oakeshott. C'est, en effet, à nouveau dans l'épistémologie du philosophe qu'il faut se tourner dans un premier temps pour comprendre la politique dont elle est issue. Les premiers écrits de Oakeshott le situent, à l'instar de Collingwood, dans la tradition idéaliste déjà évoquée au chapitre précédent. Il admire notamment l'œuvre de Bradley et de Bosanquet. Toutefois une différence majeure se fait jour dans la pensée de Oakeshott par rapport aux idéalistes qui le précèdent. À l'exception notable de Bradley, ceux-ci ont en effet affirmé la possible cohérence de l'expérience tout entière : « tous peuvent donc être considérés comme “monistes” puisqu'ils pensaient que [dans celle-ci] tout est lié, que l'expérience est finalement toujours une ; ils voyaient d'ailleurs l'activité philosophique comme la recherche de cette unité parfaite[5] » (Neill, 2010, 19), tandis que Oakeshott identifie des modalités qui ne sont cohérentes qu'en elles-mêmes parce qu'indépendantes les unes des autres. Il distingue

---

3 *« not only refuse to hand over the destiny of a society to any set of officials but also consider the whole notion of planning the destiny of a society to be both stupid and immoral ».*

4 *« a piece of pretentious ignorance [which] can be entertained only by men who have no respect for human beings and are willing to make them the means to the realization of their own ambitions ».*

5 *« They are all therefore accurately described as 'monists', since they believed that all experience is essentially one interrelated unity, generally associating the search for such a final perfect unity with the activity of philosophizing. »*

la science notamment concernée par la quantité, la généralisation, l'histoire qui au contraire envisage les cas individuels ou spécifiques, la pratique, auxquelles il rajoute plus tard, la poésie. Chacune constitue une expérience limitée, spécifique, ne pouvant rendre compte de toute l'expérience, mais demeure cohérente. Au contraire, tout mélange de ces modalités mène à l'incohérence, que l'activité philosophique sert notamment à déceler. Dans le cas des sciences sociales, il s'agit donc de se situer soit dans la modalité scientifique – l'économie et une certaine psychologie peuvent prétendre en faire partie –, soit dans l'histoire – à laquelle appartiennent plutôt la sociologie et l'anthropologie – et surtout ne pas commettre l'erreur de tenter d'en faire des disciplines pratiques. Car la pratique, en tant qu'autre modalité, existe indépendamment de la science ou de l'histoire qui n'en ont rien à dire qui serait pertinent pour la pratique. Elle correspond au monde de l'action et aussi au monde de la volonté (« *volition* ») où il s'agit de changer les choses, vers un devenir, inféodé à la représentation de « ce qui doit être ». Il s'avère donc que les changements que l'individu opère ou désire opérer sont bien l'effet d'une volonté, parfois même le fruit d'une décision mûrement réfléchie, et cette décision ainsi que la réflexion qui la précède appartiennent, comme l'action, à la pratique. On reconnaît ici le mode quotidien de l'expérience humaine, la pratique étant d'ailleurs le mode dans lequel nous évoluons tous, et il ne semblerait pas incorrect de la rapprocher de la notion de vie : il n'est donc pas surprenant qu'il soit difficile de s'en extraire. On voit poindre ici la critique principale qu'adresse Oakeshott aux sciences sociales et plus particulièrement aux « sciences politiques », en ce sens qu'elles ne cessent de confondre science et pratique, prétendant tirer de l'une des informations utiles pour l'autre, et surtout pouvoir codifier, réduire à des règles, l'ensemble de la connaissance pratique, établir une « doctrine », cette posture rationaliste, dénoncée explicitement dans l'essai *Rationalism in Politics*, en 1947 dans lequel Oakeshott va non seulement « critiquer les conséquences effectives du penchant du gouvernement Atlee pour la planification, voire afficher son désaccord avec l'idée, très en vogue dans les années 40, que l'expérience de la seconde guerre mondiale avait apporté la preuve de la supériorité du collectivisme en période de guerre mais aussi en période de paix[6] »

6 « *criticize the practical effects of the Attlee government's penchant for planning, or even, more widely,* [...] *take issue with the commonly held view in the 1940s that the experiences of the Second World*

(Neill, 2010, 38), mais surtout identifier les origines bien plus lointaines du rationalisme et son progrès depuis Descartes et Bacon. Il faut noter que Hayek lui-même, qui a pourtant influencé Oakeshott (Podoksik, 2003) n'échappe pas à la critique :

> *This is, perhaps, the main significance of Hayek's* Road to Serfdom*–not the cogency of his doctrine, but the fact that it is a doctrine. A plan to resist all planning may be better than its opposite, but it belongs to the same style of politics. And only in a society already deeply infected with Rationalism will the conversion of the traditional resources of resistance to the tyranny of Rationalism into a self-conscious ideology be considered a strengthening of those resources. It seems that now, in order to participate in politics and expect a hearing, it is necessary to have, in the strict sense, a doctrine.* (Oakeshott, *Rationalism in Politics*, 1962, 21)

> « Ce qu'il y a d'important dans *La Route de la servitude* de Hayek n'est peut-être pas la solidité de sa doctrine mais le fait que c'est une doctrine. Il vaut peut-être mieux un plan de résistance à toute forme de planification que le contraire ; pour autant il s'agit de la même sorte de politique. Seule une société profondément imbibée de rationalisme peut considérer que la transformation des moyens de résistance à la tyrannie du rationalisme en une idéologie délibérée constitue un renforcement de ces moyens. Désormais, il semble que pour participer à la politique, pour espérer être entendu, il est indispensable d'avoir une doctrine, au sens strict du terme. »

Il ne faut pas pour autant prêter à Oakeshott un rejet de toute forme d'idéologie, laquelle peut au contraire s'avérer utile à condition de ne pas se méprendre sur sa nature : toutes sont des résumés de traditions politiques existantes et certainement pas des principes issus d'un raisonnement abstrait qui viendrait fonder l'activité politique. C'est cette dernière qui précède l'idéologie, dont il faut admettre la nature empirique. Oakeshott se livre lui-même à ce propos à une comparaison éclairante :

> *Or consider the example of cookery. It might be supposed that an ignorant man, some edible material and a cookery book compose together the necessities of a self-moved (or concrete) activity called cooking. But nothing is further from the truth. The cookery book is not an independently generated beginning from which cooking can spring; it is nothing more than an abstract of somebody's knowledge of how to cook: it is the stepchild, not the parent, of the activity. The book, in its turn, may help to set a man on to dressing a dinner but if it were his sole guide he could never, in fact, begin: the book speaks only to those who know already the kind of thing to expect from it and consequently how to interpret it.* (Oakeshott, *Political Education*, 2001, 168)

---

*War had proved the superiority of collectivism in peacetime as well as in wartime* ».

> « Ou prenons l'exemple de la cuisine. On pourrait supposer qu'un homme ignorant, des ingrédients mangeables et un livre de cuisine sont les éléments nécessaires pour une activité auto-déterminée (*self-moved*) (ou concrète) que l'on appelle la cuisine. Mais c'est entièrement faux : le livre de cuisine ne constitue pas en soi un commencement spontané d'où va naître le fait de cuisiner. Ce n'est en fait rien d'autre qu'un résumé de la connaissance de la cuisine que possède quelqu'un d'autre. C'est le beau-fils et non le parent de l'activité. Le livre peut à son tour renseigner, apprendre comment préparer un dîner, mais s'il était le seul guide, on ne pourrait jamais commencer à faire la cuisine : le livre ne s'adresse, au fond, qu'à ceux qui savent déjà à quoi s'attendre et, par conséquent, comment l'interpréter. »

Il en va de même pour les idéaux politiques qui animent les idéologies. La liberté (on ne manquera pas ici de penser à Burke) est ainsi décrite non pas comme une grande idée ou un droit de l'homme déduit de « un quelconque concept spéculatif de la nature humaine[7] » (Oakeshott, *Political Education*, 170), c'est une *procédure*, telle que l'Habeas Corpus, dont nous avons fait l'expérience. C'est la tradition qui est le mieux susceptible d'orienter l'action politique, les idées issues de celle-ci ne sont en rien néfastes parce qu'elles sont en quelque sorte nées de la pratique, contrairement à celles qui prétendent à l'universalité parce qu'engendrées par un raisonnement abstrait, alors que la tradition ne peut prétendre à l'universalité : elle est toujours propre à un contexte, tel qu'un contexte national.

Des trois auteurs examinés ici, Isaiah Berlin est certainement le moins systématique. Ses écrits sont souvent plus courts, de formes plus diversifiées ; il se décrivait d'ailleurs volontiers comme un historien des idées plutôt qu'un philosophe, même si la limite entre les deux sujets est mince et qu'il faut peut-être préférer parler d'une philosophie ancrée dans l'histoire des idées, comme le fait son biographe (Ignatieff, 1998, 88). La critique du rationalisme ne passe pas, chez lui, par une épistémologie complexe, méthodiquement exposée comme c'est le cas de Hayek ou de Oakeshott, et l'on peut peut-être parler d'un style plus littéraire, en tout cas d'un recours plus fréquent à la métaphore, certainement liée à sa passion pour la littérature, russe notamment. Certains, comme son ami le philosophe Stuart Hampshire, lui reprochent un certain manque de rigueur, Oakeshott l'a décrit comme « un Paganini des idées[8] »,

---

7 « *some speculative concept of human nature* ».

8 Lors d'une visite de Berlin à la LSE pour y faire une conférence intitulée « History as an Alibi » qui devait servir de base à l'essai « Historical Inevitability », il revint à Oakeshott de

d'autres louent son refus d'un rigorisme stérile : pourtant il y a sans nul doute une philosophie berlinienne ancrée dans une conscience aiguë de la complexité et de la variété de la réalité, qui sous-tend toute l'œuvre, se manifeste de manière récurrente sous des formulations variables, s'applique à des domaines divers. Il en tire sa conception centrale du pluralisme des valeurs qu'il oppose au monisme, une vision jugée incohérente, idéaliste : ce terme est à prendre ici dans son sens commun, même s'il faut garder à l'esprit que le parcours philosophique de Berlin l'a justement mené à rejeter l'influence des philosophes idéalistes qui l'avaient accompagné dans sa jeunesse. Contre l'illusion courante qui conduit à exiger « des solutions définitives, la netteté et l'harmonie at tout prix[9] » (Berlin, Introduction to Five Essays on Liberty, 42), la condition humaine consiste, pour lui, à se heurter à des contradictions, à des conflits de valeur dans lesquels les préférences individuelles mèneront à renoncer à telle ou telle option pourtant tout aussi justifiable que celle qui sera adoptée. La formule restée célèbre oppose les deux points de vue en les assimilant respectivement à ceux d'un hérisson et d'un renard :

> *There is a line among the fragments of the Greek poet Archilochus which says: 'The fox knows many things, but the hedgehog knows one big thing.' Scholars have differed about the correct interpretation of these dark words, which may mean no more than that the fox, for all his cunning, is defeated by the hedgehog's one defence. But, taken figuratively, the words can be made to yield a sense in which they mark one of the deepest differences which divide writers and thinkers, and, it may be, human beings in general. For there exists a great chasm between those, on one side, who relate everything to a single central vision, one system, less or more coherent or articulate, in terms of which they understand, think and feel–a single, universal, organising principle in terms of which alone all that they are and say has significance–and, on the other side, those who pursue many ends, often unrelated and even contradictory, connected, if at all, only in some de facto way, for some psychological or physiological cause, related to no moral or aesthetic principle.* (Berlin, *The Hedgehog and the Fox*, 2000, 466)

présenter Berlin, ce qu'il fit en ces termes : « Je n'ai pas besoin de vous présenter et encore moins de vous recommander M. Isaiah Berlin. Un homme notoirement instruit, doublé d'un rhéteur brillant, il a émerveillé de nombreux publics. En l'écoutant vous serez tenté de penser être en présence d'un des grands virtuoses de l'intellect de notre époque : un Paganini des idées. » – « *There is no need for me to introduce, much less recommend, Mr. Isaiah Berlin to you. His learning is notorious, and joined with it is a brilliant turn of dialectic which has dazzled many audiences. Listening to him you may be tempted to think you are in the presence of one of the great intellectual virtuosos of our time: a Paganini of ideas* » cité par (Franco, 2003, 485). La comparaison semblait dire que Berlin jouait merveilleusement des idées… des autres.

9 « *final solutions–tidiness and harmony at any price* ».

> « Un vers, dans un des fragments du poète grec Archiloque, dit que "le renard sait beaucoup de choses, mais le hérisson ne sait qu'une seule chose, de taille." les spécialistes ne se sont jamais mis d'accord sur l'interprétation de ces mots obscurs, qui signifient peut-être que le renard, aussi malin qu'il soit, ne peut vaincre le hérisson qui ne possède qu'un moyen de défense. Mais, au sens figuré, les mots peuvent avoir une autre signification, et souligner l'une des plus grandes différences qui divisent les écrivains et les penseurs, voire tous les êtres humains. En effet un abîme sépare ceux qui, d'une part, relient tout à une grande vision centrale, un système, plus ou moins cohérent et distinct, qui leur permet de comprendre, de penser, de ressentir : un principe universel organisateur qui détermine à lui tout seul le sens de leur être et de leurs paroles, et, d'autre part, ceux qui se consacrent à plusieurs objectifs, souvent sans aucun rapport, parfois contradictoires : si ceux-ci sont reliés c'est uniquement de fait, pour une raison psychologique ou physiologique, jamais à cause d'un principe moral ou esthétique. »

L'influence de Berlin, notamment de cette notion de « *value-pluralism* » (pluralisme des valeurs) est immense ; pour toute la théorie politique proche du libéralisme jusqu'à nos jours, cette dernière semble proprement incontournable se constituant en pierre angulaire de la théorie libérale de la fin du siècle dernier et du début du XXIe.

> *Isaiah Berlin has always insisted that there is a plurality of values which can conflict with one another, and which are not reducible to one another; consequently, that we cannot conceive of a situation in which it was true both that all value-conflict had been eliminated, and that there had been no loss of value on the way. To have insisted on these truths is one of the conspicuous services that Berlin has rendered to a sound and humane conception of social thought.* (Williams, 1979, 221)

> « Isaiah Berlin a toujours affirmé qu'il existe une pluralité des valeurs qui entrent parfois en contradiction, ne peuvent être réduite à la même chose : nous ne pouvons, par conséquent, concevoir une situation dans laquelle toute contradiction entre les valeurs a été éliminée sans que ce processus ait engendré de perte de valeur. En mettant cette vérité en lumière, Berlin a contribué à une conception à la fois valable et humaine de la pensée sociale. »

## HISTORIENS DES IDÉES

Un tel impact n'est peut-être pas surprenant de la part d'un penseur qui consacre ses recherches à l'histoire des idées politiques et qui vient occuper une place essentielle au sein de celle-ci. Comme nous l'avons signalé dans l'introduction de cet ouvrage, Berlin est l'un des théoriciens du libéralisme dont la pensée s'élabore au contact de ses recherches, si bien qu'il est difficile de distinguer entre Berlin le théoricien politique et Berlin l'historien. Cette spécificité est commune à Oakeshott et Hayek. Tous trois formulent leurs propres théories au moyen d'une lecture critique, tous trois voient la suprématie du rationalisme comme un effet d'erreurs conceptuelles commises par le passé et graduellement largement adoptée. Chaque auteur a certes sa propre analyse et, encore une fois, le rapprochement que nous opérons ici n'est valable que dans une certaine mesure, puisqu'il n'y a pas de consensus précis sur les origines de cette suprématie. Certaines similitudes sont toutefois visibles, notamment dans le traitement qui est fait des Lumières continentales (nous avons déjà indiqué que Hayek juge que les Lumières écossaises, grâce à l'influence de Hume, sont un cas à part, et Berlin souligne aussi que le scepticisme humien constitue une brèche dans le rationalisme). Même si celles-ci ne correspondent pas, selon les analyses, à la naissance du rationalisme, elles en assurent le triomphe ou la domination sur les évolutions successives de la philosophie.

C'est évidemment Isaiah Berlin qui consacre la plus grande partie de son œuvre à cette étude : son premier écrit d'envergure est une étude consacrée à Marx qu'il publie en 1939 (*Karl Marx: His Life and Environment*). Ses recherches le conduisent justement à se spécialiser dans l'histoire des idées, d'autant que le positivisme logique qu'adoptent ses collègues philosophes à Oxford, sous l'influence du cercle de Vienne, lui apparaît comme stérile :

> *In the Vienna circle, a strictly empiricist doctrine of verification became the test of how to make adequate theories. If propositions could not be verified empirically or tested logically, they were nonsensical. This consigned most of the metaphysical questions of philosophy–what is the purpose of life? what is the nature of good?–to the rubbish bin. Logical positivism, as the Vienna circle doctrine came to be known, desired, in Bernard*

*Williams's words, to turn philosophy into the humble 'obituarist of metaphysics' and 'secretary to science'.* (Ignatieff, 1998, 81)

> « Dans le cercle de Vienne, une doctrine de vérification strictement empirique s'est imposée comme le test de la valeur d'une théorie. Si les propositions ne pouvaient être vérifiées sur un plan empirique ou logique alors elles étaient absurdes. Cela devait reléguer la plupart des questions philosophiques d'ordre métaphysique (à quoi sert la vie ? quel est la nature du bien ?) aux oubliettes. Le positivisme logique, nom que l'on donna à la doctrine de cercle de Vienne, ambitionnait, selon Bernard Williams, de faire de la philosophie la modeste "nécrologue de la métaphysique" et une "secrétaire scientifique". »

Cette méthode le pousse à établir des liens entre Marx et les socialistes du XIXe siècle puis les penseurs des Lumières, notamment Rousseau et Kant, qu'il voit comme les précurseurs du marxisme, parce que ces dernières sont, à ses yeux, bâties sur une contradiction, affirmant à la fois la liberté de l'individu et le fait que cette liberté devrait mener à faire des choix rationnels. Dès lors, il peut être question d'éduquer les hommes à la liberté, menant de fil en aiguille à l'idée d'un État tout puissant chargé de mettre fin à l'aliénation causée par la société bourgeoise et capitaliste. Certains évènements de la vie de Berlin confirment d'ailleurs le danger inhérent au fait de prescrire la bonne manière de vivre, ou pour utiliser une terminologie plus rawlsienne « la vie bonne » : on peut citer ses parents qui fuient le communisme et leur ville de Riga ou encore les visites de Berlin en URSS où il sera témoin direct du stalinisme, de la tyrannie qui frappaient les intellectuels tels que Pasternak. Berlin critique donc le monisme de ces penseurs des Lumières, que l'on peut résumer en trois points (1) il existe une et une seule bonne réponse à toutes les questions (2) il existe une méthode fiable pour découvrir ces bonnes réponses, et (3) ces réponses, lorsqu'elles nous sont connues, forment un tout parce que les vérités ne peuvent être incompatibles entre elles[10]. Il

10 Cherniss, Joshua and Hardy, Henry, « Isaiah Berlin », The Stanford Encyclopedia of Philosophy (Fall 2014 Edition), Edward N. Zalta (ed.), URL : http://plato.stanford.edu/archives/fall2014/entries/berlin – « *1–All genuine questions must have a true answer, and one only; all other responses are errors. 2–There must be a dependable path to discovering the true answers, which is in principle knowable, even if currently unknown. 3–The true answers, when found, will be compatible with one another, forming a single whole; for one truth cannot be incompatible with another. This, in turn, is based on the assumption that the universe is harmonious and coherent.* » – « 1 – Toutes les questions véritables ne possèdent qu'une et une seule vraie réponse. Toutes les autres réponses sont des erreurs. 2 – Il doit exister un cheminement fiable pour parvenir aux vraies réponses, qui est en principe accessible à la connaissance, même

trouve, au contraire, l'inspiration dans l'histoire du contre-Aufklärung (*Counter-Enlightenment*)[11] auquel il rattache par exemple Giambattista Vico ou Johann Gottfried Herder :

> *It was further believed that methods similar to those of Newtonian physics, which had achieved such triumphs in the realm of in animate nature, could be applied with equal success to the fields of ethics, politics and human relationships in general [...] [and] would sweep away irrational and oppressive legal systems and economic policies the replacement of which by the rule of reason would rescue men from political and moral injustice and misery and set them on the path of wisdom, happiness and virtue. Against this, there persisted the doctrine that went back to the Greek sophists, Protagoras, Antiphon and Critias, that beliefs involving value-judgements, and the institutions founded upon them, rested not on discoveries of objective and unalterable natural facts, but on human opinion, which was variable and differed between different societies and at different times; that moral and political values, and in particular justice and social arrangements in general, rested on fluctuating human convention.* (Berlin, *The Counter-Enlightenment*, 1980, 1-2)
>
> « On a aussi pensé que des méthodes proches de celles de la physique newtonienne, qui était parvenu à d'éclatants résultats dans le domaine de la nature animée, pouvait s'appliquer avec la même réussite dans les champs de l'éthique, la politique, les relations humaines en général. [...], [et] ferait disparaître les systèmes de loi et politiques économiques irrationnels et vecteurs d'oppression pour être remplacés par l'autorité de la raison, ce qui sauverait les hommes de l'injustice et de la détresse morales et politiques, les placerait sur la voie de la sagesse, du bonheur, de la vertu. Face à cela, la doctrine qui remonte aux sophistes, à Protagoras, Antiphon et Critias, continuait de prétendre que les convictions ou les institutions qui reposent sur des jugements de valeur n'ont pas pour fondements des faits naturels, objectifs, inaltérables mais l'opinion des hommes, laquelle est variable, diffère en fonction de la société dont elle est issue, de son époque, que les valeurs politiques et morales, en particulier la justice et l'organisation sociale générale dépendent de conventions humaines fluctuantes. »

Cet intérêt ne suppose pas une adhésion, Berlin est critique du contre-*Aufklärung*, notamment du romantisme, peut-être plus qu'il ne l'est de l'*Aufklärung*, dont il a affirmé sans ambiguïté être « l'enfant ». Avec un scepticisme caractéristique, il fait cependant siennes certaines

s'il n'est pas encore connu. 3 – Les vraies réponses, une fois trouvées, sont compatibles entre elles, forment un seul tout, puisqu'une vérité ne peut être incompatible avec une autre vérité. Ceci implique que l'univers est à la fois harmonieux et cohérent. »

11 Le terme ne se généralise qu'à partir des années 1970 sous l'impulsion de Berlin, son origine est souvent attribuée à Nietzsche qui utilise en allemand « *Gegenaufklärung* » plutôt que *gegen Aufklärung*. En français on parle de « contre-Aufklärung » ou, justement, d'« irrationalisme », plus rarement « d'anti-Lumières ».

des critiques de ce premier contre les Lumières qu'on peut résumer, dans un souci de synthèse et de clarté, par la méfiance envers l'abstraction qui viendrait effacer la réalité de l'expérience humaine et se voir accorder plus de valeur que les êtres humains eux-mêmes. Dans la mesure où il ne développe pas de philosophie systématique mais glane des notions qu'il fait siennes au contact de ses études, les textes d'histoire des idées dont nous disposons sont empreints de sa propre pensée. Il s'y élabore ce qui semble tout de même constituer une éthique dont la liberté individuelle constitue la clé de voûte. Pour cette raison les héros berliniens ne sont pas anodins. Les deux personnages qu'il dit admirer le plus sont Herzen et Tourgueniev, qui vécurent tous deux au XIX^e^. Témoins des abus du Tsarisme, ils connurent les mouvements réformistes qui s'y opposaient. Au-delà de ces ressemblances, il semble que Berlin ait trouvé chez ces intellectuels russes des figures qui tentaient de concilier les deux possibles écueils de la pensée, qui menacent respectivement les hérissons et les renards, c'est-à-dire le monisme et son abus contraire, l'irrationalisme et le particularisme. En accord avec le rôle qu'il reconnaît aux variations des contextes historiques, Berlin trouve chez ces intellectuels, notamment Herzen, une tentation d'adhérer à « l'utopie d'une marche de l'Histoire[12] » cependant que cet utopisme est contrebalancé par une connaissance de la spécificité de la société russe qui ne leur semble pas se prêter aux solutions prônées en Occident (Kelly, 2001, 10). Selon Berlin, Herzen, comme lui-même, conçoit le monde comme infiniment changeant, variable, et n'accorde l'universalité qu'à un noyau minimal de valeurs communes : « l'horizon humain », selon la terminologie berlinienne. Il rejette les conceptions téléologiques de l'histoire dans cette formule que Berlin reprend souvent à son propre compte « *l'Histoire n'a pas de libretto*[13] ». Pour autant Herzen (du moins le Herzen de Berlin) ne se cantonne pas au réalisme sceptique et accepte l'ambivalence dans lequel le plonge sa vision du monde :

> *But Herzen does at least face genuine political problems, the incompatibility of unlimited personal liberty with either social equality, or the minimum of social organisation and authority; the need to sail precariously between the Scylla of individualist "atomization" and the Charybdis of collectivist oppression; the sad disparity and conflict between many, equally noble, human ideals; the nonexistence of "objective", eternal, universal, moral and political standards to justify either coercion or resistance to it; the mirage*

12 « *utopian visions of the March of History* ».
13 « *History has no libretto* ».

> *of distant ends and the impossibility of doing wholly without them.* (Berlin, *Herzen and Bakunin on Liberty*, 1994, 105)
>
> « Mais au moins Herzen se confronte à des problèmes politiques véritables tels que l'incompatibilité de la liberté personnelle illimitée avec l'égalité sociale ou une organisation sociale et une autorité minimales ; il navigue avec précaution entre le Scylla de "l'atomisme" individuel et le Charybde de l'oppression collectiviste ; les tristes disparité et opposition entre de nombreux idéaux humains, tous aussi nobles, la non-existence de critères politiques et moraux universels, éternels, "objectifs" qui permettraient de justifier la coercition ou la résistance à celle-ci, le mirage de fins éloignées et l'impossibilité de se passer complètement d'elles. »

Cette trajectoire de la critique des Lumières à la défense du compromis, du pluralisme des valeurs, de la prudence qui ne sacrifie pas l'engagement est propre à Berlin, qui, comme Herzen, était un intellectuel plutôt isolé dans son temps. Mais le point de départ est proche de la critique oakeshottienne des Lumières que nous allons brièvement examiner, celle-ci occupant proportionnellement moins de place dans l'œuvre de Oakeshott que dans celle de Berlin mais constituant toutefois un aspect notable de ses écrits. Comme nous l'avons déjà écrit c'est Bacon et Descartes, eux-mêmes plutôt hérauts des Lumières que parties de celles-ci, que le philosophe désigne comme pères du rationalisme, ou plutôt, avec la minutie qui le caractérise, comme l'« essor manifeste » (« *unmistakable emergence* ») de celui-ci. De même que pour Berlin, il convient de ne pas caricaturer Oakeshott en ennemi de la modernité, qui se serait livré à une « chasse aux Lumières », animé par le même obscurantisme que les chasseurs de sorcières. La tentation rationaliste existe chez Bacon et Descartes d'après Oakeshott mais elle est considérée avec circonspection. Ce sont les lectures médiocres ou superficielles qui seront faites de ces penseurs qui doivent être incriminées.

> *By a pardonable abridgment of history, the Rationalist character may be seen springing from the exaggeration of Bacon's hopes and the neglect of the scepticism of Descartes; modem Rationalism is what commonplace minds made out of the inspiration of men of discrimination and genius. Les grands hommes, en apprenant aux faibles à réfléchir, les ont mis sur la route de l'erreur.* (Oakeshott, *Rationalism in Politics*, 1962, 17)
>
> « Un résumé pardonnable de l'histoire laisse penser que le rationaliste est le résultat de l'exagération des espoirs de Bacon et un manque d'intérêt pour le scepticisme de Descartes ; le rationalisme moderne est ce que les hommes ordinaires ont fait de l'inspiration d'hommes qui possédaient du génie et du

discernement. *Les grands hommes, en apprenant aux faibles à réfléchir, les ont mis sur la route de l'erreur.* [en français dans le texte] »

Le souci de la certitude, la recherche d'une méthode pour l'établir, le mimétisme scientifique deviennent alors les caractéristiques de la pensée dominante en Europe, consacrant ce qu'Oakeshott appelle « le règne de la technique » (« *the sovereignty of technique*[14] ») laquelle, dans sa philosophie, peut être entièrement transmise et apprise contrairement aux modes précédemment cités. Tout devient alors affaire de méthode, tout peut être compris, appliqué, découvert par un raisonnement adéquatement organisé :

> *Descartes never became a Cartesian; but, as Bouillier says of the seventeenth century, 'le cartésianisme a triomphé ; il s'est emparé du grand siècle tout entier, il a pénétré de son esprit, non seulement la philosophie, mais les sciences et les lettres elles-mêmes'. It is common knowledge that, at this time, in poetry and in drama, there was a remarkable concentration on technique, on rules of composition, on the observance of the bienséances of literature, which continued unabated for nearly two centuries. A stream of books flowed from the presses on the 'art of poetry', the 'art of living', the 'art of thinking'. Neither religion, nor natural science, nor education, nor the conduct of life itself escaped from the influence of the new Rationalism; no activity was immune, no society untouched.* (*Ibid.*)

> « Descartes n'a jamais été cartésien, mais, selon Bouillier, au XVIIe "le cartésianisme a triomphé ; il s'est emparé du grand siècle tout entier, il a pénétré de son esprit, non seulement la philosophie, mais les sciences et les lettres elles-mêmes". On sait bien qu'à cette époque le théâtre et la poésie se mirent à porter une attention formidable à la technique, aux règles de composition, à la bienséance littéraire qui perdura pendant presque deux siècles. Les imprimeries déversèrent un flot de livres consacrés à "l'art de la poésie", "l'art de la vie", "l'art de la pensée". Rien n'échappait à l'influence du nouveau rationalisme, ni la religion, ni l'éducation, ni même la manière de vivre ; aucune activité ne fut épargnée, aucune société ne resta hors de sa portée. »

Dès lors que le rationaliste conçoit le savoir comme une technique, rien ne reste inaccessible à son appréhension du monde : la politique fait

14 Notons ici la proximité avec la formulation de Berlin : « C'est pourquoi ceux qui placent leurs espoirs dans un bouleversement décisif, tel le triomphe définitif de la raison ou de la révolution prolétarienne, doivent se convaincre qu'il est possible de réduire tous les problèmes politiques et moraux à de simples problèmes techniques. » (Berlin, *Éloge de la liberté*, 1988, 166) – « *That is why those who put their faith in some immense, world-transforming phenomenon, like the final triumph of reason or the proletarian revolution, must believe that all political and moral problems can thereby be turned into technological ones.* » (Berlin, *Two Concepts of Liberty*, 2002, 166)

forcément l'objet d'une transformation subreptice en ce sens. Pourtant, avant même l'apparition manifeste du rationalisme, la politique avait fait l'objet d'une formulation en des principes simples fournissant l'illusion qu'elle peut s'y réduire, sous la plume de Machiavel qui, à l'instar de Descartes et Bacon, sait que son livre n'est pas l'alpha et l'oméga en politique. Mais le renouvellement des dirigeants signifie que celui qui accède au pouvoir, à Florence en l'occurrence, manque de l'expérience de gouverner : *Le Prince* est une « anti-sèche » (« *crib* ») qui ramène la politique à une technique, une doctrine que l'on croit suffire à l'art de gouverner, confondant éducation et apprentissage, qui veut pallier un manque bien réel de tradition. À sa suite de nombreux *cribs* sont publiés, participant toujours de la même illusion. Il faut toutefois distinguer entre ceux qui sont écrits comme une tentative de résumé de la tradition – exercice impossible par nature – à l'usage de ceux qui en manquent, par exemple le *Second Treaty on Government* et ceux qui sont uniquement dérivés de spéculation, œuvres de purs rationalistes comme Bentham, Godwin, et bien sûr Marx et Engels, lesquels proposent une technique à une classe qui n'a strictement aucune expérience, mais aussi les *Founding Fathers* qui se trouvent dans la quintessence de la situation propice au rationalisme, c'est-à-dire l'arrivée au pouvoir de personnalités opportunistes sans expérience de gouvernement.

> *For the inspiration of Jefferson and the other founders of American independence was the ideology which Locke had distilled from the English political tradition. They were disposed to believe, and they believed more fully than was possible for an inhabitant of the Old World, that the proper organization of a society and the conduct of its affairs were based upon abstract principles, and not upon a tradition which, as Hamilton said, had 'to be rummaged for among old parchments and musty records'. These principles were not the product of civilization; they were natural, 'written in the whole volume of human nature'. They were to be discovered in nature by human reason, by a technique of inquiry available alike to all men and requiring no extraordinary intelligence in its use. Moreover, the age had the advantage of all earlier ages because, by the application of this technique of inquiry, these abstract principles had, for the most part recently, been discovered and written down in books. And by using these books, a newly made political society was not only not handicapped by the lack of a tradition, but had a positive superiority over older societies not yet fully emancipated from the chains of custom.* [...] *The Declaration of Independence is a characteristic product of the saeculum rationalisticum. It represents the politics of the felt need interpreted with the aid of an ideology. And it is not surprising that it should have become one of the sacred documents of the politics of Rationalism, and, together with the similar documents*

*of the French Revolution, the inspiration and pattern of many later adventures in the rationalist reconstruction of society.* (Oakeshott, *Rationalism in Politics*, 18-19)

« En effet, Jefferson et les autres fondateurs de l'indépendance de l'Amérique s'inspiraient de l'idéologie que Locke avait tiré de la tradition politique anglaise. Ils étaient disposés à croire, et pouvaient croire plus fermement qu'un habitant du vieux monde, qu'une société bien organisée, une bonne conduite des affaires, avaient pour fondements des principes abstraits, et non la tradition qui obligeait à "des fouilles dans des archives moisies et des vieux parchemins", selon Hamilton. Ces principes n'étaient pas le produit de la civilisation, ils étaient naturels, "inscrits dans le manuscrit de la nature humaine". C'était la raison des hommes qui devait la découvrir dans la nature, en appliquant une technique de recherche dont chaque homme était capable, elle ne nécessitait aucune intelligence sortant de l'ordinaire. De plus, l'époque avait l'avantage de venir après toutes les époques précédentes, puisque, grâce à l'application de cette technique de recherche, les principes abstraits avaient déjà été découverts, très récemment pour la plupart, et notés dans des livres. Et, à cause de l'utilisation de ces livres, une société politique nouvellement élaborée était non seulement handicapée par le manque de tradition mais bénéficiait d'une supériorité positive sur les sociétés plus anciennes qui ne s'étaient pas encore affranchies des chaînes de la coutume. La déclaration d'Indépendance est le produit typique du *saeculum rationalisticum*. Elle est l'exemple même de la politique du besoin ressenti que l'on interprète à l'aide de l'idéologie. Il n'est guère surprenant qu'elle soit devenue l'un des documents sacrés du Rationalisme politique et, avec les textes semblables issus de la Révolution Française la source d'inspiration ou le modèle de nombreuses tentatives postérieures de reconstruction rationaliste de la société. »

Le rationaliste rejette la tradition, toute tentative de le convaincre d'abandonner son rationalisme pour s'en remettre à son expérience de la pratique est vouée à l'échec. S'il considère s'être mépris il va au contraire chercher à être plus rationaliste encore, essayant d'isoler son raisonnement des contingences pour garantir sa cohérence qu'il confond avec la « vérité ». Oakeshott adopte ici le rôle qu'il pense être celui du philosophe, il explique le rationalisme en politique, en montre les erreurs mais n'a pas de solution à lui opposer, sans quoi il tomberait, comme le fait le Hayek de *The Road to Serfdom* à ses yeux, dans la doctrine, cédant ainsi à l'erreur rationaliste. Néanmoins on est frappé par la congruence des deux penseurs lorsque l'on compare l'extrait ci-dessus et ce passage de *The Counter-Revolution of Science* :

[...] *the very collapse of the existing institutions called for immediate application of all the knowledge which appeared as the concrete manifestation of that Reason which was the Goddess of the Revolution. As one of the new scientific journals which sprang up at the end of the Terror expressed it: "The Revolution has razed everything to the ground." Government, morals, habits, everything has to be rebuilt. What a magnificent site for the architects! What a grand opportunity of making use of all the fine and excellent ideas that had remained speculative, of employing so many materials that could not be used before, of rejecting so many others that had been obstructions for centuries and which one had been forced to use."* (Hayek, *The Counter Revolution Of Science*, 1955, 103)

« L'effondrement des institutions en place nécessitait l'application immédiate de toute la connaissance qui semblait être la manifestation concrète de cette raison que la Révolution révérait comme un dieu. Comme l'écrivit l'une des nouvelles revues scientifiques qui apparurent à la fin de la Terreur : "La Révolution a tout rasé sur son passage." Les gouvernements, la moralité, les habitudes, tout devait être rebâti. Quelle chance pour les architectes ! Quelle prodigieuse occasion d'utiliser toutes ces idées superbes, excellentes, qui jusque-là étaient de l'ordre de la spéculation, d'user de tant de choses dont on ne pouvait se servir auparavant, d'en rejeter tant d'autres, tant d'obstacles qu'on avait auparavant été forcé d'employer. »

De même que pour Oakeshott, pour Hayek les circonstances historiques jouent un rôle majeur dans le triomphe du scientisme et ne sont pas imputables à des pensées seulement, même si la France et son rationalisme constituent un terreau fertile. Comme on le sait, si, pour l'auteur, Descartes est aussi l'inventeur du rationalisme, il dénonce particulièrement l'usage des méthodes scientifiques dans les « sciences » humaines et sociales, c'est donc la création, lors de la Révolution, de nouvelles écoles pour remplacer les programmes traditionnels au profit des sciences qui retient notamment son attention :

*Saint-Simon described this change in 1812 or 1813: "Such is the difference in this respect between the state of ...even thirty years ago and that of today that while in those not distant days, if one wanted to know whether a person had received a distinguished education, one asked: "Does he know his Greek and Latin authors well? today one asks: Is he good at mathematics? Is he familiar with the achievements of physics, of chemistry, of natural history, in short, of the positive sciences and those of observation?" Thus a whole generation grew up to whom that great storehouse of social wisdom, the only form indeed in which an understanding of the social processes achieved by the greatest minds is transmitted, the great literature of all ages, was a closed book. For the first time in history that new type appeared which as the product of the German Realschule and of similar institutions was to become so important and influential in the later nineteenth and the twentieth century: the technical specialist who was regarded as educated because he had passed through difficult schools but who*

> *had little or no knowledge of society, its life, growth, problems and its values, which only the study of history, literature and languages can give.* (Hayek, *The Counter Revolution Of Science*, 1955, 110)
>
> « Saint-Simon décrivait ce changement vers 1812-1813 : "la différence entre l'état de … même il y a seulement trente ans par rapport à aujourd'hui est telle que dans ces années finalement pas si lointaines, lorsqu'on voulait savoir si quelqu'un avait de l'instruction, on demandait : "connaît-il ses auteurs latins et grecs ?", aujourd'hui on demande "est-il bon en mathématiques ? connaît-il la physique la chimie, l'histoire naturelle, en un mot les sciences positives et les sciences de l'observation ?" Ainsi toute une génération a grandi, sans que lui soient ouvertes les portes de ce grand entrepôt de la sagesse sociale, le seul qui, en fait, véhicule la compréhension des processus sociaux à laquelle les grands esprits sont parvenus, les grandes œuvres, toutes époques confondues. Pour la première fois dans l'histoire un nouveau type d'individu apparu ; ce produit de la Realschule allemande ou d'établissements semblables qui devait prendre tellement d'importance et d'ascendant vers la fin du XIXe et du XXe : le technicien spécialisé que l'on considérait instruit parce qu'il avait fait sa scolarité dans des écoles difficiles mais qui avait très peu, voire pas, de connaissances sur la société, sa vie, sa croissance, ses problèmes et ses valeurs, que seules l'étude de l'histoire, de la littérature et des langues peuvent permettre. »

*The Counter-Revolution of Science* contient une généalogie très précise, qu'on ne peut détailler ici, du scientisme en France qui va consacrer la pensée scientifique. Celui-ci doit beaucoup à la fois à des institutions comme l'École Polytechnique, à l'arbitraire de l'exercice du pouvoir napoléonien et à des penseurs tels que St Simon ou Comte : ce sont les cent dernières années, écrit Hayek en 1939 (Caldwell, *Hayek's Challenge: an intellectual biography of F.A. Hayek*, 2004, 239), qui sont dominées par cette approche, comme le montre l'hégémonie du positivisme qui influence plus ou moins indirectement la Grande-Bretagne par le biais de Mill, Lecky ou Spencer ainsi que l'Allemagne qui devient plus comtienne que la France. Celle-ci est aussi le berceau de l'hégélianisme. Or les deux pensées, comtisme et hégélianisme, possèdent des traits communs rendant possible une influence conjointe sur le développement des sciences sociales. Elles sont rationalistes, intellectualistes même, et surtout elles prétendent toutes deux que l'étude de la société doit permettre de dévoiler une histoire universelle qui obéirait à des lois identifiables.

> […] *notice the surprising number of leading figures who succeeded in combining in their own thought ideas derived from Hegel and Comte. Again, I can quote only a few of the names which belong here. But if I tell you that the list includes Karl Marx,*

> *Friedrich Engels, and probably Ludwig Feuerbach in Germany, Ernest Renan, Hippolyte Taine, and Émile Durkheim in France, Giuseppe Mazzini in Italy and I should probably add Benedetto Croce and John Dewey from the living you will begin to see how far this influence reaches. When later I shall have occasion to show how we can trace to the same source such widespread intellectual movements as that peculiarly unhistorical approach to history which paradoxically is called historicism, much of what has been known as sociology during the last hundred years, and especially its most fashionable and most ambitious branch, the sociology of knowledge, you will perhaps understand the importance which I attach to this combined influence.* (Hayek, *The Counter Revolution Of Science*, 1955, 194)
>
> « [...] remarquer le nombre incroyable de personnalités importantes qui ont réussi à intégrer à leur propre pensée des idées dérivées d'Hegel et de Comte. À nouveau, je ne peux que donner une liste partielle, mais si je vous dis qu'elle comprend Karl Marx, Friedrich Engels, et probablement Ludwig Feuerbach en Allemagne, Ernest Renan, Hippolyte Taine, et Émile Durkheim en France, Giuseppe Mazzini en Italie auxquels je devrais sans doute ajouter Benedetto Croce et John Dewey parmi les contemporains, vous commencerez à mesurer leur influence. Quand j'aurai eu l'occasion de montrer que des courants de pensée très vastes, tels que cette approche de l'histoire particulièrement anhistorique que l'on nomme paradoxalement l'historicisme, la majeure partie de ce que, depuis cent ans, on appelle la sociologie, notamment sa branche la plus en vogue et la plus ambitieuse, la sociologie de la connaissance, peuvent être reliées à cette même origine, vous comprendrez peut-être pourquoi j'attache tant d'importance à cette double emprise. »

Selon Hayek le déterminisme historique est une conception complètement erronée auquel le mimétisme scientifique a donné naissance. Là n'est pas, cependant, sa seule faute, car le récit hayekien mentionne aussi la question de la liberté, passée à la trappe par chacun des deux philosophes, même s'il concède que Hegel est moins liberticide que Comte. C'est là un aspect cardinal de la notion de rationalisme élaborée par les trois auteurs. Il est dangereux pour la liberté et contient le germe du totalitarisme. Si la vérité est une, si l'histoire n'a qu'un sens, alors on a tôt fait de contraindre en leurs noms. À l'origine synonyme d'émancipation, la raison triomphante ne peut que prétendre à faire autorité et perdre au fond le projet libérateur dont elle se croit animée. Hayek distingue entre deux conceptions de la liberté politique, l'une, française, rationaliste justement, et l'autre, anglo-saxonne et empirique.

> *Though these two groups are now commonly lumped together as the ancestors of modern liberalism, there is hardly a greater contrast imaginable than that between their*

*respective conceptions of the evolution and functioning of a social order and the role played in it by liberty. The difference is directly traceable to the predominance of an essentially empiricist view of the world in England and a rationalist approach in France. The main contrast in the practical conclusions to which these approaches led has recently been well put, as follows: "One finds the essence of freedom in spontaneity and the absence of coercion, the other believes it to be realized only in the pursuit and attainment of an absolute collective purpose"; and "one stands for organic, slow, half-conscious growth, the other for doctrinaire deliberateness; one for trial and error procedure, the other for an enforced solely valid pattern." It is the second view, as J.L. Talmon has shown in an important book from which this description is taken, that has become the origin of totalitarian democracy.* (Hayek, *The Constitution of Liberty*, 1960 (2011), 111)

« Bien que ces deux groupes soient désormais assimilés l'un à l'autre, en tant qu'ancêtres du libéralisme moderne, on peut difficilement imaginer plus grand contraste que celui qui oppose leurs conceptions respectives de l'évolution et du fonctionnement de l'ordre social, ainsi que du rôle que celui-ci joue dans la liberté. On peut faire remonter cette différence à la prédominance d'une vision empirique en Angleterre et de l'approche rationaliste en France. La différence principale pour ce qui est des conclusions pratiques auxquelles ces approches sont parvenues, a récemment fait l'objet d'une description particulièrement juste : "L'une voit l'essence de la liberté dans la spontanéité et l'absence de contrainte, l'autre croit que celle-ci ne peut se réaliser que si elle participe, et atteint, un objectif collectif absolu" ; et "l'une défend une croissance autonome, lente, à peine consciente, l'autre une intentionnalité doctrinaire ; l'une veut essayer et corriger ses erreurs, l'autre appliquer un schéma valide unique". Comme l'a montré J.L. Talmon dans un ouvrage important dont est issu cette description, c'est la deuxième approche qui a donné naissance à la démocratie totalitaire. »

## LIBERTÉ

Nous avons déjà évoqué les accents burkiens de la critique du rationalisme, bien visibles dans ce dernier extrait : pour les trois penseurs examinés ici, c'est dans l'évolution lente, progressive d'une société que se façonnent peu à peu, et non à dessein comme le croient les rationalistes, des institutions pérennes, donc adaptées à leur contexte culturel. L'ordre spontané est la cause des institutions, les actions humaines conjuguées sans consultation préalable qu'on ne peut constater qu'*a posteriori*, sans forcément comprendre la « raison » de leur existence. Certes, nous relayons surtout ici la parole de Hayek, mais, terminologie mise à part, il nous semble qu'il n'y ait rien dans cette description du fonctionnement de la société que renieraient Oakeshott ou Berlin. Tous deux rejoignent aussi Hayek dans la valorisation d'une tradition britannique (à laquelle on peut rattacher Benjamin Constant ou Tocqueville d'ailleurs, tout comme l'on peut placer Godwin ou Bentham dans la plus pure tradition française). Plus généralement, tous trois semblent converger vers une approche contextualiste pour affirmer que la liberté fait partie de la tradition britannique, et que le respect de la tradition est une meilleure garantie de liberté que la tentative de faire table rase du passé, car en se conformant spontanément aux traditions, on évite d'avoir recours à des méthodes plus coercitives qui devraient garantir l'ordre social, lui-même condition de liberté. En outre, on ne peut s'affranchir de sa culture, de ses valeurs, ses institutions, ses habitudes, pour devenir pure raison afin de créer une culture ex-nihilo. Chez Hayek, ce n'est pas la raison qui nous pousse à déterminer ces dernières mais plutôt ces dernières qui déterminent notre raison. D'où il suit que nous ne pouvons penser en dehors d'elles, et ce d'autant moins qu'aucun esprit ne peut espérer saisir toute la complexité d'une tradition millénaire, à laquelle chaque vie a participé. Car il faut bien noter que la tradition n'est pas figée, elle consiste intrinsèquement en une évolution, terme que l'on a envie d'opposer ici à révolution pour en prendre la bonne mesure. Certains, libres de se comporter autrement, choisiront de le faire lorsqu'ils le jugeront nécessaire. Peut-être agiront-ils alors en pionniers et seront-ils suivi par la majorité qui, à son tour, infléchira la tradition. On pense ici à cette liberté que Mill réclamait pour les quelques excentriques qui voudraient vivre différemment, en tout cas on reconnait un trait caractéristique de la vision individualiste du monde, forcément pluraliste, les buts ou les valeurs de l'existence n'étant jamais conçus comme communs à tous.

En d'autres termes, la liberté des individus constitue toujours le moteur de l'histoire lorsqu'elle est bien comprise, comme spontanéité heureusement imprévisible. Pour Hayek, comme pour Berlin, il faut en passer par un travail de définition du terme, tant on lui a attribué des significations différentes. La liberté ne fait ainsi sens qu'individuellement dans un contexte social, elle est ce qui caractérise un homme parmi les hommes qui n'est pas contraint par eux. Les autres usages du terme ne concernent pas la liberté mais des libertés, voire toute autre chose. Les tenants de la liberté positive confondent ainsi liberté et puissance (« *power* ») oubliant la distinction entre contrainte (« *coercion* ») et restriction (« *restraint* »). Il est aussi erroné d'employer par analogie l'idée d'un peuple libre parce qu'élisant ses représentants : un régime d'hommes libres en ce sens pourrait tout à fait se constituer d'individus néanmoins privés de leur liberté, comme le laisse entendre l'expression « démocratie totalitaire ». La méfiance par rapport à la démocratie n'étant pas une manifestation de rejet de celle-ci mais plutôt, pensons-nous, l'expression d'une suspicion face aux arcanes technocratiques, au demeurant typiquement libérale. Pour Hayek, même conçue négativement, la liberté est un idéal que l'on ne peut qu'approcher : tout ce qu'une politique peut espérer c'est limiter la contrainte (« *coercion* ») le plus possible pour laisser à l'individu une sphère où il sait pouvoir exercer son choix. Si l'État ne peut garantir cette sphère à chacun sans faire peser la menace de la contrainte en cas de désobéissance aux lois, ces dernières doivent être connues de l'individu pour qu'il ne les transgresse que volontairement de sorte que la contrainte qui le frapperait alors serait elle-même le résultat d'un choix librement consenti. De plus, les lois doivent être suffisamment abstraites et générales pour concerner tout un chacun de la même manière, excluant donc les lois qui ciblent tel ou tel groupe socio-économique par exemple, comme le font les lois de l'État-providence : c'est donc bien la loi et l'égalité devant la loi qui soustrait à l'arbitraire et permet la liberté chez Hayek, conformément à la conception de la liberté dite de « *equal liberty* » (égalité de liberté) qui consacre la notion d'une liberté mieux servie par la nomocratie que tout autre régime.

La loi est aussi au cœur la politique d'Oakeshott laquelle est un peu plus difficile à envisager que le projet politique hayekien, dans la mesure où il règne une certaine confusion quant à la nature de cette politique. Comme nous l'avons vu, Oakeshott affirme que la politique est du domaine de la pratique, que la notion même de projet politique global relève du rationalisme, et qu'il n'est pas du domaine de la philosophie de fournir un tel projet. Pourtant l'ouvrage tardif *On Human Conduct* procède bien à cette entreprise même s'il faut l'envisager avec précaution. L'une des explications à cette contradiction apparente consiste à distinguer entre le Oakeshott de la jeunesse auteur de *Rationalism in Politics* et *Experience and its Modes* et celui de la maturité. Ce type d'explication peut s'avérer convaincant quand il s'agit d'un penseur qui n'insiste pas sur la cohérence globale de son œuvre, mais Oakeshott accorde beaucoup d'importance à celle-ci, ce qui pousse nombre de ses critiques à tenter d'expliquer autrement la production d'un projet politique, notamment en soulignant le fait que *On Human Conduct* ne traite pas de théorie politique mais bien de philosophie (McIntyre, 2004). Or celle-ci se préoccupe de morale, qui concerne le rapport à autrui, donc la vie en commun, ce qui nous ramène à la politique. Du point de vue des études oakeshottiennes, ce point nous semble incontestable. De la même manière nous ne pouvons que souscrire aux mises en garde dirigées contre l'idée d'un classement de Oakeshott parmi les penseurs du libéralisme : d'abord parce qu'il faudrait forcément admettre que l'étiquette appropriée se situe quelque part entre conservateur et libéral, ce qui donne lieu à un débat animé entre les commentateurs mais ne pose pas de problème majeur dans ce chapitre dédié justement à un libéralisme que nous avons déjà qualifié de conservateur, mais surtout parce qu'il est manifeste que toute réduction de Oakeshott à un courant politique ne fait pas honneur à la singularité de sa pensée, ou comme le dit Isaacs, revient à « subsumer sa pensée aux catégorisations politiques [de ses critiques] et passer à côté d'aspects essentiels du système philosophique d'Oakeshott, parce qu'on considère important de luui attribuer une position idéologique[15] » (Isaacs, 2006). Néanmoins, la parole de Oakeshott existe bien dans le débat ou la conversation, pour employer sa terminologie, sur la théorie politique, nous poussant à nous en remettre à l'indulgence du lecteur en présentant l'association civile idéale ou abstraite du philosophe sans en passer, comme le propose *On Human Conduct*, par les conditions de « la compréhension théorique de la conduite des hommes[16] ».

De manière caractéristique, Oakeshott choisit d'employer des termes peu courants pour se prémunir contre l'ambiguïté, termes qui sont d'ailleurs empreints de l'étude de l'histoire des idées politiques auxquelles Oakeshott a consacré une partie de son œuvre :

> *To have chosen the words 'civil' and 'civility' to stand for the condition and the relationship I am concerned with may seem a trifle old-fashioned: it is some time since they were commonly used to denote a specific condition and relationship. But their virtue*

15 « *subsume his thought under their [critics'] political categorisations, or miss significant parts of Oakeshott's philosophical system because of the importance given to position him ideologically* ».

16 « *the theoretical understanding of* Human Conduct ».

*for me as a focus of attention is that they are not yet, in this respect, beyond recall, and that the condition and relationship they plausibly distinguish are neither quite so narrow as those pointed to in the words 'legal' and 'legally', nor so indiscriminate as those now commonly (but I think unfortunately) understood by the words 'political' and 'politically'. But it is, of course, closely connected with law and 'politics'. Further I propose (where it is appropriate) to use the word civitas for this ideal condition, cives for the personae related in this manner, lex for the terms of their relationship, and respublica for the comprehensive conditions of association* [...]. (Oakeshott, *On Human Conduct*, 1975 (2003), 108)

« Le choix des mots "civil" et "civilité" pour signifier la condition et la relation auxquelles je m'intéresse peut sembler quelque peu démodé. Cela fait quelque temps qu'ils ne sont plus utilisés pour dénoter une condition et une relation particulière. Mais, ils ont ma préférence parce que ce sens n'est pas si ancien qu'on ne puisse plus le convoquer, et la condition et la relation qu'ils permettent de distinguer ne sont pas aussi limitées que celles que désignent les termes "légal" et "légalement" ni si vagues que celles que l'on associe désormais (bien malheureusement, à mon avis) à "politique" et "politiquement". Pour autant, ils sont bien sûr très proches de la loi et de la "politique". qui plus est, je propose (quand c'est nécessaire) d'utiliser le terme *civitas* pour cette condition idéale, *cives* pour désigner les personnes ainsi reliées entre elles, *lex* pour les conditions de cette relation et *respublica* pour l'ensemble des conditions de l'association. »

La distinction fondamentale qu'opère Oakeshott entre la *civitas* et toute autre forme d'association réside dans le fait que c'est une association qui n'a pas de but, donc pas de fin. Les individus autonomes, parce qu'intelligents, qui la composent, diffèrent trop les uns des autres pour qu'il puisse y avoir un bien commun qui les animerait tous. Si bien que lorsque la société s'organise dans la promotion du bien commun, elle cesse d'être *civitas*, pour devenir une entreprise (« *enterprise association* »). Lorsqu'on lui oppose que toutes les sociétés ont des buts communs tels que la paix et la sécurité, et que le caractère « téléocratique » n'est pas le propre de l'entreprise, il répond qu'il ne s'agit pas de buts mais plutôt de conditions de leur survie (Neill, 2010, 63). Une autre caractéristique qui différencie la *civitas* de l'entreprise, c'est qu'on ne peut pas choisir de ne pas y être, que la conduite de chacun est donc une réponse à la conduite des autres. Elle est donc un mode d'association au sein de laquelle les individus sont reliés par des règles communes : une fois ce cadre spécifique identifié, il s'agit de répondre à la question suivante : « Comment est-ce que les êtres humains peuvent-ils être en relation au sein d'un ordre qui contraint leur conduite tout en respectant leur individualité[17] ? » (Nardin, 2001, 183). La réponse repose en grande partie sur la nature des règles, c'est-à-dire de la *lex*, qui doivent être abstraites, générales et, une nouvelle fois, valables pour tous les *cives*. Le rôle de la politique apparaît restreint parce qu'il ne s'agit pas de définir un but commun sans compromettre la liberté des *cives* : il s'agit donc de s'interroger sur la moralité des lois avec pour effet un possible changement de l'une d'entre elles.

Les concepts ainsi dégagés dans l'examen de ce en quoi consiste l'association civile vont être à leur tour le fondement de l'étude à laquelle Oakeshott consacre la troisième partie de *On Human Conduct* qui fait écho à d'autres essais moins récents. Là encore on peut s'en tenir à l'indépendance de l'histoire en tant que mode pour arguer que Oakeshott ne présente pas là d'opinion ou d'idéologie, mais il est difficile d'échapper à l'impression d'une prise de partie assez manifeste, comme le signale Neill.

> *Supposedly, the work* [On Human Conduct] *was an entirely philosophical one, which seeks to analyse the nature of human conduct from a purely objective standpoint, drawing conclusions from this analysis about the kinds of state that most suit it, buttressed by an historical analysis of the way in which those kinds of state have developed in Western Europe. But despite the determination of some of Oakeshott's interpreters to take this argument at face value, it is clear that Oakeshott's analysis is based upon the particular reading of Western European history that was mentioned earlier–namely one which diagnoses individualism as the most important development in modernity, and indeed goes further in upholding it as the most important modern achievement.* [...] *it can hardly be stressed strongly enough that these essays* [*the first two parts of* On Human Conduct] *are dependent on the third one–namely Oakeshott's reading of Western European political history. Without appreciating this, it is impossible to see what Oakeshott is really doing.* (Neill, 2010, 53)

> « L'œuvre [*On Human Conduct*] est censée être exclusivement philosophique, cherchant à analyser la nature du comportement (la conduite) humain d'un point de vue purement objectif, déduisant de cette analyse les types d'État qui lui conviennent le mieux, et étayant cette déduction d'une analyse historique du développement de ces types d'État en Europe occidentale. Cependant, nonobstant la détermination de certains commentateurs d'Oakeshott de s'en tenir là, il apparaît clairement que l'analyse d'Oakeshott se fonde sur une vision spécifique de l'histoire de l'Europe occidentale que nous avons déjà

17 « *How can human beings be related within an order that constrains their conduct while respecting their individuality?* »

mentionnée, c'est-à-dire celle qui voit l'individualisme comme la nouveauté capitale de la modernité, et va même jusqu'à considérer que c'est sa plus grande réussite [...] on ne peut rappeler assez que les deux premiers essais [de *On Human Conduct*] sont liés au troisième, c'est-à-dire à la vision de Oakeshott de l'histoire politique de l'Europe occidentale. On ne peut pas comprendre où Oakeshott veut en venir si l'on ne garde pas cet élément à l'esprit. »

Pour Oakeshott l'individualisme est un fait historique qui apparait aux alentours du XVe siècle, non pas par doctrine, mais parce que les vies que mènent les gens font de plus en plus de place au choix. La liberté devient alors une valeur centrale et un ingrédient du bonheur. Un autre courant moral antithétique coexiste en Europe, à savoir le collectivisme ou l'anti-individualisme. En réaction à l'individualisme, celui-ci se développe dans des proportions visibles à partir du XVIIe. Oakeshott propose donc une tradition européenne duelle, qui conduit à deux types d'État : la nomocratie du côté individualiste et la téléocratie du côté collectiviste. Le but d'une téléocratie (ou *universitas*) s'avère en général être l'un des trois suivants : religieux, économique ou un mélange des deux qui est considéré comme le bien commun. Il s'agit là bien de types d'État, qui se retrouvent souvent mêlés dans un même État réel cette fois. On devine que les sympathies d'Oakeshott vont à la nomocratie ou societas et qu'il rejette l'État-providence en tant que téléocratie de la troisième catégorie énoncée ci-dessus, même s'il faut admettre que l'on a ici recours à l'interprétation. Explicitement, il ne s'agit que de se livrer à l'exercice proprement philosophique de distinction entre les notions, même lorsque Oakeshott nous décrit l'« *individu manqué* », (Oakeshott, *The Masses in Representative Democracy*, 1961) lequel engendre à son tour le militant anti-individualiste, qui devient l'« *homme des masses*[18] », lorsqu'il comprend qu'il est majoritaire et que sa supériorité numérique est un moyen de mettre fin à ses souffrances, cherchant à imposer des valeurs comme la solidarité et l'égalité par opposition à celles de l'individu, c'est-à-dire la liberté et la libre-détermination. Toutefois il est difficile de ne pas voir, dans ce cas comme dans d'autres, une prise de partie implicite qui dépasse le cadre strictement philosophique pourtant fixé et indique que pour Oakeshott aussi la liberté individuelle qui s'oppose à l'approche collective, interventionniste et la reconnaissance de « droits sociaux » est préférable.

---

18 Les deux termes sont en français dans le texte original.

Le même souci de distinction et de neutralité face aux concepts est à l'œuvre dans l'entreprise berlinienne de définition de la liberté, que l'on trouve notamment dans l'essai *Two Concepts of Liberty*, dont la notoriété est telle que l'on peut le classer parmi les textes paradigmatiques du libéralisme évoqués en introduction. Cet essai est souvent lu comme consacrant le rejet de la célèbre définition, par Green notamment, de la liberté comme positive. Sans contester cette lecture, il faut admettre que l'argument est plus complexe. Sans nul doute, Berlin propose une analyse de la liberté négative, que l'on résume en anglais par le syntagme « *freedom from* » qu'il oppose à la liberté positive, « *ability to* » dont on voit par le simple choix du terme « *ability* », qu'on peut traduire par « capacité » ou « aptitude », qu'elle n'est pas réductible à la liberté justement. Il montre aussi que les tenants de la liberté positive la conçoivent comme moyen inféodé à une fin, ce qui comprend, entre autres, l'autonomie qui augmente au fur et à mesure qu'augmentent les possibilités qui s'offrent à l'individu :

> *Everything is what it is: liberty is liberty, not equality or fairness or justice or culture, or human happiness or a quiet conscience. If the liberty of myself or my class or nation depends on the misery of a number of other human beings, the system which promotes this is unjust and immoral. But if I curtail or lose my freedom in order to lessen the shame of such inequality, and do not thereby materially increase the individual liberty of others, an absolute loss of liberty occurs. This may be compensated for by a gain in justice or in happiness or in peace, but the loss of freedom–'social' or 'economic'–is increased.* (Berlin, *Two Concepts of Liberty*, 2002, 172)
>
> « Chaque chose est ce qu'elle est : la liberté est la liberté ; ce n'est ni l'égalité, ni la justice, ni la culture, ni le bonheur, ni la bonne conscience. Si ma liberté, celle de ma classe sociale ou de mon pays dépend du malheur d'autres hommes, alors le système qui le permet est injuste et immoral. Mais si je restreins ou perds ma liberté afin d'atténuer la honte d'une telle inégalité, sans par là accroître la liberté individuelle des autres, il en résulte globalement une perte de liberté. Celle-ci peut se trouver compensée par un gain en termes de justice, de bonheur ou de paix, mais la perte demeure ; c'est tolérer une confusion des valeurs que de prétendre renoncer à sa liberté individuelle au sens "libéral" du terme, afin de permettre l'accroissement d'un autre type de liberté, "sociale" ou "économique". » (Berlin, *Éloge de la liberté*, 1988, 174)

Berlin tente donc de circonscrire le sens de liberté en soulignant ce qu'elle n'est pas, attirant l'attention sur les concepts parasites qui l'ont rendue confuse au cours du temps, insistant notamment sur la rationalité comme contradiction potentielle.

> *If the underlying assumptions had been correct–if the method of solving social problems resembled the way in which solutions to the problems of the natural sciences are found, and if reason were what rationalists said that it was–all this would perhaps follow. In the ideal case, liberty coincides with law: autonomy with authority. A law which forbids me to do what I could not, as a sane being, conceivably wish to do is not a restraint of my freedom. In the ideal society, composed of wholly responsible beings, rules, because I should scarcely be conscious of them, would gradually wither away.* (*Ibid.* p. 195)
>
> « Si ces postulats étaient corrects – si la méthode pour résoudre les problèmes des sociétés était analogue à celle des sciences de la nature et si la raison était effectivement ce que les rationalistes prétendent, voici peut-être ce qui en aurait découlé. Dans le cas idéal. la liberté coïnciderait avec la loi, l'autonomie avec l'autorité. Une loi qui m'interdit de faire ce que, sain d'esprit, je ne saurais souhaiter ne limite pas ma liberté. Dans la société idéale composée d'individus totalement responsables, les règles disparaîtraient peu à peu, puisque je m'apercevrais à peine de leur existence. » (Berlin, *Éloge de la liberté*, 1988, 196)

À l'instar de Hayek et Oakeshott, Berlin souligne que la participation politique de l'ordre de celle que propose la démocratie ne constitue pas non plus la liberté, pour parvenir, à la fin de son entreprise de définition, à poser la question des conditions propices à la liberté politique. Sa réponse le place dans la plus pure lignée de la tradition libérale classique, du moins millien, à savoir l'établissement et le maintien d'une sphère individuelle garantit par la loi.

> [...] *no society is free unless it is governed by at any rate two interrelated principles: first, that no power, but only rights, can be regarded as absolute, so that all men, whatever power governs them, have an absolute right to refuse to behave inhumanly; and, second, that there are frontiers, not artificially drawn, within which men should be inviolable, these frontiers being defined in terms of rules so long and widely accepted that their observance has entered into the very conception of what it is to be a normal human being, and, therefore, also of what it is to act inhumanly or insanely.* (*Ibid.* p. 211)
>
> « [...] aucune société ne peut être dite libre si elle n'est pas régie par ces deux principes étroitement liés : en premier lieu, aucun pouvoir ne peut être considéré comme absolu, seuls les droits le sont, de sorte que tous les hommes, quelle que soit la puissance qui les gouverne, ont un droit absolu de refuser de se conduire de façon barbare ; en second lieu, il existe des frontières – qui n'ont rien d'artificiel – à l'intérieur desquelles les individus possèdent des

> droits inviolables ; ces frontières sont définies par des règles si anciennes et si largement acceptées que leur respect fait partie de la conception même que l'on a d'un homme normalement constitué et, donc, de ce qu'est agir de façon barbare ou démente. » (Berlin, *Éloge de la liberté*, 1988, 212)

Pour autant la conception berlinienne de la liberté n'est pas exactement équivalente à la liberté négative ; d'une part, comme il le montre lui-même, la liberté de faire ce que je veux ne décrit pas forcément adéquatement la liberté puisque dans une perspective stoïque je peux en venir à ne presque rien vouloir, et ne jamais, par là, me heurter aux limites de ma condition bien réelle d'esclave. Elle contient des éléments de la conception opposée que l'on est à même de saisir en envisageant le traitement que Berlin fait de la conception kantienne de la liberté. Celle-ci est la cible de critiques notamment à cause l'idée de la liberté comme obéissance à la loi morale mais fait aussi l'objet d'une certaine adhésion.

> *I am deeply pro-Kantian on certain issues, e.g. his obscure but epoch-making doctrine of the freedom of the will, his concept of the moral autonomy of the individual, his doctrine of human beings as ends in themselves, and of moral values as constituted by human commitment to them* [...] *which seem tome of the first importance and to which I am wholly sympathetic.* (Lettre de Berlin à Noel Annan, 2 octobre 1978)[19]

> « Sur certaines questions je suis profondément pro-Kant, par exemple sa doctrine, obscure, mais qui a eu un tel retentissement sur l'époque, de la volonté libre, son concept de l'autonomie morale de l'individu, sa doctrine que l'homme existe comme fin en soi, et des valeurs morales qui ne se constituent que grâce à l'adhésion des hommes [...] qui me semblent de la première importance et qui ont toute ma sympathie. »

Selon Cherniss, on peut envisager l'ambivalence de Berlin face à Kant comme un signe d'une ambivalence plus large face à la notion de liberté positive. Cette analyse ne nous semble pas très éclairante dans la mesure où Berlin insiste sur le fait que la liberté positive se compose essentiellement de sous-notions qui ne sont justement pas de l'ordre de la liberté et qu'il ne nous semble pas que Berlin dénonce l'ambiguïté du concept pour y souscrire indirectement. Par contre, il ne dit pas rejeter les sous-notions en question sauf quand elles deviennent extrêmement liberticides : en accord avec son pluralisme des valeurs, il affirme au contraire qu'il faut parfois choisir, en l'occurrence entre la liberté et autre

19 (Cherniss, 2013, 192).

chose. L'analyse de Cherniss semble plus intéressante quand il se tourne vers la spécificité de la conception berlinienne qui isole une « liberté fondamentale » (« *basic liberty* ») à laquelle le penseur accorde la primauté par le biais de ce qui correspond pour lui à « l'horizon humain », semblant ainsi échapper à sa propre notion de l'incommensurabilité des valeurs :

> *The idea of 'basic', liberty allowed Berlin to both recognize the validity of positive and negative liberty as distinct, genuine values, and to continue to speak of liberty as a value in itself (in contrast to contemporary and later thinkers who preferred to dissolve the concept of 'liberty' into distinct 'liberties'). It also enabled him to make a case for the intrinsic value of liberty (as a basic condition for a decent human life)– and for the value of negative liberty as a part of basic liberty, as opposed to viewing it as valuable only insofar as it was a condition for the pursuit of such other values as happiness, virtue, or development. The notion of 'basic liberty' also provided an argument for assigning liberty special weight among other values. The possibility of choice was essential to humanity: 'awareness of the possibility of choice, however narrow, is one of the things that distinguishes men from animals'.* (Cherniss, 2013, 194)
>
> « L'idée d'une liberté "fondamentale" permet à Berlin de reconnaître la validité de la liberté positive et de la liberté négative comme des valeurs distinctes, authentiques, tout en continuant à parler de la liberté comme étant une valeur en soi (contrairement à certains penseurs contemporains et postérieurs qui préfèrent dissoudre le concept de "liberté" dans plusieurs "libertés" distinctes). Elle lui permet aussi de défendre la valeur intrinsèque de la liberté (en tant que condition fondamentale d'une existence digne) et la valeur de la liberté négative en tant que composante de la liberté fondamentale, plutôt que de la considérer comme valable uniquement si elle s'avère être utile à la recherche d'autres valeurs telles que le bonheur, la vertu ou le progrès. La notion de "liberté fondamentale" permet aussi d'attribuer une importance spéciale à la liberté, la possibilité de choisir étant essentiel à l'humanité : "Être conscient de la possibilité d'un choix, même s'il n'est pas large, est une des choses qui différencie les hommes des animaux." »

Cette perspective possède en outre le mérite de ne pas distinguer entre la liberté liée au rationalisme et celle qui ne l'est pas, car la liberté fondamentale qui consiste en la liberté de choix est commune aux deux approches. Il n'y a pas de liberté négative sans possibilité de choix et pas non plus d'autonomie donc de rationalité. La conception de la liberté de Berlin dépend plus de sa réflexion sur la condition humaine qui fait face à des choix qui se valent, du moins qui ne sont pas hiérarchisables absolument, et face auxquels l'individu doit décider seul, qu'à la distinction entre liberté négative et liberté positive : s'il est particulièrement méfiant vis-à-vis de cette dernière, c'est parce qu'elle a été détournée au prétexte d'accompagner l'individu dans son développement dans un encadrement de sa vie l'encourageant au conformisme et à la docilité dont celui-ci espère qu'ils lui permettront d'échapper à l'incertitude et la responsabilité de ses choix (on ne peut manquer de penser ici à l'individu manqué de Oakeshott) voire parce qu'elle débouche en fait sur une privation de la possibilité de faire un choix, comme l'on prive un enfant de choisir en attendant qu'il soit assez grand pour le faire ; on a souvent employé le terme *anti-Procrusteanism* pour décrire ce point de la pensée de l'auteur qui révèle son individualisme souvent affirmé inspiré par l'individualisme « radical » de Kant.

> *What remains constant is the notion that unless some such area is delimited in practice (and in theory too), those ends cannot be attained which, as a matter of common observation, are in fact and have been and very likely always will be pursued by men. And the wishes and ideals of these men are to be respected because in fact (and again as a matter of common observation) such men and such ideals are regarded as sufficiently valuable by those who attach this kind of meaning to freedom to be worth taking into the most serious possible consideration for their own sakes, as such, as ends in themselves, very much as Kant recommended, though not perhaps for one of his explicit reasons–not because they are rational beings (whatever may be meant by that)–but really for his other reason, that men are ends in themselves because they are the sole source of all morality, the beings for whose sakes alone whatever is worth doing is worth doing, because the notion of ends in themselves is one of ends which men invent for themselves, and there is therefore nothing outside them to which they can in principle be deemed worthy of sacrifice.* (Berlin, *Two Concepts of Freedom: Romantic and Liberal*, 2006 (2014), 259)

> « Ce qui ne change pas c'est l'idée que si l'on ne délimite pas dans la pratique (ainsi que dans la théorie) un tel espace, les objectifs qu'on observe ordinairement être, avoir été, et, très probablement, continuer d'être à l'avenir, ceux des hommes ne peuvent être atteints. Et les souhaits et idéaux de ces hommes doivent être respectés parce qu'en fait (encore une fois, l'observation ordinaire suffit à s'en rendre compte), ces hommes et ces idéaux sont considérés comme suffisamment valables pour que ceux qui donnent un tel sens à la liberté, les prennent en considération, le plus sérieusement du monde, et ce en eux-mêmes, par égard pour eux, en tant que fins en soi, selon le conseil de Kant, quoique peut-être pas par adhésion à son raisonnement : non pas parce qu'ils sont des êtres rationnels (quel que soit le sens de cette expression) mais parce qu'ils sont l'unique origine de la morale, les êtres qui suffisent en eux-mêmes à justifier que ce qui vaut la peine d'être fait, vaut effectivement la peine d'être fait, parce que l'idée de fins en eux-mêmes signifie que les hommes s'inventent ces fins, par conséquent qu'il n'existe rien en dehors d'elles qui vaille qu'on les sacrifie. »

## CONCLUSION
## Trois lectures de Mill

En conclusion il semble que la liberté selon Berlin ne soit pas uniquement affaire de distinction conceptuelle, d'analyse minutieuse, de neutralité qui chercherait à échapper à une prise de position morale. Si Berlin semble réhabiliter la liberté négative c'est bien parce qu'il considère que la libre-détermination de l'individu est primordiale. Or, c'est notamment sur sa prétendue apologie de la liberté négative que Berlin est critiqué par ceux qui se situent dans la défense de la liberté positive, du moins dans la défense, bien plus répandue, de la défense de la liberté en tant qu'autonomie. On souligne ainsi que lorsque Berlin attribue à Mill le mérite d'avoir conçu la liberté négative, il se méprend sur le sens de la liberté pour Mill, dont on a déjà vu qu'elle participe de la notion d'autonomie (Bellamy, *Rethinking Liberalism*, 2000). Il s'ensuit un affaiblissement d'une part de la cause de la liberté négative puisque son prétendu champion ne l'aurait lui-même pas soutenue, d'autre part de la position de Berlin qui se serait mépris sur les intentions de Mill. Cette stratégie ne nous semble pas rendre justice à l'essai *John Stuart Mill and the Ends of Life* (Berlin, *John Stuart Mill and the Ends of Life*, 2002) qui détaille bien plus précisément le point de vue de Berlin sur Mill et explique que des trois philosophes présentés dans ce chapitre, Berlin se trouve être de loin le plus admiratif de Mill. Berlin propose en effet une interprétation, très plausible selon nous, de la pensée millienne, de son ambivalence déjà signalée face à l'héritage utilitariste, de sa conception de la liberté, comme finalement fondée dans une « foi » dans la liberté individuelle, dans un « idéal » individualiste.

> *Mill believes that man is spontaneous that he has freedom of choice, that he moulds his own character, that as a result of the interplay of men with nature and with other men something novel continually arises, and that this novelty is precisely what is most characteristic and most human in men. Because Mill's entire view of human nature turns out to rest not on the perception of the repetition of an identical pattern, but on his perception of human lives as subject to perpetual incompleteness, self-transformation and novelty, his words are today alive and relevant to our own problems* [...]. *He does not demand or predict ideal conditions for the final solution of human problems or for obtaining universal agreement on all crucial issues. He assumes that finality is*

*impossible and implies that it is undesirable too. He does not demonstrate this. Rigour in argument is not among his accomplishments* (Berlin, *John Stuart Mill and the Ends of Life*, 2002, 234).

« Mill pense que l'homme est spontané, libre de faire des choix, qu'il façonne son propre caractère dans un renouvellement constant grâce au contact des hommes avec la nature et d'autres hommes, que la nouveauté constitue justement le trait le plus caractéristique, le plus humain des hommes. C'est parce que, pour Mill, la conception générale de la nature humaine s'avère ne pas reposer sur une impression de répétition d'un même schéma, puisqu'il voit la vie comme un inachèvement perpétuel, une transformation de soi, un renouvellement, que ses écrits sont si actuels, pertinents face aux problèmes du monde d'aujourd'hui. [...]. I n'y a pas, chez lui, d'exigence ou de prédiction de conditions idéales qui permettraient la résolution finale des problèmes des hommes ou une entente universelle sur toutes les questions cruciales. Il pense qu'un tel objectif n'est ni réalisable, ni souhaitable. Il ne cherche pas à fournir de démonstration pour soutenir cette idée. La rigueur de l'argumentation ne compte pas parmi ses qualités. »

Il va sans dire que l'on détecte une certaine proximité de vues entre les deux penseurs, qui permet d'affirmer que finalement la meilleure description de la liberté selon Berlin est celle qui conçoit un individu moral et humaniste face à la complexité du monde qu'il attribue au demeurant à Mill. On pourrait arguer que cette définition est bien trop générale pour être pertinente pour l'un ou l'autre des deux penseurs. Mais, à l'inverse, on peut aussi affirmer que toute tentative d'une plus grande précision risque soit d'avoir un caractère prescriptif, soit de verser dans un formalisme que Berlin reprochait à la philosophie de son époque. En tout état de cause, elle n'invalide pas l'interprétation, pourtant bien plus critique, que Hayek fait de Mill :

*As is well known, Hayek, particularly so in his later writings, deemed Mill as being by and large outside the classical liberal tradition. Indeed, Hayek charged Mill with originating, or providing much intellectual impetus to, all manner of what Hayek deemed intellectual sins (e.g., Mill's alleged advocacy of socialism, his supposed constructivist rationalism, and his supposedly baneful advocacy of social and distributive justice). For Hayek, Mill was a markedly influential propagator of various ideas that served to much weaken, or outright undermine, the intellectual foundations of classical liberalism. Hayek considered Mill to have greatly watered down classical liberal ideas: Mill supposedly taking various strands of classical liberal thought and combining them with wholly incompatible socialistic ideas about the merits of social and distributive justice and the supposed necessity of radically altering the prevailing system of property rights (e.g., property rights in land). For Hayek (as for Ludwig*

> *von Mises), Mill allegedly provided much intellectual groundwork for the adoption of the interventionist and socialistic legislation that ultimately led to the contemporary mixed economy and welfare state.* (Farrant, 2011, 1)
>
> « Il est notoire que Hayek, surtout dans ses derniers écrits, considérait Mill comme n'appartenant globalement pas à la tradition libérale classique. En effet, il lui reprochait de d'avoir lui-même donné naissance, ou du moins d'avoir indirectement causé la naissance, à tout ce qui, aux yeux de Hayek, relevait du pêché intellectuel (par exemple la prétendue sympathie pour le socialisme, le prétendu rationalisme constructionniste, le prétendu plaidoyer funeste en faveur de la justice sociale et distributive). Pour Hayek, Mill avait clairement propagé des idées qui avaient permis d'affaiblir considérablement, voire de saper, les fondements intellectuels du libéralisme. Il pensait que Mill était coupable d'une dilution des idées libérales : en se saisissant de différents courants de la pensée libérale classique et en les mélangeant à des idées socialistes, pourtant incompatibles, vantant les mérites de la justice sociale et distributive, affirmant la nécessité d'un changement radical de lois sur la propriété de l'époque, (notamment sur la propriété de la terre). Hayek, (et Ludwig von Mises) voyait Mill comme celui qui avait fourni le travail intellectuel préalable à l'adoption de la législation interventionniste et socialiste qui devaient mener à l'économie mixte et l'État-providence alors en vigueur. »

Oakeshott semble rejoindre Hayek dans cette interprétation de Mill préfigurant le « collectivisme » des tenants de l'État-providence des nouveaux libéraux et de leurs successeurs. Alors qu'en 1939 il reconnait en Mill un individualiste et, à ce titre, un des représentants du libéralisme classique, il en vient à critiquer ses tendances collectivistes dans ses écrits plus tardifs. Cette évolution serait liée à sa trajectoire qui s'éloigne de l'idéalisme pour se rapprocher de Hobbes (O'Sullivan, 2001) et d'un État que ne soucie aucunement du contenu moral des choix opérés par les individus. Nous retenons en tout cas que ce sont des raisons opposées qui mènent à approuver ou désapprouver Mill. Là où Berlin préfère retenir le champion de la liberté individuelle, Hayek et Oakeshott insistent sur son virage socialiste dans sa période tardive sans pour autant le rejeter entièrement : outre le commentaire favorable de Oakeshott dans *The Social and Political Doctrines of Contemporary Europe*, Hayek nourrit un fort intérêt pour Mill et publie en 1953 sur les relations entre celui-ci et son épouse, dans un ouvrage qui fait date dans les études milliennes.

La lecture que nos trois libéraux-conservateurs font de Mill nous semble exemplaire de leur relation au libéralisme. Hayek s'identifie à un libéralisme plus classique que celui de Mill, auquel Von Mises fait aussi appel, il s'agit là d'un libéralisme, plus adossé à la tradition, que Mill ne valorisait pas malgré son empirisme. Oakeshott semble proche de Hayek sur cette question tandis que Berlin apparaît s'en tenir à l'individualisme de Mill, à son insistance sur la liberté comme intrinsèque à la condition humaine, en reléguant quelque peu les autres aspects de sa pensée. Il s'agit donc d'une adhésion aux aspects les plus classiques de Mill, du moins les plus proches de l'idée d'un libéralisme classique. Comme on le constate, il n'y a là, au fond, pas de variation insurmontable, d'autant que l'œuvre de Mill dans sa globalité se prête bien à des interprétations diverses et néanmoins valides. Le J.S. Mill qu'avaient invoqué les nouveaux libéraux est rejeté au profit de celui qui sanctuarise une notion proche de, ou équivalente à, la liberté négative contre la politique de masse. Pour poursuivre le parallèle avec le chapitre précédent, le libéralisme s'approche ici du conservatisme, au point où il s'était alors rapproché du socialisme, si bien qu'il est difficile à première vue de distinguer entre un conservatisme libéral et un libéralisme conservateur. Cela est certainement dû notamment au contexte, auquel le conservatisme est d'autant plus inféodé qu'il n'est pas par nature ancré dans une doctrine aux contours très déterminés. Quand il se fait strictement nationaliste, impérialiste, ou le défenseur de l'aristocratie terrienne, il est bien loin de la pensée de nos trois auteurs. Par contre, au fur et à mesure que le libéralisme glisse vers une position de type keynésienne, il libère en quelque sorte la place du côté de la défense de la liberté individuelle, dont le conservatisme a tôt fait de se saisir, a fortiori dans la sphère anglo-saxonne, car il peut le faire au nom de la tradition. Il nous semble donc que les deux se rejoignent ici précisément au nom de la tradition libérale surtout dans son aspect radicalement individualiste alors qu'il cherche à se débarrasser de ce que Gray appelle « l'orgueil du projet libéral doctrinaire ou intégriste, qui consiste à fonder la sphère d'action du gouvernement dans un principe ou une doctrine[20] » (Gray, *Post-liberalism*, 1993, 42)

20 « *the hubristic project of doctrinal or fundamental liberalism–the project* [...] *of fixing the boundaries of government action by some principle or doctrine* ».

# VERS UN LIBÉRALISME PLURALISTE

## L'exemple de John Rawls

### L'IMPACT DE RAWLS SUR LA THÉORIE POLITIQUE

L'impact de John Rawls sur l'histoire récente du libéralisme est d'une telle ampleur qu'on peine à éviter l'accumulation de superlatifs. Depuis la publication de *A Theory of Justice* en 1971 jusqu'à nos jours, en passant par *Political Liberalism* en 1993, la littérature secondaire, les réponses, inspirations, critiques, influences, sont innombrables[1], tant et si bien qu'il semble illusoire de vouloir écrire ici autre chose qu'un aperçu impressionniste[2] de la contribution de Rawls à la défense de la liberté individuelle et de la forme de son libéralisme, qui s'avère, plus largement, représentatif du renouveau du libéralisme égalitaire, dont le nouveau libéralisme avait précédemment constitué une manifestation marquante. Pour garder une certaine unité thématique et tenter de donner la mesure de l'importance de Rawls, la comparaison avec la renommée de Mill s'impose et, si ce n'est déjà le cas, le recul historique lui accordera très probablement une place au moins équivalente au panthéon libéral. Il serait faux, bien sûr, d'affirmer que tous les penseurs libéraux sont devenus rawlsiens, mais depuis 1971, tous ont sans doute eu à se situer par rapport à lui. Pour cette raison il est également impossible de présenter l'ensemble des débats critiques occasionnés par les principaux enjeux des travaux de Rawls.

---

1 Pour une synthèse brève et néanmoins très complète du « débat sur Rawls », on peut consulter : Henry S. Richardson « Interpreting Rawls: An Essay on Audard, Freeman, and Pogge » *The Journal of Ethics*, septembre 2011, Volume 15, n° 3, pp 227-251. L'article présente en outre l'intérêt d'un regard critique sur trois des sources principales de notre chapitre.

2 Ne serait-ce que pendant les cinq années qui suivent la publication de *A Theory of Justice*, la bibliographie des articles et ouvrages critiques est longue de dix pages ! (Ryan, *The Making of Modern Liberalism*, 2012, 518)

Nous retiendrons ici essentiellement l'un d'entre eux qui nous semble particulièrement pertinent pour ce qui est de l'ambition de Rawls de bâtir un projet politique permettant le respect de la liberté individuelle de tous les membres de la société, à savoir celui énoncé par la critique féministe.

Malgré sa renommée, l'irruption de Rawls dans l'histoire du libéralisme est surprenante : elle a lieu dans un contexte général de scepticisme, évoqué au chapitre précédent, quant à la possibilité d'une théorie politique qui inspirerait effectivement la pratique politique, qui trouve à la fois son origine et son illustration dans les orientations principales du champ philosophique, dont la philosophie politique bien évidemment. Dans un tel environnement, *A Theory of Justice* est un ouvrage inattendu tant il constitue ce que Quentin Skinner nomme « le retour des grandes théories[3] » (Skinner, 1985) alors même que beaucoup d'observateurs de l'époque jugent la philosophie politique moribonde, heureusement ou tristement cantonnée à une ambition linguistique d'analyse des concepts, se gardant de toute tentative normative.

Un tel infléchissement mérite quelques explications : outre l'approche individuelle – le génie de Rawls – on peut distinguer deux éclairages principaux. Le premier consiste à se pencher sur l'évolution de la philosophie dans les années qui précèdent Rawls pour y distinguer les prémisses du retour d'une philosophie politique proposant un projet complet, à l'instar de la tradition philosophique des siècles précédents, le deuxième consiste à différencier les contextes intellectuels pour voir en Rawls avant tout un phénomène américain. C'est, par exemple, l'approche de Freeden qui décrit le renouveau libéral que marque Rawls comme d'abord circonscrit aux universités de la côte est des États-Unis, puis diffusé, plutôt que partagé, grâce au « *power of American mass marketing and the Ph.D. industry* » (Freeden, *Ideologies and Political Theory: A Conceptual Approach*, 1996, 226). Il faudrait alors examiner ce contexte particulier, américain, universitaire, pour comprendre la signification de Rawls, qui ne serait pas représentatif de l'évolution de la philosophie politique dans son ensemble, notamment en Grande-Bretagne. Ainsi Alan Ryan décrit *A Theory of Justice* comme « *a book about rights* », rappelant à quel point les droits font partie de l'horizon américain depuis la constitution. Audard souligne aussi le lien entre la pensée rawlsienne et son contexte historique en partie national :

3 « *the return of Grand Theory* ».

> *A new world order and normativity were emerging after World War II and Rawls, as a young soldier in the Pacific, New Guinea, the Philippines and Japan, and, then, as an academic during the students' protests of the late 1960s, was a witness to all of this. He sought to translate into first principles of political morality the new sensitivity to moral issues and to questions of justice expressed after the horrors of the Jewish Holocaust and the Nuremberg trials and, then, the anti-Vietnam war demonstrations, the civil rights movement* [...] (Audard, *John Rawls*, 2007, 3)

> « Un nouvel ordre mondial, une nouvelle normativité faisaient leur apparition après la Seconde guerre Mondiale et Rawls, d'abord en tant que jeune soldat qui avait combattu dans le Pacifique, en Nouvelle Guinée, aux Philippines, au Japon, puis en tant qu'universitaire au moment du mouvement de protestation étudiant à la fin des années soixante était aux premières loges. Il se saisit de la nouvelle sensibilité face aux questions morales qui avait suivi l'horreur de l'Holocauste et du procès de Nuremberg, ainsi que les manifestations contre la guerre au Vietnam, le mouvements des droits civiques pour formuler les premiers principes de la morale politique. »

Ailleurs elle précise même le contexte plus immédiat de la publication de *A Theory of Justice* :

> Pour comprendre la pensée de Rawls, il faut se replacer dans le contexte historique de la fin des années 60 aux États-Unis et du programme de la Great Society de Lyndon Johnson, disciple de Roosevelt. En 1964, le Congrès vote une loi sur la réduction des impôts et la Loi sur l'égalité des chances, dans le cadre de la Lutte contre la pauvreté. Johnson inscrit sa politique de la « Grande Société » au programme de travail du Congrès en janvier 1965 : aide à l'éducation, lutte contre la maladie, sécurité sociale, rénovation urbaine, embellissement de l'environnement, développement des zones négligées, lutte à grande échelle contre la pauvreté, contrôle et prévention du crime et de la délinquance, disparition des derniers obstacles au droit de vote. Le Congrès vote rapidement les lois correspondant aux recommandations de Johnson. À partir de 1965, des millions de personnes âgées ont bénéficié de l'amendement Medicare à la Loi sur la Sécurité Sociale. En 1966 il signe la Loi sur la liberté de l'information qui permet au public d'accéder plus facilement aux documents de l'Administration américaine. Ajoutons également l'impact du mouvement pour les droits civiques des Noirs, les amendements anti-ségrégation de la Constitution et le désastre de la guerre du Vietnam. Tous ces faits pèsent sur la conception de la justice de Rawls. (Audard, *Qu'est-ce que le libéralisme ?*, 2009, 405)

Cette localisation ne préjuge pas de l'influence postérieure de Rawls : un phénomène, intellectuel en l'occurrence, peut tout à fait naître dans des circonstances plus ou moins isolées et entraîner néanmoins le monde dans son sillage. En d'autres termes, *a priori*, l'estimation de Freeden ne contredit pas les appréciations rapportées par John Horton :

> *If, as Philip Larkin famously began his poem,* Annus Mirabilis, *'Sexual intercourse began / In nineteen sixty three', then with comparable pseudo-precision we might agree with Jo Wolff that 'contemporary English-language political philosophy began in 1971, with the publication of John Rawls's* A Theory of Justice'. *As Wolff immediately concedes, this is a considerable simplification; but a simplification, not a falsehood. Indeed, Brian Barry has gone so far to claim that* 'A Theory of Justice *is the watershed that divided the past from the present'.* (Horton 2002)

> « Si, comme le dit Philip Larkin dans son poème *Annus Mirabilis*, "Les rapports sexuels ont commencé / En mille neuf cent soixante-trois", on peut aussi donner raison à Jo Wolff et affirmer, avec la même pseudo-précision, que "la philosophie politique contemporaine de langue anglaise a commencé en 1971, avec la publication de la *Théorie de la justice* de John Rawls". Certes, comme le concède Wolff sans tarder, c'est là un jugement très simplificateur, mais pas erroné. De fait, Brian Barry n'a pas hésité à écrire que "la *Théorie de la Justice* est le grand tournant qui sépare le passé du présent". »

Nous sommes donc confrontés ici à la question, déjà évoquée en introduction, de la distinction au sein de la pensée anglo-saxonne entre les héritages culturels nationaux. Nous avons indiqué qu'à l'heure de la mondialisation et d'internet la transmission des idées dépasse forcément le cadre national et que, en l'absence d'une barrière linguistique, la différentiation devient d'autant plus difficile. Une analyse précise de la situation serait certainement utile mais, à notre connaissance, il n'en existe pas, indépendamment d'allusions plus ou moins détaillées, d'articles plus ou moins incomplets. Il reste que, bien évidemment, Rawls n'est pas britannique et que le débat que son œuvre précipite ou, du moins, annonce, participe de la porosité des frontières, que ce soit entre les pays qui forment le monde anglo-saxon ou entre les pays occidentaux. Après Rawls il devient difficile d'identifier une tradition libérale théorique strictement britannique. Il semble néanmoins possible de distinguer entre deux tendances contemporaines, l'une, anglo-saxonne, qui correspond au renouveau des grandes théories libérales, dont l'épicentre est aux États-Unis, l'autre, plus particulièrement britannique, qui demeure plus ancrée dans le scepticisme, sur laquelle nous nous pencherons dans le chapitre 5.

Contentons-nous pour l'heure d'inviter à la circonspection sur ce point et de noter que parmi ceux qui renvoient Rawls à son Amérique natale, on trouve souvent des commentaires plus critiques de son œuvre, qui tendent à en relativiser la portée, que parmi les tenants d'une analyse moins géographique. Ce type d'éclairage tient Rawls pour exemplaire d'un mouvement plus large qui traverse le monde occidental, au-delà même de la sphère anglo-saxonne et qui concerne toutes les sciences sociales. L'analyse repose ici sur un constat rétrospectif : la domination du scepticisme qui avait conduit à abandonner les « grandes théories », loin de sonner la fin de l'idéologie, voire la fin de l'histoire, s'est estompée, laissant suffisamment de place pour permettre le renouveau. Ce même regard rétrospectif permet à Weinstein de trouver des précurseurs à Rawls, en Grande-Bretagne justement :

> *Fortunately, H.L.A. Hart's* The Concept of Law *(1961) and Brian Barry's* Political Argument *(1965) resurrected normative political theory. John Rawls followed with* A Theory of Justice *(1971) which, in turn, unleashed an industry of criticism that shows no signs of abating. Ironically, then, English analytical philosophy eviscerated English-speaking political theory at the beginning of the last century, only to redeem it 50 years later. And what it redeemed quickly spread elsewhere, becoming what we now know as Anglo-American political theory.* (Weinstein, 2004, 410)
>
> « Heureusement *Le concept de droit* (1961) de H.L.A. Hart et *Political Argument* (1965) de Brian Barry ont ressuscité la théorie politique normative. John Rawls a suivi avec la *Théorie de la justice* (1971) qui, à son tour, a donné lieu à une véritable industrie critique qui ne semble pas faiblir. L'ironie c'est que la philosophie analytique anglaise a pulvérisé la théorie politique de langue anglais au début du siècle dernier pour la rétablir cinquante ans plus tard. Et cette revenante s'est propagée pour devenir ce que nous appelons aujourd'hui la théorie politique "anglo-américaine". »

Le scepticisme s'est en quelque sorte auto-affaibli car au fur et à mesure qu'il discréditait la théorie, la méthode systématique, restreignait l'objet de son champ, affirmant par exemple que la philosophie ne peut qu'étudier les mots et les concepts, il portait en son sein sa propre déconstruction. En d'autres termes, si prôner la fin de l'idéologie est une entreprise idéologique, alors il faut admettre le caractère subjectif de tout projet théorique, même celui qui se prétend imperméable à l'idéologie. La fin de l'objectivité équivaut à la réhabilitation de la subjectivité qui a désormais le champ libre pour oser des théories plus englobantes[4].

---

4 On remarquera que parmi les auteurs caractéristiques du retour de « *Grand Theory* », aucun n'est britannique, tandis que les Français figurent en bonne place : Hans-Georg Gadamer,

> *The void thus created at the centre of analytical moral and political philosophy has now been filled by a reversion to the two most time-honoured objectives of these disciplines. One has been a renewed willingness directly to address the most pressing evaluative issues of the day. As a result, such topics as the justice of war, the social causes of famine, the responsibility of man for nature, the welfare of animals, the limits of political obligation, the rights of the unborn, of future generations, and above all the risks of being 'defended to death', all these and many other kindred questions of obvious urgency have again become the staples of philosophical debate. But the other and even more startling development has been a return to Grand Theory in the most traditional and architectonic style, the style employed by the great normative system-builders of earlier centuries. Moral and political philosophers have ceased to be in the least shy of telling us that their task is that of helping us to understand how best to live our lives. Throwing off their purely linguistic preoccupations, they have gone on to revive a heady and recognisably Platonic view of their discipline as essentially concerned with elucidating the character of the good life and the boundaries of a free and just society.* (Skinner, 1985, 14)

> « Le vide ainsi crée au cœur de la philosophie analytique morale et politique est désormais rempli par un retour aux deux finalités les plus traditionnelles de ces disciplines. L'une, une volonté renouvelée de traiter directement des questions évaluatives les plus pressantes, a mené à la résurgence de sujets tels que la justice de la guerre, les causes sociales de la famine, la responsabilité de la nature, le bien-être des animaux, les limites de l'obligation politique, les droits du fœtus, des générations futures et surtout la prolifération des armes nucléaires, et de nombreux autres dans la même veine dans les débats philosophiques. Mais l'autre réapparition, encore plus surprenante, est le retour de la "grande théorie" dans son style le plus traditionnel et architectonique à savoir le style qu'employaient les tenants de systèmes philosophiques dans les siècles passés. Les philosophes politiques et moraux ont renoncé à leur timidité, n'hésitent plus à nous dire qu'il s'agit pour eux de nous aider à comprendre comment vivre. S'étant débarrassés de leurs préoccupations exclusivement linguistiques, ils font revivre une vision grisante de leur discipline, proche de l'approche platonicienne, et se consacrent à élucider ce en quoi consistent la "vie bonne" et les contours d'une société juste et libre. »

On cite souvent, en guise d'illustration de ce mouvement, l'influence de Quine sur le jeune Rawls. Du propre aveu de Rawls, les travaux de son collègue à Harvard ont inspiré sa théorie de la justice. Or Quine est parmi les premiers à critiquer la position dominante de son époque en niant la distinction entre un mot et un concept pour questionner la notion de signification. À sa suite, « Rawls reconnaît qu'il n'est pas

---

Jacques Derrida, Michel Foucault, Thomas Kuhn, John Rawls, Jürgen Habermas, Louis Althusser, Claude Levi-Strauss, The Annales historians.

possible de fournir des arguments logiques incontestables pour défendre des positions morales[5]. » (Little 2014, 510), orientant sa pensée vers un pragmatisme revendiqué.

## VERS UN LIBÉRALISME POLITIQUE

Les commentateurs de Rawls insistent tous sur l'écart entre le Rawls de *A Theory of Justice* et le Rawls de *Political Liberalism*, ils diffèrent cependant sur l'étendue dudit écart. Certains jugent les amendements d'une telle portée que la théorie de la justice se trouve véritablement reformulée, si ce n'est vidée de son contenu (Pakaluk, 2003) tandis que d'autres, comme Audard, soulignent la cohérence voire la continuité de l'œuvre. Il faut dire que l'introduction de *Political Liberalism* évoque elle-même cette question et présente les révisions contenues dans l'ouvrage comme la résolution d'une incohérence (« *inconsistency* ») de *A Theory of Justice.* Il s'agit notamment d'intégrer (ou de souligner) une vision plus pluraliste de la société, en accord avec les évolutions de la société américaine entre 1971 et 1993 et également avec les critiques adressées à *A Theory of Justice*, afin de donner une version du libéralisme fondée sur ce que Rawls appelle le pluralisme raisonnable. Pour Christian Nadeau, il « s'agit là moins d'un tournant, dans l'œuvre de Rawls, que d'un ajustement par rapport aux principes de base du libéralisme » (Nadeau, 2010, 246), lequel se doit, en quelque sorte, d'admettre le « fait pluraliste » :

> *A modern democratic society is characterized not simply by a pluralism of comprehensive religious, philosophical, and moral doctrines but by a pluralism of incompatible yet reasonable comprehensive doctrines. No one of these doctrines is affirmed by citizens generally. Nor should one expect that in the foreseeable future one of them, or some other reasonable doctrine, will ever be affirmed by all, or nearly all, citizens. Political liberalism assumes that, for political purposes, a plurality of reasonable yet incompatible comprehensive doctrines is the normal result of the exercise of human reason within the framework of the free institutions of a constitutional democratic regime. Political liberalism also supposes that a reasonable comprehensive doctrine does not reject the essentials of a democratic regime.* (Rawls, *Political Liberalism*, 2005, xvi)

5 « *Rawls recognized that it is not possible to provide logically decisive arguments for moral positions* ».

> « Une société démocratique moderne est caractérisée non seulement par une pluralité de doctrines compréhensives, morales, philosophiques et religieuses, mais aussi par le fait que ces doctrines sont incompatibles entre elles tout en étant raisonnables. Aucune d'elles n'est l'objet de l'adhésion de l'ensemble des citoyens. Et il n'y a pas de raison de penser que cela puisse changer dans l'avenir prévisible. Le libéralisme politique part de l'hypothèse que, d'un point de vue politique, l'existence de pluralité de doctrines raisonnables, mais incompatibles entre elles, est le résultat normal de l'exercice de la raison humaine dans le cadre des institutions libres d'un régime démocratique contitutionnel. Le libéralisme politique pose également qu'une doctrine raisonnable ne rejette pas les éléments essentiels d'un régime démocratique. » (Rawls, *Libéralisme politique*, 1995, 4)

Une telle insistance sur le pluralisme, qui rappelle évidemment la contribution de Berlin à la tradition libérale[6], confirme à quel point le paradigme pluraliste s'est imposé dans la tradition libérale récente. Pour des raisons de clarté, il nous faut nous arrêter sur ce terme plus longuement et distinguer entre plusieurs de ses sens : *Pluralism*[7] peut être synonyme de diversité dans la société, de « société plurielle » pour utiliser une expression qui gagne du terrain, c'est-à-dire de la coexistence au sein d'une même société de plusieurs groupes ou « communautés » ayant des origines ethniques, géographiques, langues, religions, cultures etc. différentes. Un autre sens a trait plus spécifiquement aux opinions qu'elles soient religieuses, politiques, morales qui coexistent au sein de la société. Les deux se rejoignent, notamment parce qu'au fur et à mesure que la société devient « plurielle » (soit parce qu'elle se compose de plus de groupes, soit parce que ces groupes accèdent à la visibilité) le pluralisme d'opinion a, *a priori*, tendance à augmenter. Quand Rawls parle de pluralisme raisonnable, il fait référence au deuxième sens du terme, en l'occurrence à des points de vue divergents voire opposés mais, selon lui, néanmoins raisonnables, que pourraient, par exemple, exprimer un catholique pratiquant et un hédoniste. Selon la fameuse critique de Charles Larmore, il faudrait distinguer ce pluralisme du pluralisme de Berlin (que l'on appelle aussi pluralisme des valeurs, ou *strong pluralism* pour préciser) :

---

6 Pour une comparaison entre Berlin et Rawls on peut lire l'article de Crowder, George, « Berlin and Rawls » (2009). APSA 2009 Toronto Meeting Paper. SSRN : http://ssrn.com/abstract=1449632

7 Nous considérons ici le mot anglais, parce que c'est la langue de nos sources mais aussi parce qu'il est bien souvent traduit par le calque « pluralisme » alors qu'il ne possède pas exactement le même sens en français.

*A recognition of the inevitability of reasonable disagreement about the good is indeed often described as the acceptance of pluralism. (That, I believe, is why pluralism is so closely tied to liberalism.) John Rawls, for example, identifies what he calls "reasonable pluralism" with the fact that "a modern democratic society is characterized by a pluralism of incompatible yet reasonable comprehensive [religious, philosophical, and moral] doctrines. No one of the doctrines is affirmed by citizens generally. In such a society "a diversity of conflicting and irreconcilable–and what's more, reasonable–comprehensive doctrines will come about and persist if such diversity does not already obtain." But if pluralism is meant also to be the outlook with which we are so familiar from the writings of Isaiah Berlin, if it is the conception that life affords "a plurality of values, equally genuine, equally ultimate, above all equally objective," that "there are many objective ends, ultimate values, some incompatible with others," then we are faced with a confusion. There have indeed been some who have equated explicitly Rawls's concern with Berlin's. Yet the two cannot possibly be the same. What Rawls (like others) calls pluralism is the expectable inability of reasonable people to agree upon a comprehensive conception of the good. What Berlin has so memorably described as pluralism, however, is precisely a deep and certainly controversial account of the nature of the good, one according to which objective value is ultimately not of a single kind but of many kinds. Doctrine and reasonable disagreement about doctrine can hardly be the same thing.* (Larmore, 1996, 154)

« On décrit, en effet, souvent l'acceptation du pluralisme comme la reconnaissance du caractère inévitable du désaccord raisonnable sur le bien (ceci explique, à mon avis, pourquoi on rattache souvent le pluralisme au libéralisme). John Rawls, par exemple, définit le "pluralisme raisonnable" comme le fait qu'une "société démocratique moderne se caractérise par un pluralisme de doctrines (religieuses, philosophiques et morales) compréhensives incompatibles mais néanmoins raisonnables". Aucune de ces doctrines ne fait l'objet d'une adhésion de tous les citoyens. Dans une telle société, "une diversité de doctrines compréhensives contradictoires, inconciliables, et, qui plus est, raisonnables, finira par émerger et se perpétuer, si elle n'est pas déjà en place". Mais si le pluralisme signifie aussi la conception proposée dans les écrits de Berlin, si c'est celle qui voit la vie comme offrant "une pluralité de valeurs, toutes également authentiques, également suprêmes, et surtout également objectives" si bien qu'il "existe une multitude de fins objectives, de valeurs suprêmes, dont certaines sont incompatibles avec d'autres" alors nous sommes confrontés à une certaine confusion. On a déjà assimilé le point de vue de Rawls à celui de Berlin. Mais il ne peut pas s'agir de la même chose. Ce que Rawls, avec d'autres, appelle le pluralisme est l'impossibilité prévisible pour les gens raisonnables de partager la même conception compréhensive du bien. La définition mémorable que Berlin donne du pluralisme, par contre, concerne justement la nature du bien : selon son interprétation, à la fois si pénétrante et si controversée, la valeur objective n'est finalement pas une mais plusieurs. La doctrine et le désaccord raisonnable sur la doctrine ne peuvent être la même chose. »

Comme l'indique Larmore, si le « pluralisme » de Rawls se borne au « phénomène du désaccord raisonnable[8] » alors il reste, sur ce point, conforme au libéralisme des penseurs plus anciens, qui depuis le XVII^e^, prennent acte de la réalité de la diversité des croyances religieuses. Ceci n'est d'ailleurs guère surprenant puisque, dans l'ensemble, l'œuvre de Rawls, très inspirée de Kant, est largement ancrée « dans une longue tradition de philosophes moraux et politiques dont Rawls avait une connaissance rare et ce malgré le fait qu'à l'époque la philosophie politique comme l'avait pratiquée Platon, Aristote, Rousseau, Kant et Hegel avait presque disparu[9]. » (Audard, 2007, 10), et réintroduit le contrat social comme fondement de la société, semblant « revenir à Locke et à l'idée de la liberté et de l'égalité comme des droits naturels, existant indépendamment des législations. » (Audard, 2009, 411).

Pourtant l'insistance de Rawls sur l'incompatibilité des doctrines raisonnables ne semble pas tout à fait distincte de l'incommensurabilité des valeurs selon Berlin, en ce sens que tous deux insistent sur le fait qu'il n'existe pas de résolution ou de « vérité » qui pourraient mettre fin aux désaccords. Cet élément semble constitutif de la modernité de Rawls, comme certains autres points de sa pensée, tels que la promesse de justice, le mode procédural qui permet de faire émerger une conception commune de celle-ci sans se fonder sur des préconceptions justement, la délimitation du « politique », au sens pratique ou pragmatique, que l'auteur tente d'isoler des doctrines « compréhensives » (*comprehensive*).

> *Sometimes one hears reference made to the so-called Enlightenment project of finding a philosophical secular doctrine, one founded on reason and yet comprehensive. It would then be suitable to the modern world, so it was thought, now that the religious authority and the faith of Christian ages was alleged to be no longer dominant. Whether there is or ever was such an Enlightenment project we need not consider; for in any case political liberalism, as I think of it, and justice as fairness as a form thereof, has no such ambitions. As I have said, political liberalism takes for granted not simply pluralism but the fact of reasonable pluralism; and beyond this, it supposes that of the main existing reasonable comprehensive doctrines, some are religious. The conception of the reasonable is characterized so as to allow this. The problem of political liberalism is to work out a conception of political justice for a constitutional democratic regime*

8 « *phenomenon of reasonable disagreement* ».

9 « *in a long tradition of moral and political philosophers, which Rawls knew exceptionally well and valued, even if, at the time, political philosophy as modelled on the likes of Plato, Aristotle, Rousseau, Kant and Hegel was nearly extinct.* »

*that the plurality of reasonable doctrines–always a feature of the culture of a free democratic regime–might endorse. The intention is not to replace those comprehensive views, nor to give them a true foundation. Indeed, that intention would be delusional, but that is not the point. Rather, doing that is not the business of political liberalism.* (Rawls, *Political Liberalism*, 2005, xviii)

« Il est parfois fait référence au "projet des Lumières", projet qui cherchait une doctrine philosophique laïque fondée sur la raison et cependant compréhensive. Celle-ci devait convenir au monde moderne, pensait-on, puisque l'autorité religieuse et la foi de la période chrétienne ne semblaient plus y avoir d'influence. Il n'est pas nécessaire pour notre propos de savoir si un tel projet existe ou a même jamais existé. En effet, ni le libéralisme politique, au sens où je l'entends, ni la théorie de la justice comme équité n'ont de telles ambitions. Comme je l'ai dit le libéralisme politique prend pour acquis non seulement le pluralisme mais également le fait du pluralisme raisonnable ; et de plus, il suppose que, parmi les nombreuses doctrines compréhensives raisonnables qui existent, certaines sont religieuses. Il définit donc en conséquence sa conception du raisonnable. Le problème qui se pose alors au libéralisme politique est d'élaborer une conception politique de la justice qui s'applique à un régime démocratique constitutionnel, conception telle que la pluralité des doctrines raisonnables – qui demeure une caractéristique de la culture d'un régime démocratique libre – puisse l'adopter. L'intention n'est pas de remplacer ces doctrines compréhensives ni de leur donner un vrai fondement. De fait ce genre d'intention est illusoire, mais je n'entrerai pas ici dans le débat. Je me contenterai de dire que ce projet n'est pas du ressort du libéralisme politique. » (Rawls, 1995, p. 6, 7)

## JUSTICE ET LIBERTÉ

Rawls propose donc un projet global, stable, moderne et libéral, qui dépasserait les tensions éventuelles entre chacune de ces qualifications parce qu'il est politique donc pluraliste ou impartial, respectueux de la liberté de chacun de choisir ce qu'est pour lui la vie bonne. Au sein du libéralisme politique, la liberté politique semble, en effet, avoir franchi un pas : il ne s'agit plus pour une doctrine dominante de tolérer la dissension mais pour le pouvoir gouvernemental d'être débarrassé d'une doctrine, si bien que les conceptions de la vie bonne coexistent en dehors d'un cadre bienveillant mais néanmoins hiérarchique que suppose un libéralisme compréhensif tolérant. Cela ne conduit pas à une organisation sociale réduite, à un pouvoir public le plus discret possible ou à s'en remettre à la « main invisible » en toute chose : malgré leur libéralisme commun, Rawls est aux antipodes d'un Hayek[10] ou d'un Oakeshott et n'a guère de sympathie pour le libéralisme conservateur, encore moins pour sa version plus économique, le néolibéralisme qui nie, au demeurant, la pertinence de la justice sociale. Rawls réaffirme la légitimité de concevoir des principes qui pourraient régir l'espace public, le corriger pour susciter une large adhésion. S'agit-il pour autant d'une imposition de principes abstraits sur une réalité complexe qui s'y déroberait forcément ? C'est le reproche souvent adressé à la position originelle :

> *A second set of objections would argue, [...] that the original position achieves too much detachment from human circumstances, that the initial situation it describes is too abstract to yield the principles Rawls says it would, or for that matter, any determinate principles at all.* (Sandel, 1998, 27)
>
> « Une deuxième série d'objections dirait [...] que la position originelle oblige à trop de détachement par rapport aux conditions des hommes, que la situation initiale qu'elle décrit est trop abstraite pour engendrer les principes que Rawls lui attribue, ou, d'ailleurs, le moindre principe déterminé. »

Pourtant Rawls ne prétend pas révéler une vérité transcendante de la justice, mais bien penser les outils pour construire une conception commune dans un contexte particulier, celui des démocraties avancées, comme il le précise dans *Political Liberalism*. Il assure se situer dans le politique, défini comme suit « Une conception politique n'est, au mieux, qu'un cadre qui guide la délibération et la réflexion et nous aide à atteindre un accord politique portant Au moins sur les questions constitutionnelles essentielles et les questions de justice fondamentale[11] » (Rawls, 1995, p. 196) ; et se contenter d'établir une procédure qui permet d'aboutir à un consensus rationnel ou « consensus par recoupement » (*overlapping consensus*). Il n'est néanmoins guère difficile de montrer en quoi le projet rawlsien s'apparente effectivement au libéralisme.

---

10 Comme le montre très bien C. Gamel, si les démarches de Rawls et Hayek se fondent dans des conceptions du pouvoir de la raison humaine *a priori* irréconciliables, il y a néanmoins une proximité pour ce qui concerne la « prééminence de la liberté, réelle augmentation des chances de chacun, amélioration du sort des plus démunis » (Gamel 2008).

11 « *A political conception is at best but a guiding framework of deliberation and reflection which helps us reach political agreement on at least the constitutional essentials and the basic questions of justice.* » (Rawls, *Political Liberalism*, 2005, 155)

*Rawls's conception of social justice, "justice as fairness," is a liberal conception in that it protects and gives priority to certain equal basic liberties, which enable individuals to freely exercise their consciences, decide their values, and live their chosen way of life. Liberal governments and societies respect individuals' choices and tolerate many different lifestyles as well as religious, philosophical, and moral doctrines. Rawls's account is also liberal in that it endorses free markets in economic relations (vs. a planned economy), respects individuals' free choices of occupations and careers.* [...] (Freeman 2007, 44)

« La conception rawlsienne de la justice "la justice comme équité" est une conception libérale en ce sens qu'elle protège certaines libertés fondamentales, en prône l'égalité et en fait une priorité : ceci garantit aux individus le libre exercice de leur conscience, le libre choix de leurs valeurs ainsi que de la manière dont ils veulent mener leur vie. Les gouvernements et sociétés libéraux respectent les choix des individus, tolèrent de nombreux modes de vie, doctrines religieuses, philosophiques et morales. La vision de Rawls est aussi libérale en ce qu'elle se rallie au marché sur le plan des relations économiques (par opposition à l'économie planifiée), respecte le libre choix des métiers et carrières. [...] »

Nous retrouvons donc dans le projet rawlsien la prééminence de la liberté qui ne peut être restreinte qu'au nom de la liberté. Elle constitue ici le premier des deux principes de justice ans « l'ordre lexical » (« Chaque personne a un droit égal à un système pleinement adéquat de libertés de base égales pour tous, qui soit compatible avec un système de libertés pour tous[12]. » (Rawls, 1995, p. 347)). Le début de *A Theory of Justice* situe donc immédiatement Rawls dans la tradition libérale, surtout, selon Freeman, celle des « "*libéralismes de la liberté" de la tradition libérale noble*[13] » (Freeman, 2007, 45). Le second principe de justice est peut-être plus distinctif dans la mesure où il inscrit aussi l'égalité au cœur du projet politique, faisant du libéralisme de Rawls, un libéralisme qui justifie l'intervention dans les affaires économiques notamment. Celui-ci (« Les inégalités sociales et économiques doivent satisfaire à deux conditions : a/ elles doivent être d'abord attachées à des fonctions ou à des positions ouvertes à tous, dans des conditions de juste ("*fair*") égalité des chances et b/ elles doivent procurer le plus grand bénéfice aux membres les plus désavantagés de la société[14]. » (Rawls, 1995, p. 347)) annonce « ce que

12 « *Each person has an equal right to a fully adequate scheme of equal basic liberties which is compatible with a similar scheme of liberties for all.* » (Rawls, *Political Liberalism*, 2005, 291)

13 « *"liberalisms of freedom" of the high liberal tradition* ».

14 « *Social and economic inequalities are to satisfy two conditions. First, they must be attached to offices and positions open to all under conditions of fair equality of opportunity; and second, they must be*

l'on peut résumer comme "l'État-Providence libéral des États-Unis[15]" » (Ryan, 2012, 507). Superficiellement les deux principes de la théorie de la justice ne sont pas sans rappeler la distinction greenienne entre la liberté négative et la liberté positive, d'autant que le premier principe, qui serait le plus proche de la liberté négative, intervient bien en premier, l'équité ne venant qu'après, dans le second principe. Rawls n'articule cependant pas la distinction selon ces termes, préférant distinguer entre la liberté et la valeur de la liberté (« *liberty and the worth of liberty* »). En outre on sait que le nouveau libéralisme a conceptualisé un libéralisme égalitaire en se fondant sur une notion clé, à savoir la liberté, reformulée en liberté positive. Rawls part, lui, de la justice qui fournit à la fois le cadre et la finalité de son projet. On peut néanmoins admettre que la notion de liberté comme premier principe de la justice et la valeur de la liberté garantie par le second principe chez Rawls sont assez proches de la liberté négative et positive selon les nouveaux libéraux (Kukathas, 2007), ce qui souligne, en tout cas, que Rawls ne s'en tient pas, pour la liberté ni pour aucun des droits fondamentaux, à leur seule existence formelle : son exercice suppose bien des conditions particulières et ces conditions sont des droits au même titre que le droit à la liberté.

Une autre spécificité du traitement de la liberté dans le libéralisme de Rawls réside dans l'usage du terme liberté au pluriel, *liberties*, dont certaines sont identifiées comme fondamentales, à savoir, « La liberté de pensée et la liberté de conscience, les libertés politiques et la liberté d'association, ainsi que les libertés incluses dans la notion de liberté et d'intégrité de la personne, et finalement, les droits et libertés protégés par l'État de droit[16] » (Rawls, *Libéralisme politique*, 1995, 347). La formulation est révélatrice du souci de précision et du pragmatisme de l'auteur. Il s'agit d'énoncer ce en quoi consiste concrètement la liberté, notamment afin de ne pas procéder à son érection en principe sacré. Elle semble aussi formaliser le lien entre liberté et égalité – au sens de justice sociale –, de la même manière que le permettait le concept de liberté positive : quand le libéralisme se veut non seulement égalitaire, comme

---

*to the greatest benefit of the least advantaged members of society* » (Rawls, *Political Liberalism*, 2005, 291).

15 « *what one might for shorthand call "American welfare-state liberalism"* ».

16 « *freedom of thought and liberty of conscience; the political liberties and freedom of association, as well as the freedoms specified by the liberty and integrity of the person; and finally, the rights and liberties covered by the rule of law.* » (Rawls, *Political Liberalism*, 2005, 291)

c'était déjà l'ambition du nouveau libéralisme, mais équitable ou juste (« *fair* ») comme c'est le cas chez Rawls, il lui faut un outil conceptuel pour faire coexister la liberté individuelle avec son exigence d'égalité. Or cette dernière peut être perçue comme une restriction de la liberté de certains, si l'on s'en tient à une conception large de la liberté qui inclut des « libertés économiques » illimitées qui justifieraient une accumulation telle que 1 % des personnes sur cette terre posséderaient 48 % de la richesse mondiale par exemple[17]. Si le droit à la propriété individuelle (« *personal property* ») s'avère bien conditionné par la liberté, Rawls est explicite : ni le capitalisme débridé, ni le capitalisme de l'État-providence (« *welfare-state capitalism* ») ne sont à même de garantir les deux principes de justice. La trop grande inégalité de répartition de la propriété, des moyens de production et des ressources naturelles y font au contraire obstacle. De plus, quand une poignée d'individus contrôlent l'économie, ils contrôlent aussi la politique. Pour satisfaire aux exigences de la justice, seuls demeurent deux régimes : le socialisme libéral et la démocratie de propriétaires (« *property-owning democracy* ») qu'il ne faut pas confondre avec le capitalisme de l'État-providence.

> *The contrast between a property-owning democracy and welfare state capitalism deserves closer examination, since they both allow private property in productive assets. This may tempt us to think they are much the same. They are not. One major difference is this: the background institutions of property-owning democracy work to disperse the ownership of wealth and capital, and thus to prevent a small part of society from controlling the economy, and indirectly, political life as well. By contrast, welfare-state capitalism permits a small class to have a near monopoly of the means of production. Property-owning democracy avoids this, not by the redistribution of income to those with less at the end of each period, so to speak, but rather by ensuring the widespread ownership of productive assets and human capital (that is, education and trained skills) at the beginning of each period, all this against a background of fair equality of opportunity.* (Rawls, 2001, 139)

> « Le contraste entre une démocratie de propriétaires et le capitalisme de l'État-providence mérite d'être examiné de plus près, puisque tous deux autorisent la propriété privée des moyens de production. Nous pouvons donc être tentés de penser de penser qu'ils sont à peu près identiques, mais ce n'est pas le cas. Une différence majeure est la suivante : le contexte institutionnel de la démocratie de propriétaires travaille à disperser la propriété des richesses et du capital et donc à empêcher qu'une partie infime de la société contrôle

17 D'après Oxfam.

> l'économie et indirectement la vie politique. À l'opposé le capitalisme de l'État-providence permet à une classe réduite de détenir un quasi-monopole des moyens de production. Une démocratie de propriétaires évite cela, non pas en redistribuant le revenu à ceux qui possèdent le moins, mais plutôt en s'assurant d'une propriété largement dispersée des moyens de production et du capital humain (c'est-à-dire l'éducation et la formation des compétences), au début de chaque période, dans un contexte d'égalité équitable des chances. » (Rawls, *La justice comme équité*, 2008, p. 192)

Dès lors une doctrine libérale – à l'exception peut-être des « libertaires » (« *libertarians* ») comme Nozick, dont l'appartenance au libéralisme demeure très discutable –, doit en passer par la justification d'une restriction quelconque, à l'instar de Locke qui, déjà, traitait la propriété de la terre comme un cas à part dans sa défense de la propriété privée. Lorsque le libéralisme repose sur l'utilitarisme, une telle restriction est théoriquement assez aisée, puisque l'on a recours, par exemple, au principe de « l'utilité maximum » – « *maximise utility* ». Mais Rawls construit justement sa théorie contre l'utilitarisme (particulièrement l'utilitarisme de Sidgwick (Weinstein, 2004)) : les agents délibérants dans la position originelle rejettent le principe de « l'utilité moyenne » (« *average utility* ») qui prévoit le niveau moyen d'utilité le plus élevé possible, au profit du principe *maximin* qui cherche à « maximiser » le niveau minimum des biens premiers qui pourrait échoir à un citoyen. De plus, la critique de l'utilitarisme dépasse largement la question de la distribution des biens matériels, ne serait-ce que parce que, chez Rawls, les biens premiers sociaux, qui sont indispensables pour que chacun puisse former sa propre conception du bien et la réviser, ne sont pas uniquement d'ordre matériel.

> *Now primary goods, as I have already remarked, are things which it is supposed a rational man wants whatever else he wants. Regardless of what an individual's rational plans are in detail, it is assumed that there are various things which he would prefer more of rather than less. With more of these goods men can generally be assured of greater success in carrying out their intentions and in advancing their ends, whatever these ends may be. The primary social goods, to give them in broad categories, are rights, liberties, and opportunities, and income and wealth. (A very important primary good is a sense of one's own worth* [...]. *It seems evident that in general these things fit the description of primary goods. They are social goods in view of their connection with the basic structure; liberties and opportunities are defined by the rules of major institutions and the distribution of income and wealth is regulated by them.* (Rawls, *A Theory of Justice*, 1999, 79)

« Or les biens premiers, comme je l'ai déjà remarqué, sont tout ce qu'on suppose qu'un être rationnel désirera qu*els que soient ses autres désir*s. Quels que soient dans le détail les projets rationnel*s* d'un individu, on suppose qu'il y a certaines choses dont il préfèrerait avoir plus que moins. Quand les hommes jouissent de ces biens dans une plus grande proportion, ils sont généralement assurés de pouvoir réaliser leurs intentions et de faire progresser leurs objectifs, quels qu'ils soient, avec davantage de chances de succès. Dans l'ensemble, on peut dire que les biens sociaux premiers sont constitués par les droits, les libertés et les possibilités offertes, les revenus et la richesse. (Un bien premier particulièrement important est le sens que quelqu'un a de sa propre valeur [...]) Il semble évident que ces biens correspondent en général à la définition que nous avons donnée des biens premiers. Ce sont des biens sociaux puisqu'ils sont liés à la structure de base ; les libertés et les possibilités sont définies par les règles des institutions les plus importantes et ce sont elles qui commandent la répartition des revenus et de la richesse. » (Rawls, *Théorie de la justice*, 1987, p. 122, 123)

Il s'agit donc pour l'auteur de proposer un fondement égalitariste au consensus social qui se distingue aussi de l'utilitarisme en ce qu'il ne réduit pas l'égalité à la répartition des richesses et ne s'oppose pas – en lui-même – à l'idée d'un sacrifice de quelques-uns au profit du plus grand nombre. C'est la fameuse distinction qu'opère Rawls entre le libéralisme du bonheur et le libéralisme de la liberté dont il se revendique, qui, lui, ne se préoccupe pas du bonheur des citoyens «*for that is a matter for citizens themselves* ». À l'inverse, le libéralisme des utilitaristes classiques (Rawls classe Mill parmi les libéraux de la liberté), s'intéresse moins directement à la liberté :

*The liberalism of the (classical) utilitarians–Bentham, James Mill, and Sidgwick–is distinct from the liberalism of freedom. Its first principle is that of the greatest happiness summed over all individuals. If it confirms the liberal freedoms, it is a liberalism of happiness; yet if it doesn't confirm these freedoms, it is not a liberalism at all. Since its basic ideal is that of maximizing happiness, it is a contingent matter whether doing this will secure the basic freedoms.* (Rawls, *Lectures on the history of moral philosophy*, 2000, 366)

« Le libéralisme des utilitaristes classiques, Bentham, James Mill, et Sidgwick, est distinct du libéralisme de la liberté. Son premier principe est celui du plus grand bonheur réparti sur l'ensemble des individus. S'il garantit les libertés libérales, alors il relève du libéralisme du bonheur ; s'il ne les garantit pas, il n'est pas un libéralisme. Puisque son idéal premier consiste à maximiser le bonheur, la question de la corroboration des libertés fondamentales lui est contingente. »

## UN INDIVIDU MORAL ?

Ce dernier point évoque la dimension morale de la pensée de Rawls, qui procède à une véritable réhabilitation de l'éthique ; le libéralisme de Rawls conçoit les individus comme autonomes et moraux, ce qui explique notamment que les agents de la position originelle élisent le premier principe. Ils possèdent en effet :

> *the two moral powers: first, a capacity for a conception of the good expressed by a rational plan of life; and second, a capacity for a sense of justice, "a normally effective desire to apply and to act upon the principles of justice, at least to a certain minimum degree" These are purely natural characteristics, Rawls says, which people develop to some degree in the normal course of social life. In* Political Liberalism *Rawls says that having these characteristics to some degree is essential to taking part in, and gaining the full benefits of, social cooperation.* (Freeman, 2007, 286)
>
> « les deux compétences morales : d'abord la capacité de concevoir le bien comme en témoigne leur projet de vie rationnel, ensuite ils sont justes, possédant "un désir dans l'ensemble efficace d'appliquer les principes de la justice et d'agir selon eux, jusqu'à un certain degré en tout cas". Ces traits sont tout simplement naturels, nous dit Rawls, les gens les acquièrent au contact d'une vie sociale normale. Dans *Political Liberalism*, Rawls affirme que le fait de posséder ces traits est, dans une certaine mesure, essentiel pour pouvoir participer à la coopération sociale et en tirer tous les bénéfices. »

Un individu est donc à la fois raisonnable – il a la capacité de penser ce qui est juste (« *right* ») – et rationnel – il a la capacité de penser le bien (« *good* »). C'est bien en tant qu'être moral qu'il entre en politique. La difficulté ici est que l'importance de cette dimension de l'individu dans le système rawlsien semble indiquer une certaine valorisation de l'individualité ou de l'affirmation que le développement de soi, au sens où l'entendait Mill – reformulé comme recherche de la conception propre du bien – est un bien supérieur. Le libéralisme politique de Rawls s'apparenterait alors clairement au libéralisme compréhensif et invaliderait l'entreprise auto-désignée de fondation d'un libéralisme politique.

Rawls s'applique néanmoins logiquement à distinguer entre sa conception de l'autonomie et celle qu'il attribue à Mill ou Kant : comme le libéralisme, l'autonomie selon Rawls est strictement politique, bien que comme nous le verrons ci-dessous, une éthique de l'autonomie semble sous-tendre certaines positions rawlsiennes :

> *Thus, full autonomy is realized by citizens when they act from principles of justice that specify the fair terms of cooperation they would give to themselves when fairly represented as free and equal persons. Here I stress that full autonomy is achieved by citizens: it is a political and not an ethical value. By that I mean that it is realized in public life by affirming the political principles of justice and enjoying the protections of the basic rights and liberties; it is also realized by participating in society's public affairs and sharing in its collective self-determination over time. This full autonomy of political life must be distinguished from the ethical values of autonomy and individuality, which may apply to the whole of life, both social and individual, as expressed by the comprehensive liberalisms of Kant and Mill. Justice as fairness emphasizes this contrast: it affirms political autonomy for all but leaves the weight of ethical autonomy to be decided by citizens severally in light of their comprehensive doctrines.* (Rawls, *Political Liberalism*, 2005, 77-78)

> « Ainsi l'autonomie complète est réalisée quand les citoyens agissent à partir de principes de justice qui déterminent les termes équitables de la coopération qu'ils se donneraient à eux-mêmes s'ils étaient équitablement représentés comme des personnes libres et égales. Je souligne ici le fait que l'autonomie complète est réalisée par des citoyens ; c'est une valeur politique et non éthique. Je veux dire par là qu'elle est réalisée dans la vie publique quand les citoyens adhèrent aux principes politiques de justice et qu'ils jouissent des protections des droits et des libertés de base ; elle est également réalisée quand ils participent aux affaires publiques de la société et à la manière dont elle se détermine elle-même collectivement à long terme. Cette autonomie complète dans la vie politique doit être distinguée des valeurs éthiques de l'autonomie et de l'individualité qui peuvent s'appliquer à l'ensemble de la vie, aussi bien sociale qu'individuelle, comme l'illustre le libéralisme au sens compréhensif de Kant ou celui de Mill. La théorie de la justice comme équité insiste sur ce contraste ; elle défend l'autonomie politique mais laisse aux citoyens, chacun pour soi, le soin de décider de l'importance de l'autonomie éthique à la lumière de leurs doctrines compréhensives. » (Rawls, *Libéralisme politique*, 1995, p. 109, 110)

Toujours selon Rawls, celle-ci ne dirait rien d'un individu idéal en tant que tel, se cantonnant à l'espace public, où elle constitue finalement à la fois l'origine et la conséquence des relations sociales :

> *The restrictions and requirements of justice in a just and well-ordered society have been imposed by free and equal citizens upon themselves out of their own practical reason. For them to know this, to accept it, and to be motivated to act for the sake of justice for this very reason, realizes their full autonomy.* (Freeman, 2007, 310)

> « Dans une société juste et bien ordonnée, les citoyens libres et égaux exercent leur raison pratique et s'imposent les restrictions et exigences de la justice à eux-mêmes. Le fait d'accéder à cette raison, d'accepter les restrictions et exigences et, ainsi, de n'être mu que par l'amour de la justice constitue leur pleine autonomie. »

## LIBÉRALISME ET NEUTRALITÉ

Nous espérons avoir montré dans cette très brève présentation de quelques idées principales chez Rawls à quel point le concept du politique en tant qu'il est distinct d'un point de vue « compréhensif » constitue l'une des clés de voûte de la tentative de fonder une société « bien ordonnée » dont la grande majorité des membres partageraient la conception de la justice sur laquelle la société repose, parce qu'ils seraient partie prenante de sa justification (Audard, *John Rawls*, 2007), et ce, malgré la pluralité de leurs opinions. Là serait aussi la grande innovation de Rawls dans l'histoire du libéralisme : il formulerait une théorie politique adaptée au fait du pluralisme, ce qui représenterait, nous l'avons vu, à la fois une évolution appropriée face au contexte des sociétés devenues multiculturelles ainsi que l'intégration de la dimension « incompatible » des doctrines compréhensives, mais ne constituerait pas une nouveauté stricto sensu. Dans la mesure, par contre, où il construit un espace public qui suscite l'adhésion tout en permettant que le politique soit isolé des considérations éthiques ou religieuses appartenant à la sphère dite privée, se rapprochant d'ailleurs, selon certains commentateurs, d'un éthos républicain[18], Rawls tournerait une nouvelle page dans l'histoire du libéralisme théorique, l'ayant en quelque sorte détachée du reste de la philosophie dont il n'aurait gardé que la rigueur méthodique, et ayant circonscrit son cadre à l'espace public. En outre, la liberté individuelle sortirait renforcée du passage au libéralisme politique parce toutes les conceptions raisonnables sur lesquelles celle-ci peut déboucher seraient également respectées. Cet enjeu majeur de Rawls, qui explique au demeurant au moins en partie le

18 Outre Audard, voir plus récemment par exemple (Bercuson, 2014).

retentissement de sa pensée, pose, à notre sens, une question essentielle au libéralisme contemporain, à savoir la possibilité d'un espace public, lieu du politique à la fois neutre face aux doctrines compréhensives raisonnables, et stable en même temps, parce qu'encourageant la coopération des citoyens réinvestis par là même dans l'espace public qu'ils seraient tentés de délaisser dans les démocraties de marché qui n'auraient plus de dimension éthique ou des démocraties trop soumises à un idéal doctrinaire, fût-il libéral. Cela indiquerait peut-être, en outre, une supériorité du libéralisme politique face aux autres théories politiques, incapables de proposer la même neutralité.

Deux questions semblent ainsi posées dans la perspective de l'histoire du libéralisme, que l'on peut reformuler de la manière suivante : 1 – Rawls parvient-il à dégager le politique de toute doctrine compréhensive ou de tout contenu idéologique ralliant ainsi les citoyens qui ne sont pas acquis au libéralisme ? 2 – Si oui, le libéralisme est-il seul en mesure de parvenir à demeurer neutre face à la liberté de chacun d'élaborer sa propre conception du bien ? La première question (nous reviendrons sur la deuxième dans notre 5e chapitre) est loin d'avoir fait l'objet d'une réponse consensuelle parmi les commentateurs, malgré un débat soutenu depuis plus de vingt ans dans toutes les facultés de sciences politiques et de philosophie du monde-anglo-saxon. Si nous ne pouvons nous en faire l'écho dans les limites de cet ouvrage, il faut peut-être signaler le commentaire plus distant de Michael Freeden qui, du point de vue de l'étude de l'idéologie, suggère que

> [...] *the product of Anglo-American political philosophy is itself, from the perspective of ideological analysis, a specific ideological manifestation, and its normative solutions require decoding in terms of their preferences and understandings of the social world as does any ideology.* (Freeden, 2004, 7)
>
> « Du point de vue de l'analyse de l'idéologie, ce qu'a produit par la philosophie politique anglo-américaine est en soi une manifestation idéologique particulière, et, comme pour toute idéologie, il faut prendre en compte ses choix et ses compréhensions du monde social pour décoder ses solutions normatives. »

Il semble en effet difficile d'ignorer que l'individu selon Rawls, autonome, libre, conçu comme fin et non comme moyen, qui fait le choix de sa propre conception de la vie bonne correspond *in fine* à la conception libérale par opposition aux autres courants idéologiques.

> *The thinness of the premises about human nature and the human good that Rawls builds on do not reflect scepticism or a lack of moral conviction so much as the eminently liberal thought that each person is in command of his or her own moral destiny, and that it is not for others to dictate it, as Rawls has subsequently tended to agree.* [...] *The essence [of liberalism] is that individuals are self-creating, that no single good defines successful self-creation, and that taking responsibility for one's own life and making of it what one can is itself part of the good life as understood by liberals.* (Ryan, 2007, 373)
>
> « Si Rawls semble n'accorder que peu de substance à la nature humaine et du bien, ce n'est pas par scepticisme ou manque de convictions morales mais plutôt parce que, comme il l'a reconnu par la suite, il adhère à l'idée, éminemment libérale, selon laquelle il appartient à chacun de choisir sa morale, qui ne doit pas être dictée par autrui. [...] L'essence [du libéralisme] consiste à concevoir les individus comme responsables de qui ils deviennent, à affirmer qu'il existe différentes conceptions du bien permettant d'apprécier différents modes de devenir. Pour les libéraux, la vie bonne consiste notamment à prendre son destin en main et faire au mieux avec ce qu'on a. »

Ainsi, si la neutralité de l'espace public peut être une neutralité de traitement des individus, elle resterait néanmoins fondée sur une conception de ceux-ci qui, elle, ne pourrait prétendre à la neutralité. Pour cette raison au moins, il semblerait donc plus avisé de la distinguer de la stricte neutralité en recourant à la notion d'impartialité.

> *[Rawls is] the articulator of a specific version of American liberalism that regards individuals as rational, moral, purposive and autonomous agents (which contextualist and communitarian theories wish at the very least to water down). This is a particular subset of liberal ideology, elevating procedural justice above welfare as the first virtue of a society and promoting a universal, individualistic and over-optimistically 'neutralist' view of the state (whereas state neutrality may more appositely be interpreted as an attempt at impartiality within a preferred ethical and ideological framework).* (Freeden, 2004, 11)
>
> « [Rawls est] celui qui exprime une version particulière du libéralisme américain qui considère les individus comme des agents rationnels, moraux, autonomes et désirant atteindre leurs objectifs, (que les théories contextualistes et communautaristes cherchent au moins à nuancer). Il s'agit là d'un sous-ensemble spécifique de l'idéologie libérale qui fait de la justice procédurale la première vertu d'une société, la plaçant au-delà du bien-être des citoyens, et défend une vision universelle, individualiste, et, avec un optimisme exagéré, "neutraliste" de l'État (alors qu'il est bien plus pertinent de concevoir la neutralité de l'état comme une tentative d'impartialité au sein d'un cadre éthique et idéologique choisi). »

Certes, dans nos sociétés occidentales contemporaines, plus particulièrement encore aux États-Unis, ces idéaux libéraux sont suffisamment assimilés dans la culture pour qu'ils s'intègrent à « une notion "mince" du bien » (« *a thin theory of the good* ») ou permettent le consensus (G. Gaus, 2014), et, si l'on renonce à l'universalité de la théorie rawlsienne de la justice, on peut postuler une adhésion large ; mais dans ce cas est-il vraiment capital de chercher à décrire le domaine du politique comme indépendant d'une quelconque doctrine ? Autrement dit la distinction entre le politique et le compréhensif mérite-elle que l'on s'y attarde ? Il s'agit bien sûr à la fois de penser la cohésion d'une société multiculturelle en soustrayant du politique ce qui ne lui est pas nécessaire et qui pourrait au contraire susciter le rejet ou la critique nuisibles à la stabilité, ainsi que d'être fidèle au premier principe qui accorde à chaque individu un droit égal à la liberté. De ce point de vue, la finalité est en tout cas louable qu'elle soit contestable sur le plan de la méthode ou pas. En tout état de cause, il n'y a pas d'unanimité critique sur ce point (Rawls parvient-il vraiment à élaborer une distinction nette entre les deux formes de libéralisme qu'il décrit ?).

## LE LIBÉRALISME POLITIQUE GARANTIT-IL LES IDÉAUX DU LIBÉRALISME COMPRÉHENSIF ?

Avant de conclure sur des éléments de réponse à cette question, il paraît utile d'en considérer d'abord une autre en inversant les termes de la question pour chercher à savoir si la neutralité affichée du libéralisme politique se trouve être effectivement un progrès par rapport au libéralisme « compréhensif », notamment en ce qu'il constitue une organisation sociale plus respectueuses des individus libres dans leur diversité. Pour reformuler, la question qui se poserait alors serait la suivante : le libéralisme politique retient-il les avantages du libéralisme compréhensif en matière de liberté individuelle en se débarrassant de ses limites ou constitue-t-il, au contraire, plutôt un recul en ce sens ?

Cet enjeu constitue la toile de fond de la critique féministe de Rawls, qui, nous l'avons dit, nous semble l'une des plus intéressantes dans la mesure où, comme d'autres critiques de Rawls au demeurant, elle pousse à sortir d'un certain universalisme abstrait qui considère « l'individu » hors de sa réalité concrète en interrogeant, en l'occurrence, la situation des femmes, conséquence d'un monde genré. Du point de vue de l'ensemble du féminisme théorique, la capacité intrinsèque au libéralisme à permettre une véritable égalité homme/femme a souvent été mise en doute, notamment à cause de son absence de prise en considération du rôle de *carers* (qui s'occupent des autres) des femmes qui revient à soutenir une conception masculine de l'individu, tandis que le féminisme libéral continue de croire que les deux sont au contraire compatibles. Nous ne retenons évidemment ici que les commentaires qui s'inscrivent dans cette dernière approche. En effet, comme l'illustre la formule de Moller Okin, « Justice as Fairness: For Whom[19]? », ces féministes s'interrogent sur sa promesse d'égalité, et ce dès la publication de *A Theory of Justice*. L'ouvrage de Susan Moller Okin *Justice Gender and the Family* (Moller Okin 1989) fournit sans doute une contribution capitale en ce sens qu'elle se situe dans un échange avec Rawls puisqu'elle affirme le potentiel égalitaire de son libéralisme tout lui adressant de sévères critiques concernant une certaine négligence de la question de l'égalité des sexes. Rawls reconnait d'ailleurs le bien-fondé de certaines d'entre-elles :

> *Except for the great John Stuart Mill, one serious fault of writers in the liberal line is that until recently none have discussed in any detail the urgent questions of the justice of the family, the equal justice of women and how these things are to be achieved. Susan Okin's contentions about this in* Justice, Gender and the Family *cannot be denied. Liberal writers who are men should, with whatever grace they can muster, plead nolo contendere to her complaints*[20]. (Nussbaum, *Rawls and Feminism*, 2002)

> « À l'exception du grand John Stuart Mill, les auteurs de la tradition libérale ont un défaut grave : jusqu'à récemment, aucun n'a véritablement traité les questions pressantes liées à la justice dans la famille, l'équité de la justice pour les femmes, ou proposé des moyens de les mettre en place. On ne peut démentir la thèse de Susan Okin dans *Justice, Gender and the Family*. Les auteurs libéraux qui sont des hommes devraient au moins avoir la grâce d'admettre que ses griefs sont incontestables. »

Moller Okin souligne notamment une ambiguïté ou un manque de précision sur le genre dans la position originale[21] et le statut de la

19 Il s'agit d'un article dont le titre, explicite, signifie : « La justice comme équité : pour qui ? »
20 Nussbaum cite ici un manuscrit non publié de Rawls, avec sa permission.
21 Rawls reconnait en 1975 que le sexe fait partie des éléments inconnus des individus placés dans la position originale (Voice 2011).

famille dans la théorie de la justice. Avec elle, d'autres commentateurs[22] relèvent que Rawls n'accorde que trop peu d'attention à la discrimination que subissent les femmes dans et hors de la famille, non seulement sur le plan économique mais aussi dans leur représentation politique, leur accès à des positions de pouvoir… Dans l'ensemble toutefois, *A Theory of Justice* semble prometteur selon Moller Okin, parce que si l'on se préoccupe plus rigoureusement de la situation des femmes que l'ouvrage ne le fait, les outils conceptuels principaux paraissent susceptibles de fournir les conditions requises à l'égalité des sexes. À l'instar de nombreuses analyses féministes, elle voit dans la famille le lieu de la continuité des discriminations liées au genre. Soit directement parce que les discriminations s'y exercent, soit indirectement parce qu'il s'y forme des conceptions qui permettent au sexisme de perdurer hors de la famille. Or Rawls désigne la famille comme partie de la structure de base de la société, ce qui laisse augurer que les principes de justice s'appliquent ici. Il ne suit pourtant pas exactement la critique féministe sur ce point et ses ouvrages successifs laissent planer une certaine ambiguïté sur le statut de la famille. Ainsi il affirme que si la famille contrevient à l'un des deux principes, alors il est légitime d'intervenir :

> *Now consider the family. Here the idea is the same: political principles do not apply directly to its internal life, but they do impose essential constraints on the family as an institution and so guarantee the basic rights and liberties, and the freedom and opportunities, of all its members. This they do, as I have said, by specifying the basic rights of equal citizens who are the members of families. The family as part of the basic structure cannot violate these freedoms. Since wives are equally citizens with their husbands, they have all the same basic rights, liberties, and opportunities as their husbands; and this, together with the correct application of the other principles of justice, suffices to secure their equality and independence.* (Rawls, *The Idea of Public Reason Revisited*, 1999, 159)
>
> « Considérons maintenant la famille. C'est ici la même idée : les principes politiques ne s'appliquent pas à sa vie interne, mais ils imposent toutefois des contraintes essentielles à la famille en tant qu'institution, garantissant par là les droits et libertés fondamentales, ainsi que la liberté et les perspectives d'avenir de tous ses membres, par le biais, comme je l'ai déjà dit, de l'affirmation des droits fondamentaux et de l'égalité des citoyens qui sont membres de familles. En tant que partie de la structure fondamentale, la famille ne peut bafouer

22 L'introduction à l'ouvrage *Feminist Interpretations of Rawls* établit une remarquable « biographie de la bibliographie » des sources sur cette question (Abbey, 2013).

> ces libertés. Comme les épouses sont tout autant citoyennes que leurs époux, elles ont les mêmes droits fondamentaux, libertés et perspectives d'avenir que leurs époux, et, si les autres principes de justice sont appliqués correctement, cela suffit à assurer leur égalité et leur indépendance. »

Ailleurs Rawls écrit aussi que la famille se situe cependant hors de la sphère d'application de la justice : « Nous ne voudrions pas que les principes politiques de la justice – ce qui comprend les principes de la justice distributive – s'appliquent directement à la vie interne de la famille[23] » (Rawls, 1999, 159). Cette indétermination est sans doute conséquence de l'attention portée au pluralisme :

> *However, having situated the family within the basic structure, Rawls recoils from the apparent corollary that the two principles of justice are directly applicable to it. His hesitation seems to come from his accent on pluralism. Committed to respecting reasonable pluralism, justice as fairness leaves as much space as possible for people to choose how to live.* (Abbey, 2007, 12)

> « Toutefois, après avoir situer la famille dans la structure fondamentale, Rawls ne va pas, contre toute attente, en déduire que les deux principes de justice peuvent lui être appliqués. Cette hésitation semble être la conséquence la mise en valeur du pluralisme. Attentive au respect du pluralisme raisonnable, la justice comme équité laisse le plus d'espace possible au choix de vie des gens. »

Rawls justifie la distance entre le gouvernement et la famille en comparant cette dernière à une association à l'intérieur de laquelle les membres sont libres de se conduire comme ils l'entendent, ce qui est irrecevable pour les féministes qui soulignent que non seulement les associations ne font pas partie de la structure de base mais aussi que la famille ne constitue pas une association volontaire semblant, au contraire, plus proche de la société dans laquelle on naît et meurt.

> *There are, however, some important features of family membership that make it more akin to belonging to a society than joining an association. Indeed, the way in which people become members of a society is typically through their membership of a certain family, so these two forms of belonging are directly connected. Participation in both the family and society starts involuntarily for children with their birth or adoption, so that our first membership of families is not a consensual act. If adults decide to start a family by marrying or cohabiting and then raising children, this may be a*

---

23 « *We wouldn't want political principles of justice–including the principles of distributive justice–to apply directly to the internal life of the family.* »

*free choice by them, but then not all births are chosen. Yet even for adults who might enter voluntarily, leaving the family is not so easy. When a marriage or marriage-like relationship dissolves, if children or property are present, former spouses or partners can be forced to go on interacting and cooperating with one another. Parents who no longer live with their children can be bound to them by affective ties, economic obligations, and legal duties. Indeed, Rawls himself condemns any society which allows men (assuming them to be the major earners in the family) to rob their dependents of their greater earning power upon divorce or separation.* (Abbey, 2007, 13)

« Si l'on considère certaines caractéristiques significatives de l'appartenance à une famille, il apparaît que celle-ci ressemble plus à l'appartenance à une société qu'au fait de devenir membre d'une association. En effet, on devient généralement membre d'une société en étant membre d'une certaine famille, donc ces deux modes d'appartenances sont directement liés. On prend d'abord part à la famille et à la société de manière involontaire, lorsque, en tant qu'enfant, on naît ou on est adopté, donc, il n'y a rien de consensuel quand on devient membre d'une famille pour la première fois. Si, une fois adulte, on choisit de fonder une famille en se mariant ou en cohabitant, puis en élevant des enfants, il peut s'agir d'un choix libre, mais on ne choisit pas toujours de donner naissance. Même dans le cas d'un adulte qui a fait le choix de rejoindre une famille, en partir peut s'avérer plutôt difficile. Quand un mariage, ou une relation maritale, prend fin, s'il y a des enfants ou une propriété en commun, on peut être forcé de continuer d'agir, de coopérer, avec l'ancien époux ou partenaire. Les parents qui ne vivent plus avec leurs enfants peuvent continuer d'avoir des liens affectifs, des obligations économiques, des devoirs légaux. Rawls lui-même condamne toute société qui autoriserait les hommes (partant de l'hypothèse qu'ils ont les plus gros salaires dans la famille) de priver leurs dépendants de leur potentiel de revenu lors d'un divorce ou d'une séparation. »

On peut être tenté de voir dans la relégation de la famille au rang d'association une division semblable à l'opposition entre sphère privée et sphère publique, dominante au XIXe siècle et combattue par J.S. Mill au titre de son oppression des femmes. Rawls insiste pourtant sur la garantie des droits prévus par les deux principes au sein de la famille et écrit qu'il est en tout point d'accord avec J.S. Mill sur cette question :

*I have thought that J.S. Mill's landmark* The Subjection of Women *(1869),* [...] *made clear that a decent liberal conception of justice (including what I called justice as fairness) implied equal justice for women as well as men. Admittedly,* A Theory of Justice *should have been more explicit about this, but that was a fault of mine and not of political liberalism itself.* (Rawls, *The Idea of Public Reason Revisited*, 1999, 156)

« Je pense que l'ouvrage crucial de J.S. Mill, *The Subjection of Women* (1869), [...] expose clairement que toute conception libérale de la justice digne de ce nom (ce qui comprend ce que j'appelle la justice comme équité) signifie l'égalité de justice pour les femmes comme pour les hommes. De toute évidence, *A Theory of Justice* aurait dû être plus explicite à ce propos, mais c'est à moi qu'en revient la faute et non au libéralisme politique. »

Il reste que, comme le montre l'analyse de Moller Okin, le libéralisme politique oblige à distinguer entre le public et le non-public, le politique et le non-politique pour laisser aux conceptions de la vie bonne la possibilité de s'épanouir librement. Or si le concept de pluralisme raisonnable exclut par exemple la tolérance de l'esclavage, n'accepte l'éducation des enfants dans des sectes qu'à la condition que lesdits enfants reçoivent une éducation civique par ailleurs, il semble s'accommoder des doctrines sexistes :

*Rawls notes the desirability of congruence–or at least the absence of conflict–between the values held by citizens in the other, nonpolitical, part of their lives, and the values inherent in their political conception of justice. However, he does not really follow through on this. On the one hand the full autonomy of citizens "presupposes that the fundamental ideas of justice as fairness are present in the public culture, or at least implicit in the history of its main institutions and the traditions of their interpretation". But by contrast, Rawls also strongly implies that in the nonpolitical aspects of their lives–personal morality or religion, for example–they may hold views such as that there is a fixed natural order or a "hierarchy justified by religious or aristocratic values". These two notions are difficult to reconcile. Even if, as Rawls says, these other views are not to be introduced into the discussion of political essentials, how can a belief in a natural hierarchy among persons be consistent with the requirements of the political conception of justice, which views them as free and equal citizens? Are persons in the just society to be regarded as "split" into public and nonpublic, political and nonpolitical selves? This is reminiscent of those aspects of liberal theory that Marx critiqued for splitting persons into "abstract citizens" and "human beings," in his essay "On the Jewish Question."* (Moller Okin, 1994, 28-29)

« Rawls remarque qu'il est souhaitable qu'il y ait "congruence" – ou au moins absence de conflit – entre les valeurs qui sont celles des citoyens dans la partie non politique de leurs vies et les valeurs inhérentes à la conception politiques de la justice. Mais il ne poursuit pas cette idée jusqu'à sa conclusion. D'un côté la pleine autonomie des citoyens "présuppose que soient présentes dans la culture publique les idées essentielles découlant de la justice comme équité, du moins qu'elles soient portées par l'histoire de ses institutions principales et la tradition d'interprétation de celle-ci". Mais, à l'inverse, Rawls suggère aussi fortement que les citoyens peuvent, du côté non-politique de leur vie (morale personnelle ou religion, par exemple), croire en un ordre naturel figé ou en une "hiérarchie qui se justifie par des valeurs aristocrates ou religieuses". Il est difficile de réconcilier ces deux notions. Même si, comme le dit Rawls, ces autres opinions ne devraient pas s'introduire dans les débats qui concernent les questions politiques essentielles, comment une croyance en une hiérarchie naturelle des personnes peut-elle être compatible avec les exigences de la conception politique de la justice, qui les considère comme des citoyens libres et égaux ? Doit-on voir les personnes dans la société juste comme en proie à une scission entre leur être public et non-public, politique et non-politique ? On ne peut que penser à la critique que faisait Marx de la théorie libérale dans son essai "Sur la question juive", lui reprochant de diviser les personnes en "citoyens abstraits" et "êtres humains". »

Deux critiques précises se font jour ici. Premièrement l'admission du pluralisme raisonnable menace l'égalité des sexes : la liste des effets directs ou indirects ne peut être reproduite entièrement mais on en connaît les contours tels que les inégalités de carrière, salaire, ambition, estime de soi, autonomie et *in fine* liberté. Deuxièmement, et par voie de conséquence, le libéralisme politique ne garantit pas les principes de justice qu'il est supposé introduire[24]. Certes cette conclusion n'est valable que si l'on admet la validité de la lecture féministe de Rawls qui, lui-même, la réfute :

*A domain so-called, or a sphere of life, is not, then, something already given apart from principles of justice. A domain is not a kind of space, or place, but rather is simply the result, or upshot, of how the principles of political justice are applied, directly to the basic structure and indirectly to the associations within it. The principles defining the equal basic liberties and fair opportunities of citizens always hold in and through all so-called domains. The equal rights of women and the claims of their children as future citizens are inalienable and protect them wherever they are. And as we have seen, gender distinctions limiting those rights and liberties are excluded (§18.4–6). So the spheres of the political and the public, and of the not public and the private, take their shape from the content and application of the conception of justice and its principles. If the so-called private sphere is a space alleged to be exempt from justice, then there is no such thing.* (Rawls, *Justice as fairness: a restatement*, 2001, 166)

« Un soi-disant domaine, ou sphère de vie, n'est pas une chose qui serait donnée indépendamment des principes de justice. Un domaine n'est pas une sorte d'espace ou de lieu, mais simplement le résultat, ou le produit, de la manière dont les principes de justice sont appliqués : directement à la structure

24 Rawls a pris ces critiques en considérations et y a répondu. Sur ce débat on peut lire (Smith, 2004).

> de base, et indirectement aux associations qui se trouvent en son sein. Les principes qui définissent les libertés de base égale et les possibilités équitables offertes aux citoyens s'appliquent toujours à l'intérieur et à travers tous les soi-disant domaines. Les droits égaux des femmes et de leurs enfants en tant que futurs citoyens sont inaliénables et les protègent où qu'ils se trouvent. Et, comme nous l'avons vu, les distinctions de genre qui limitent ces droits et ces libertés sont exclues (section 18.4-6). Les sphères du politique et du public, celles du non-public et du privé, héritent donc leurs formes du contenu de la conception de la justice et de ses principes, ainsi que des modalités de leur application. Si la soi-disant sphère privée est un espace réputé exempt de justice, alors elle n'existe pas. » (Rawls, *La justice comme équité*, 2008, p. 227)

Il reste que si les doctrines sexistes, c'est-à-dire la plupart des doctrines traditionnalistes (Exdell 1994) doivent se réformer pour rejeter leurs visions genrées du monde alors rien ne distingue plus le libéralisme politique du libéralisme compréhensif. Il semble, dès lors, difficile de nier chacune de ces deux déductions : soit, comme nous l'avons écrit plus haut, le libéralisme politique ne peut effectivement garantir l'égalité de tous, soit il doit se résoudre à imposer des valeurs, dans la sphère familiale au moins, et restreindre en leur nom la liberté de certains tenants de doctrines raisonnables. Donc, selon Ruth Abbey, Rawls aurait choisi d'insister sur la justice pour les femmes au détriment de son adhésion au libéralisme politique :

> *In his later writings, Rawls tries to incorporate women as full, free, and equal members of the just society. In doing this, he makes his theory of justice as fairness more palatable to feminist-liberals. However, he also makes it harder to contend that justice as fairness could be a purely political doctrine. Rawls comes very close to advocating autonomy for individuals in the domestic, as well as the political, realm. As discussed below, he might not advocate the same sort of autonomy as do Mill and Kant, and he might not advocate its exercise across the whole of life, but he clearly requires some degree of autonomy to be exercised in the domestic sphere, which suggests that he has gone beyond a strictly political liberalism. Indeed, Rawls's location of the family within the basic structure, which began with TJ and remains a permanent feature of his theory of justice, makes a strictly political liberalism untenable. This conflict should have been apparent in PL, but, as Okin noted, the family receives little attention there compared to TJ. It is only when Rawls starts to flesh out what justice as fairness requires for women in his later writings that this tension becomes apparent.* (Abbey, 2007, 19)
>
> « Dans ses derniers écrits, Rawls tente d'intégrer les femmes à la société juste en tant que membres à part entières, libres et égaux. Cela permet de rendre sa théorie de la justice plus acceptable pour les féministes libérales. Néanmoins

> cela a aussi pour effet de rendre moins crédible l'idée que la justice comme équité serait une doctrine purement politique. Rawls n'est guère loin de recommander l'autonomie individuelle dans la sphère privée aussi bien que dans la sphère politique. Certes, comme nous le montrerons plus bas, il ne s'agit pas de la même autonomie que celle que préconisent Mill et Kant, et Rawls ne dit pas qu'il faut exercer son autonomie dans chaque aspect de la vie, mais il en exige une certaine mesure dans la vie privée, ce qui indique qu'il a dépassé le libéralisme strictement politique. De fait, depuis TJ, Rawls a situé la famille dans la structure fondamentale, sans jamais varier. Or, cette caractéristique de la théorie de la justice rend le libéralisme strictement politique intenable. Cette tension aurait être visible dans PL, mais, comme l'a noté Okin, la famille y est moins évoquée que dans TJ. Ce n'est que lorsque, dans les derniers écrits, Rawls s'est penché sur les conséquences de la justice comme équité pour les femmes que la tension est apparue au premier plan. »

De ce point de vue la distinction rawlsienne citée plus haut entre l'autonomie politique et « les valeurs éthiques de l'autonomie et de l'individualité[25] » ne serait pas convaincante et Rawls en reviendrait plus directement à la conception d'un individu autonome et moral implicite dans *A Theory of Justice*. De fait, la lecture féministe de Rawls interroge la division public/privé qui sous-tend la tradition libérale qui serait finalement accentuée par le libéralisme politique, forcément moins prompt à imposer ses idéaux de liberté et d'autonomie en dehors de la sphère strictement politique Or, si la sphère privée peut être propice à la discrimination des femmes, le clivage participe néanmoins de la préservation de la liberté individuelle, elle-même essentielle à l'autonomie : elle est constitutive de l'approche libérale, historiquement et conceptuellement. Quand le libéralisme affirme la valeur morale de la liberté et de l'autonomie, à l'instar de Mill ou des nouveaux libéraux, la sphère privée est conçue comme idéalement régie par ces principes. Mais, comme nous l'avons déjà vu, le tournant pluraliste s'oppose à cette approche. Sur ce point, on peut espérer résoudre la contradiction en ayant recours à la distinction entre une « conception de la sphère privée centrée sur l'individu[26] » et « conception de la sphère privée centrée sur la famille[27] » (Kymlicka, 2002), en rejetant la dernière au profit de la première comme le propose d'ailleurs Moller Okin, mais encore faut-il

25 « *the ethical values of autonomy and individuality* ».

26 « *individual-based conception of privacy* ».

27 « *family-based conception of privacy* ».

que ceux qui ne tolèrent pas que la famille doive appliquer les principes de justice ne soient pas considérés comme des pluralistes raisonnables, ce qui pourrait *a priori* en exclure plus d'un. Plus généralement, la controverse sur le libéralisme politique qui pourrait constituer un recul en matière de liberté individuelle au moins pour les femmes, ou dont l'ambition pluraliste serait limitée comme l'affirme Abbey, révèle à quel point la relation entre le libéralisme (compréhensif) et le pluralisme soulève des problèmes qui ne se cantonnent pas à l'œuvre de Rawls.

# FACE AU DILEMME PLURALISTE

## Le libéralisme contemporain

Depuis les travaux de Rawls et de ses contemporains, de leurs prédécesseurs évoqués au chapitre 3, le pluralisme est au cœur de la réflexion libérale. Rappelons que le terme renvoie à l'un ou l'autre, ou aux deux ensemble, de ces sens : la diversité doctrinaire qui compose une société, la coexistence de « valeurs[1] » ou de « biens » (*good*) dans l'expérience, qui ne peuvent être absolument hiérarchisée, classée définitivement par ordre d'importance ou par quelque ordre que ce soit. S'il y a consensus sur la nécessité d'intégrer le « fait pluraliste » à toute conception politique, de fortes dissensions se font jour quant aux adaptations nécessaires à une telle intégration, ne serait-ce que, parce que, comme nous l'avons vu au chapitre 4, concevoir un État neutre laisse parfois craindre un recul des libertés de certains individus, s'accompagnant d'un affaiblissement des idéaux libéraux historiques, exposés en introduction. Une autre critique consiste à faire un constat d'impossibilité d'une telle neutralité : de fait, l'État, tout libéral qu'il soit, ne peut cesser d'exercer la moindre influence, au travers, par exemple, de ses choix en matière de services publics qui auront forcément des effets déterminants. La neutralité devient alors plus un idéal vers lequel il doit tendre en assurant une impartialité rigoureuse. Ainsi, la nécessaire intégration du pluralisme dans la pensée libérale donne lieu à des évolutions doctrinaires différentes, voire opposées : la position qui consiste à voir dans un libéralisme adapté au pluralisme, tel que le libéralisme politique de Rawls, une organisation politique conservant les aspects essentiels

---

1 La complexité de la notion de pluralisme, déjà évoquée dans cet ouvrage se double d'une difficulté quant au sens précis du terme « valeur ». Christian Nadeau remarque « L'idée même de valeur, il faut le reconnaître, est un concept vague, qui parfois se rapporte à une conception substantielle du bien en opposition à une conception abstraite, formelle du juste, et parfois regroupe l'ensemble des référents moraux, que ce soit ce que nous recherchons comme étant un idéal ou des obligations et des devoirs ». (Nadeau, p. 244)

du libéralisme dit compréhensif, notamment son attention portée à la liberté individuelle de tous, en même temps qu'elle serait débarrassée de sa partialité envers les valeurs du libéralisme et ainsi véritablement pluraliste, dénote un certain optimisme puisqu'elle semble vouloir faire la synthèse des exigences libérales et pluralistes. Plus largement il s'agit ici de privilégier la tolérance, quitte, pour certains, à opérer un recul en ce qui concerne la conception libérale de l'individu libre. À l'inverse, continuer d'affirmer le bien-fondé de ce que Rawls désigne comme le libéralisme compréhensif ne semble pas propre à garantir la neutralité ou l'impartialité de l'État : les tenants de cette position doivent donc produire des arguments susceptibles de le légitimer, et ceux-ci vont dans le sens d'une priorité accordée à l'autonomie de l'individu même si elle conduit à une limitation de la tolérance. Les deux positions qui se dégagent ici constituent plus des pôles entre lesquels chaque théoricien libéral semble devoir se situer, trouvant, en quelque sorte un équilibre propre entre tolérance et individu libre, plutôt qu'une simple alternative. Si nous les avons décrits en utilisant la terminologie rawlsienne, à la suite du précédent chapitre, il faut préciser qu'ils ne dépendent pas de celle-ci : nombre d'articles et ouvrages l'évoquent sans jamais mentionner Rawls, préférant souvent, notamment, faire appel à Berlin. En outre, le positionnement s'effectue fréquemment en lien avec les enjeux soulevés par le multiculturalisme, donc la question des droits culturels des minorités, voire le communautarisme, même si, comme nous l'avons vu, il soulève aussi des questions pour le féminisme.

> *What view should liberals take of the internal practices of non liberal religious and cultural minorities within liberal democracies? This issue has divided liberal opinion into two main camps. On one side, there are those who see liberalism as standing primarily for the autonomy of the individual person. Nonliberal groups that place serious restrictions on the autonomy of their members will on this view be liable to criticism and perhaps intervention by a liberal state. On the other side, there are those who identify liberalism with maximal toleration of the beliefs and practices of different social groups. This kind of liberal tends to regard the ideal of individual autonomy as too demanding a principle for liberal politics, since many nonliberal groups do not value that kind of personal freedom. To use the state to intervene in such groups to promote individual autonomy, or even to criticise them for their resistance to that ideal, is to fail in liberalism's principal duty of group toleration.* (Crowder, 2007)

> « Qu'est-ce que les libéraux doivent penser des pratiques religieuses et culturelles non-libérales propres à certaines minorités qui existent au sein

des démocraties libérales ? Parmi les libéraux deux tendances principales s'opposent sur cette question : d'une part, celle qui considère que le libéralisme signifie avant tout l'autonomie des personnes ; les groupes non-libéraux qui imposent des restrictions sur celle-ci peuvent donc être l'objet de critiques, voire de l'intervention de l'État libéral. D'autre part, la tendance qui voit dans le libéralisme une tolérance maximale des croyances et pratiques des différents groupes sociaux, considère plutôt que, dans la mesure où de nombreuses minorités non-libérales n'accordent pas autant de valeur à la liberté des personnes, l'idéal de l'autonomie de l'individu est trop exigeant pour constituer le principe de la politique libérale. Avoir recours à l'intervention de l'État pour promouvoir l'autonomie individuelle dans ces groupes, ou même les critiquer parce qu'ils rejettent cet idéal, revient à trahir le devoir de tolérance du libéralisme envers les minorités. »

La neutralité de l'État, corollaire du pluralisme, apparaît par conséquent comme un défi à l'intégrité du libéralisme voire à sa pertinence contemporaine. Dans ce dernier chapitre nous examinons quelques exemples de tentative de résolution de ce problème, représentatifs de la littérature de ces vingt à trente dernières années, lesquelles paraissent s'organiser autour de deux pôles opposés : d'une part une adhésion au pluralisme, quitte à renoncer à l'universalité des valeurs libérales, d'autre part une tentative de réhabilitation de ces dernières, qui peut aller jusqu'à la revendication du libéralisme compréhensif.

Il peut certes paraître étonnant de voir le libéralisme accusé de ne pas laisser l'individu libre de se tourner vers la « vie bonne » de son choix : comme nous l'avons déjà signalé, le libéralisme s'est constitué, que ce soit lors de guerre de religion, de guerre civile liée à des enjeux religieux dans le cas de la Grande-Bretagne, d'immigration vers des contrées où la liberté religieuse serait plus grande, comme dans le cas des États-Unis, comme réponse au pluralisme religieux émergeant aux XVIe et XVIIe. Il semble donc *a priori* intrinsèquement respectueux de la diversité des choix, c'est-à-dire pluraliste. Mais on sait aussi qu'il a pu proposer la tolérance face aux différences doctrinaires grâce à son adhésion à une vision de l'individu comme autonome et rationnel justifiant et nécessitant à la fois la suprématie de sa liberté. De la part d'un libéralisme plus ancien, la reconnaissance de la pluralité des individus consistait au fond à réunir la diversité sous une commune adhésion à l'idéal de liberté individuelle. Or cette position s'est avérée problématique dans la mesure où on peut critiquer cette forme de tolérance des autres doctrines ou cultures comme s'accompagnant d'une affirmation de la supériorité des valeurs libérales, au détriment d'autres valeurs, en particulier des valeurs traditionnelles d'autres cultures, conduisant *in fine* à certains errements tels que le soutien au projet colonial :

> [...] *liberalism is accused of an imperialist, Eurocentric bias. A militantly modern doctrine, liberalism attacked the plurality of local customs and social ranks found in traditional societies. Such practices appeared to offend liberal justice, with its requirement for uniform laws that fall equally and impartially on all, and were frequently inimical to liberal notions of individuality. An attack aimed at feudalism in Europe, it was also employed against the native cultures of colonised countries. Long-oppressed aboriginal peoples and immigrant victims of racial prejudice, amongst others, argue that multiculturalism remains a liberal blindspot.* (Bellamy, *Liberalism and Pluralism: Towards a politics of compromise*, 1999, 2)
>
> « On accuse le libéralisme d'impérialisme, d'eurocentrisme. De fait, cette doctrine moderne militante a pris pour cible la diversité des coutumes locales, des rangs sociaux, qui existaient dans certaines sociétés traditionnelles. De telles pratiques semblaient heurter la justice libérale, fondée sur des lois uniformes, équitables, impartiales, auxquelles chacun est soumis, de même qu'elles apparaissaient hostiles aux conceptions libérales de l'individualité. S'il s'agissait, à l'origine, de s'en prendre au féodalisme en Europe, on s'en est aussi servi contre les cultures indigènes des pays colonisés. Les peuples aborigènes opprimés, les immigrants victimes de racisme, sont parmi tous ceux qui affirment que le libéralisme ne comprend rien au multiculturalisme. »

## L'ÉGALITÉ COMME VERTU SOUVERAINE

Ainsi, dès lors qu'il postule la supériorité d'une éthique de l'autonomie des individus, le libéralisme risquerait de s'engager sur une pente inégalitaire au détriment de l'équité (« *fairness* ») dont Rawls a rappelé le caractère essentiel. On voit ici resurgir la problématique de la conciliation de la liberté et de l'égalité finalement constitutive de l'ensemble de la tradition libérale tant l'affirmation de la liberté individuelle est inséparable de l'affirmation de la liberté de tous les individus, y compris ceux qui n'accordent justement pas la même valeur à la liberté telle que la conçoit le libéralisme traditionnel. On se souvient que cet enjeu anime notamment le nouveau libéralisme (voir chapitre 2), lorsqu'il envisage l'égalité des chances par le prisme du concept de liberté positive, alors que Berlin distingue l'égalité et la liberté quitte à en admettre l'opposition irréductible. Dans la période contemporaine au débat sur le pluralisme toutefois, l'égalité – ou l'équité – se trouve à nouveau au cœur des préoccupations tant la justice apparaît comme la condition *sine qua non* du devenir des sociétés. À l'instar de Rawls, une partie de la théorie libérale va chercher à articuler la coexistence de la liberté et de l'égalité, ce d'autant que la justice est au centre des préoccupations. Il ne s'agit pas *stricto sensu* d'une nouveauté, puisque le libéralisme, en insistant sur les droits naturels dès son origine, dans un contexte d'opposition à la tyrannie, se soucie bien d'un traitement juste des individus dans le cadre d'un État de droit et d'une égalité de traitement devant la loi. Cependant l'évolution du contexte historique voit l'émergence du concept de justice sociale qui devient un enjeu majeur en politique grâce, notamment, à l'influence du socialisme au sens large du terme. En outre, dans la tradition américaine, que certains nomment « légalisme libéral », et qui pénètre, comme nous l'avons décrit, toute la pensée anglo-saxonne, la philosophie du droit, le rôle de l'institution judiciaire, jouent un rôle prépondérant qui explique au moins en partie la centralité du concept de justice, lequel évoque forcément la notion d'égalité.

## LE LIBÉRALISME DE DWORKIN

Dans le cas de Ronald Dworkin, d'autant plus exemplaire de cette tendance qu'il débute sa carrière dans la philosophie du droit, il s'agit même de faire de l'égalité la « vertu souveraine ». Ayant résolu que l'égalité des ressources constitue la définition la plus acceptable du concept d'égalité, il s'applique à l'illustrer par une allégorie, un recours méthodologique semblable au voile de l'ignorance chez Rawls, dite « des enchères » (« *auction* ») qui débouchent elles-mêmes sur le test de l'envie :

> *Dworkin proposes an imaginary auction as a model whereby equality of resources might be achieved. Immigrants to an uninhabited and economically rich island take part in this auction. According to the model and consistent with their being treated as equals, the immigrants arrive at the island in full knowledge of the nature of*

> *the auction and of the economic riches of the island, and capable of making genuine, individual, non-coerced, "authentic"choices. No immigrant has come to the island with extra resources. Accordingly, each immigrant is given an equal number of some form of currency (Dworkin suggests clam shells) and each bids for various goods, including plots of land, on the island. Even the size of the various goods, or the plots of land, will be determined by the bidding. The bidding continues until a stage is reached where no one "envies" any other person's bundle of goods. Dworkin introduces the envy test as follows: "No division of resources is an equal division if, once the division is complete, any immigrant would prefer someone else's bundle of resources to his own bundle." This envy test is an economic, not a psychological test, of widespread use in economic thinking. It is a shorthand way of testing a situation to see what the rational self-maximizer would have achieved.* (Guest, 2013, 189)

> « Comme modèle permettant l'égalité de ressources, Dworkin suggère des enchères imaginaires auxquelles participeraient des immigrants dans une île inhabitée et prospère. Suivant ce modèle, les immigrants arrivent dans l'île en connaissant la nature des enchères et les richesses économiques de l'île. Ils y sont traités comme égaux et sont pleinement capables de faire des choix "authentiques", sincères, individuels, sans la moindre contrainte. Aucun immigrant n'a emporté des ressources supplémentaires sur l'île et, pour cette raison, chaque immigrant reçoit une même somme de monnaie (Dworkin propose que l'on utilise des coquillages). Chacun enchérit pour certains biens, pour des terres notamment, disponibles sur l'île. Ce sont les enchères qui déterminent jusqu'à la taille des biens, dont les terres. Les enchères e déroulent jusqu'à ce qu'on atteigne un point où personne n'"envie" les biens acquis par un autre. Le test d'envie est décrit comme suit : "Aucune division des ressources ne peut être considérée égale si, une fois que la division a eu lieu, il reste un immigrant qui préfèrerait le lot de biens d'un autre immigrant au sien." Ce test d'envie est d'ordre économique et non d'ordre psychologique ; il est souvent employé dans la pensée économique. C'est un moyen rapide d'analyser une situation pour mesurer l'efficacité de l'usage de la maximisation rationnelle par les agents. »

Les enchères sont un système trop complexe pour être exposé exhaustivement mais il est possible d'en retenir quelques caractéristiques essentielles : d'abord elles constituent une situation de distribution initiale, situation qui demeure égalitaire même si les actions postérieures des agents équitablement pourvus vont les conduire à des états de richesse variables. Il faut aussi comprendre que les préférences des individus les conduiront à faire des choix très divers comme acheter plus de loisirs et, par-là, posséder moins de richesses matérielles. Le critère qui préside à la répartition est celui du « coût d'opportunité » (« *opportunity cost* »), sorte de mesure de la privation qu'un individu fait subir à autrui en choisissant telle ou telle ressource. Ainsi certains coûts d'opportunité sont trop élevés pour que certains choix puissent être opérés : un individu ne peut pas prétendre posséder toutes les œuvres d'art dans son palais, parce que le coût d'opportunité (tous les autres sont alors privés d'œuvres d'art) serait trop grand. Enfin, le cadre des enchères est régi par le principe d'abstraction qui offre la plus grande liberté de choix possible pendant les enchères mais aussi la plus grande liberté d'action après celles-ci, puisqu'un individu ne pourra acquérir ce qu'il désire sans la certitude de pouvoir en faire usage librement par la suite. Seule cette règle peut garantir que les enchères permettent une distribution qui, d'une part, réussirait le test de l'envie, d'autre part honorerait la promesse d'égalité au sens normatif, à savoir celle qui exige une égale considération (« *equal concern* ») de tous. Il ne s'agit pas en effet de définir l'égalité exclusivement dans sa dimension matérielle. Dworkin insiste dès 1978 sur l'égalité politique pour caractériser sa conception du libéralisme :

> *What does it mean for the government to treat its citizens as equals? That is, I think, the same question as the question of what it means for the government to treat all its citizens as free, or as independent, or with equal dignity. In any case, it is a question that has been central to political theory at least since Kant. It may be answered in two fundamentally different ways. The first supposes that government must be neutral on what might be called the question of the good life. The second supposes that government cannot be neutral on that question, because it cannot treat its citizens as equal human beings without a theory of what human beings ought to be. The first theory of equality supposes that political decisions must be, so far as is possible, independent of any particular conception of the good life, or of what gives value to life. Since the citizens of a society differ in their conceptions, the government does not treat them as equals if it prefers one conception to another, either because the officials believe that one is intrinsically superior, or because one is held by the more numerous or more powerful group.* (R. Dworkin, *Liberalism*, 1985, 192)

> « Quand on dit qu'un gouvernement respecte l'égalité des citoyens, qu'est-ce que ça veut dire ? Je crois que c'est la même question que quand on parle d'un gouvernement qui respecte la liberté de ses citoyens, ou leur indépendance, ou la dignité de chacun. Quoiqu'il en soit c'est une question centrale de la théorie politique depuis Kant, au moins. On peut lui donner deux réponses qui sont fondamentalement différentes. La première implique que le gouvernement doit être neutre quant à la question de ce qu'on peut appeler la vie bonne. La deuxième part du principe que le gouvernement ne peut être neutre sur cette question, parce qu'il ne peut traiter les citoyens comme des êtres humains égaux, sans se fonder sur une théorie qui définit ce que êtres humains doivent être. la première théorie de l'égalité considère que les décisions politiques

> doivent, autant que possible, ne pas être liées à une conception particulière de la vie bonne ou de ce qui donne de la valeur à la vie. Puisque les citoyens d'une société ont des conceptions divergentes, le gouvernement ne respecte pas leur égalité s'il favorise une conception plutôt qu'une autre, soit parce que les représentants du gouvernement la pensent supérieure intrinsèquement soit parce qu'elle est plus répandue ou celle d'un groupe plus puissant. »

Selon l'auteur, c'est cette première conception de l'égalité qui constitue le meilleur discriminant pour distinguer entre le libéralisme et d'autres idéologies politiques, supérieur en ce sens à la liberté individuelle que valorisent aussi d'autres courants idéologiques, notamment les conservateurs aux États-Unis. Pour le libéralisme, la liberté entretient un lien de nécessité avec l'égalité, dont la description la plus juste, l'application la plus exacte est l'égalité des ressources, illustrée par les enchères.

> *A substantial degree of liberty is necessary to make any such process adequate because the true cost to others of one person's having some resource or opportunity can be discovered only when people's ambitions and convictions are authentic and their choices and decisions reasonably well tailored too those ambitions and convictions. Neither is possible unless liberty is ample. So liberty is necessary to this conception of equality, not on the doubtful and fragile hypothesis that people really value liberties more than other resources, but because liberty, whether or not people value it above all else, is essential to any process in which equality is defined and secured.* (R. Dworkin, *Sovereign Virtue (The Theory and Practice of Equality)*, 2000, 123)

> « Il faut un degré substantiel de liberté pour que ce processus soit adéquat parce que les coûts véritables que représente, pour les autres, le fait qu'une personne dispose de certaines ressources ou de certaines possibilités ne peut être évalué correctement que lorsque les ambitions et les convictions des individus sont authentiques et lorsque leurs décisions sont raisonnablement bien adaptées à ces ambitions et à ces convictions. Aucun des deux éléments n'est possible si la liberté n'est pas amplement développée. Ainsi, d'après cette conception de l'égalité, la liberté est nécessaire à l'égalité, non pas en raison de l'idée fragile et douteuse selon laquelle les individus préfèreraient les libertés importantes du point de vue moral à toutes les autres ressources, mais parce que la liberté – indépendamment de la question de savoir si les individus la placent ou non au-dessus de tout le reste – est essentielle à tout processus permettant de définir l'égalité et de promouvoir son existence. » (Dworkin, *La vertu souveraine*, 2007, p. 222)

Il ne s'agit donc pas de reléguer la liberté au second plan pour lui préférer l'égalité mais bien de décrire un lien constitutif, une union particulière fondatrice de l'identité du libéralisme, car la marque du libéralisme selon Dworkin est bien l'indissociabilité de la liberté et de l'égalité.

> Dworkin entreprend ainsi d'établir que la liberté et l'égalité ne constituent pas deux idéaux indépendants qui pourraient varier en raison inverse mais que le concept de liberté – et en particulier l'idée que les libertés fondamentales devraient être garanties par une constitution – est interne au concept d'égalité. Il n'existe donc pas de droit indépendant à la liberté et toute philosophie politique qui tenterait d'ériger cette dernière en idéal politique distinct de l'idéal égalitaire aboutit soit à l'incohérence pure et simple, soit à des thèses clairement non-libérales. (Spitz, 2005, 413-414)

Comme l'explique très clairement Spitz, Dworkin parvient à cette conclusion après s'être livré à un examen minutieux des notions qui lui permet d'identifier pour « chacun des deux vocables », liberté et égalité, « un sens normatif qui ait la triple propriété d'être cohérent par lui-même, attirant en tant qu'idéal distinct, et compatible avec l'autre, voire même requis par le sens normatif de l'autre terme. » (Spitz, 2005, 415). La démarche de conciliation est certes un enjeu traditionnel du libéralisme mais la stratégie de Dworkin est novatrice en ce qu'elle tente de mettre fin à l'interprétation du rapport entre les deux notions comme étant de nature contradictoire : jusque-là, en effet, les penseurs libéraux ont soit rejeté l'idée d'une compatibilité ou tenté une réconciliation. Or, même cette dernière démarche revient à reconnaitre l'existence de l'écart, puisque tout processus de conciliation affirme implicitement une contradiction initiale. Pour Dworkin, il ne s'agit pas de trouver les moyens de les faire coexister mais d'affirmer qu'elles sont au fond indivisibles.

Une des caractéristiques marquantes de la thèse de Dworkin est sa contradiction flagrante avec la conception berlinienne du pluralisme des valeurs qui concevait liberté et égalité comme contradictoires et incommensurables. Loin de passer ce désaccord sous silence, Dworkin revendique son monisme, prenant le contrepied de Berlin qui distinguait, on s'en souvient, entre les « hérissons » et les « renards », dans son ouvrage au titre évocateur *Justice for Hedgehogs* (la justice pour les hérissons) où sont exposés les fondements épistémologiques de sa philosophie politique dont la théorie de « l'unité de la valeur » et de la vérité objective de la valeur.

> *I argue throughout the book that in political morality integration is a necessary condition of truth. We do not secure finally persuasive conceptions of our several*

> *political values unless our conceptions do mesh. It is the fox who wins too easily: it is his apparent victory, now widely celebrated, that is hollow.* (R. Dworkin, *Justice For Hedgehogs*, 2011, 5-6)
>
> « J'affirme dans ce livre que l'intégration est une condition nécessaire de la morale politique. On ne peut parvenir à des conceptions de nos diverses valeurs politiques qui peuvent finir par convaincre sans un rapprochement de nos conceptions. La victoire du renard est trop facile, et même si elle est aujourd'hui acclamée, c'est une victoire de façade, creuse. »

Il s'ensuit que pour l'auteur « on ne peut soutenir une théorie de la justice sans, du même coup, soutenir une théorie de l'objectivité morale[2] » (R. Dworkin, 2011, 8). Dès lors il semble que le libéralisme de Dworkin opère un retour aux sources milliennes, du moins dans ses conclusions. Il postule que la vérité morale est accessible et qu'elle fonde la politique (libérale) du gouvernement. Les fondements éthiques du libéralisme et les politiques libérales entretiennent à ses yeux une relation de continuité :

> *Dworkin rejects the most typical liberal strategy for explaining to people why they should be liberals, a strategy of "discontinuity," which require them to set aside their convictions about the good life when they act politically. He tries to construct and defend a competing strategy which argues that liberalism is continuous with the best personal ethics, with the right philosophical view of the good life.* (Wolfe, 2003, 22-23)
>
> « Dworkin refuse la stratégie libérale la plus courante qui consiste à expliquer aux gens pourquoi ils devraient devenir libéraux en mettant en avant la "discontinuité" qui exige qu'on mette de côté ses convictions sur la vie bonne quand on entre dans l'action politique. Il tente de construire et de défendre une stratégie alternative qui insiste sur la continuité entre le libéralisme et la meilleure éthique personnelle, la bonne vision philosophique de la vie bonne. »

Or il faut admettre que la notion de *continuity* est bien semblable à celle de *comprehensiveness*, à savoir qu'elle rejette explicitement la distinction entre l'éthique (du domaine du personnel) et la moralité (du domaine de la relation à autrui) que Rawls avait pris soin de distinguer. La stratégie inverse ou « discontinuité »se révèle cependant également contestable pour Dworkin, semblant ne pouvoir échapper à l'un de ces deux écueils : soit elle postule que seul notre intérêt égoïste motive

2 « *We cannot defend a theory of justice without also defending, as part of the same enterprise, a theory of moral objectivity.* »

l'adhésion au politique, postulant la société comme équilibre entre la somme des intérêts de chacun, mais alors l'équilibre est trop fragile pour garantir la pérennité du libéralisme, soit la distinction s'avère en fait artificielle, puisque la neutralité de la sphère publique repose tout de même sur une préférence pour cette neutralité. En d'autres termes, une préférence pour les institutions libérales dérive très souvent d'une éthique libérale. En outre, d'un point de vue « continu », il est logique de rester sceptique face à l'idée selon laquelle le libéralisme remportera une adhésion large à condition de laisser ses convictions éthiques de côté, même si l'on se limite à n'inviter que les tenants de doctrines raisonnables. On ne pourrait finalement échapper au libéralisme compréhensif : les conceptions discontinues étant erronées d'une part et peu attractives d'autre part. Il ne s'agit pas pour autant d'en revenir à un libéralisme *ante* Rawls, ou, du moins, de nier la pertinence du fondement du libéralisme politique dont nous rappelons que Rawls l'a isolé du libéralisme de ses prédécesseurs pour servir le pluralisme.

> Le geste rawlsien est à double détente : en disqualifiant la prétention de toute doctrine compréhensive à fonder l'unité politique, il assure du même coup que l'ensemble des doctrines compréhensives raisonnables pourront s'exprimer sans discrimination dans la société libérale. En d'autres termes, l'autolimitation du libéralisme à une justification strictement politique et non compréhensive trouve sa raison dans la reconnaissance et le respect du pluralisme tel qu'il se manifeste dans la société libérale ; à l'inverse, il semble que tout libéralisme compréhensif, à l'instar de celui de Mill, ne se formule qu'au mépris du pluralisme des doctrines et des conceptions du bien. (Roussin, 2012)

Au contraire, comme nous l'avons vu, Dworkin recommande aussi la neutralité de l'État face aux conceptions de la vie bonne, même s'il considère qu'il en existe des critères objectifs. Mais il parvient à cette conclusion politique en empruntant un cheminement inverse. Chez lui, en effet, la neutralité de l'État dérive directement d'une éthique de la dignité qui s'organise autour du respect de soi (« *self-respect* ») et de l'authenticité. Cette dernière n'est accessible que si l'on jouit d'une indépendance éthique :

> *We cannot escape influence, but we must resist domination. The distinction is of great ethical importance. Authenticity is in this aspect a narrowly relational concept. A person's authenticity is not compromised by limitations of nature or circumstance: not because he lacks athletic ability, or because taxation makes it impossible for him to live*

> *as he would most like, or because he lives in a technologically backward community. He does not then have many colors on his palette, but the life he designs with the colors he has may be just as fully authentic, just as firmly the life that he rather than anyone else has designed. On the other hand he does not live authentically, no matter how great the range of options he is offered, if others forbid him some options otherwise available because they deem those options unworthy. The indignity lies in usurpation, not limitation. Authenticity demands that, so far as decisions are to be made about the best use to which a person's life should be put, these must be made by the person whose life it is.* [...] *Living well means not just designing a life, as if any design would do, but designing it in response to a judgment of ethical value. Authenticity is damaged when a person is made to accept someone else's judgment in place of his own about the values or goals his life should display.* (R. Dworkin, *Justice For Hedgehogs*, 2011, 212)
>
> « On ne peut échapper à l'influence mais on peut résister à la domination : cette distinction compte beaucoup, sur le plan de l'éthique. L'authenticité est, de ce point de vue, un concept qui dépend peu d'éléments extérieurs. La nature ou les circonstances ne peuvent limiter l'authenticité d'une personne : peu importe qu'on soit peu athlétique, que les impôts nous interdisent de vivre comme on le voudrait, ou qu'on vive dans un environnement qui ne met pas les dernières avancées technologiques à notre disposition. Peut-être n'avons-nous que peu de couleurs sur notre palette mais la vie qu'on se façonne avec ces couleurs sera probablement aussi authentique, elle sera tout autant la nôtre, fruit de notre volonté délibérée, plutôt qu'imposée par autrui. Par contre, on ne peut parler d'une vie authentique lorsque les possibilités sont certes multiples mais que l'on est privé de certaines d'entre elles parce que d'autres les jugent indignes. C'est l'usurpation, non la limitation qui crée l'outrage. L'authenticité suppose que les décisions qui concernent le meilleur usage de la vie d'une personne soit prises par la personne en question. [...] bien vivre ne signifie pas seulement vivre comme on l'entend, comme si tous les choix de vie se valaient, mais choisir en fonction d'un jugement moral. L'authenticité souffre forcément si une personne doit accepter que sa vie reflète les valeurs ou desseins d'un autre plutôt que les siens propres. »

Un gouvernement ne pouvant contrevenir à l'indépendance éthique, la neutralité devient la seule position possible pour un gouvernement. Le raisonnement de Dworkin est ici caractéristique de l'approche libérale dite « éthique » (« *Ethical Liberalism* ») qui s'oppose, dans la méthode plutôt que dans les conclusions au *Political Liberalism*. Il s'agit donc de fonder la neutralité face au pluralisme dans la doctrine compréhensive elle-même : sur le plan philosophique les impératifs éthiques dictent la neutralité face à la substance des choix individuels. Plus encore que le libéralisme rawlsien qui se distinguait absolument du relativisme notamment en ce qu'il affirmait le caractère moral de l'individu, le libéralisme de Dworkin souligne l'importance de l'éthique dont le politique ne peut s'affranchir, il ne pose pas comme préalable à la pratique de la politique le fait de laisser ses convictions éthiques au vestiaire, ni de rendre le libéralisme le plus consensuel possible quitte à en diluer les principes. Pour autant son respect – inhérent à lui-même – des principes éthiques librement choisis (« *first person ethics* ») lui permettrait de susciter une très large adhésion, puisqu'il ne contraint finalement qu'à adopter une position libérale que pour ce qui concerne les choix d'autrui (« *third-person ethics* »). En d'autres termes, toutes les doctrines compréhensives peuvent coexister au sein de la doctrine libérale à condition qu'elles intègrent la distinction entre *first* et *third-person ethics.*

## SUPÉRIORITÉ LIBÉRALE OU *LIBERAL DESIDERATUM* ?

Ainsi Dworkin remédie-t-il aux faiblesses de la conception neutraliste évoquées en préalable sans pour autant rendre l'adhésion au libéralisme aussi contraignante que l'adoption d'une quelque autre doctrine morale complète. Il apparaît néanmoins que deux points de l'argumentation peuvent être critiqués, même si l'on laisse de côté la question épistémologique qui mène Dworkin à réhabiliter l'approche moniste. D'une part, on peine à trouver des différences notables qui le distinguerait clairement des libéralismes plus anciens malgré sa revendication en ce sens : la distinction entre *first* et *third-person ethics* n'est-elle une formulation élaborée du concept de tolérance ? D'autre part, la défense dworkinienne du libéralisme, comme sa version rawlsienne, présente celui-ci comme le seul système politique susceptible d'être juste, face au pluralisme des sociétés contemporaines notamment. Que l'on réhabilite sa déclinaison compréhensive ou s'en tienne au libéralisme politique, il resterait intrinsèquement respectueux de la liberté de tous les individus. Il faut souligner ici l'importance de ce qui s'apparente au fond à un paradoxe : le libéralisme est le seul à porter la promesse d'un État (tendant vers le) neutre, c'est en ce sens précisément qu'il ne constitue pas un choix institutionnel ou politique parmi d'autres mais bien le seul choix susceptible de convenir à tous, a fortiori dans une société « plurielle ». En d'autres termes le libéralisme tire sa propre valorisation de sa neutralité… Nous avons déjà signalé dans l'introduction cette ambition universelle du libéralisme que Patrick Neal nomme « *Liberal Desideratum* (LD) » défini comme

> *an account of the liberal order which shows it to be both inclusive and fair toward all ways of life which themselves are willing to abide by the terms of fairness.* […] *The appeal of LD is quite clear and simple: if fulfilled, it follows that a liberal order is qualitatively different from all the various forms of non-liberal order, for only liberalism avoids imposing a conception of the good upon individuals and hence only liberalism genuinely respects human freedom and the diversity of human nature. This is to view liberalism not as one amongst a number of modes of collective life, each different but none transcendently superior, but to see it rather as a unique form of political order structurally unlike all the rest, allowing freedom of life-pursuits rather than prescribing such pursuits through the affirmation of some conceptions of the good. It is to see it as a "social union of social unions", or as a "framework for communities" rather than as a community, or as, in an older version, a "rational and homogeneous state".* (Neal, 1997, 163, 164)

> « Une conception de l'ordre libéral à la fois inclusif et équitable envers tous les modes de vie qui sont, eux-mêmes, prêts à respecter l'équité. […] L'attrait de LD est plutôt simple et clair : s'il se réalise, alors l'ordre libéral possède une qualité qui le distingue de toutes les autres formes d'ordre non-libéral. Car le libéralisme est le seul qui n'impose pas une conception du bien aux individus, donc le seul qui respecte la liberté et la diversité de la nature humaine. Il s'agit ici de considérer le libéralisme non pas comme l'un des modes de vie collective parmi d'autres, différents mais dont aucun ne serait intrinsèquement supérieur à un autre, mais comme un genre unique d'ordre politique, structurellement à part, qui permet de choisir librement ses objectifs de vie et ne prescrit pas ceux-ci en affirmant une quelconque conception du bien. Le libéralisme est alors une "union sociale des unions sociales", ou un "cadre pour les communautés" plutôt qu'une communauté ou, dans une version plus ancienne, "un État rationnel et homogène". »

Or, dès lors qu'émerge le processus d'identification des caractéristiques du libéralisme comme valeurs, processus à l'œuvre dans la pensée de Rawls qui le pousse à distinguer entre le libéralisme compréhensif et le libéralisme politique, mais aussi, pourrait-on rajouter, dans le pluralisme des valeurs de Berlin, le *Liberal Desideratum* se fragilise.

> *Note that LD as an aim makes sense only on the assumption that the "criteria" of fairness are independent of the liberal order themselves; otherwise the argument in*

> *support of those terms appealing to fairness would be circular. One factor underlying the abandonment of the pursuit of LD has been an increasing degree of scepticism about the possibility of such independence.* (Neal 1997, 164)
>
> « Remarquons qu'avoir LD pour but n'est cohérent que si les "critères" d'équité sont indépendants de l'ordre libéral : dans le cas contraire, l'argument qui repose sur l'attrait de l'équité est circulaire. Or la possibilité d'une telle indépendance inspire un scepticisme de plus en plus marqué, ce qui explique pourquoi certains ont renoncé à la recherche de LD. »

Néanmoins, toujours selon Neal, c'est le LD « robuste » et « visible » (« *overt* ») que rejettent les penseurs libéraux à l'heure pluraliste tandis qu'une forme plus atténuée et discrète de celui-ci perdure tout de même dans l'œuvre de nombre de libéraux de la fin du XX^e^ et du début du XXI^e^, grâce au recours au principe de neutralité. Or celui-ci est problématique d'abord pour ce qui concerne son statut : En d'autres termes si aucun choix ne peut être opéré sur la base des valeurs, comment la neutralité devient-elle préférable[3] ? La réponse à cette question consiste à montrer que la neutralité n'est pas une valeur, n'est donc pas préférable à ce titre, elle est la garantie de la liberté de tous, de l'égalité, bref du « vivre-ensemble » pour user d'un terme en vogue, ou de la paix civile. Mais même en ce sens, elle semble plus à même de satisfaire certainement bien des libéraux, qui n'avaient guère besoin d'être convaincus, que d'autres qui ne la préfèreraient pas *a priori* mais dont le ralliement demeure essentiel à la viabilité du projet politique libéral. Certes ceux qui prennent le contrepied du libéralisme politique pour apporter leur soutien à la partialité du libéralisme échappent alors à ce qui s'apparente à une contradiction. Ils admettent justement que le libéralisme est une doctrine politique comme les autres, en ce sens notamment qu'on y adhérerait par choix, préférence, subjectivité, mais qu'il ne pourrait être divisé entre ses valeurs propres d'un côté et ses institutions politiques d'un autre côté, ces dernières demeurant désirables même pour ceux qui ne partagent les premières. C'est le cas de Joseph Raz[4], par exemple, et dans une certaine mesure de Brian Barry.

---

3 Neal n'interroge pas la position de Berlin dans son ouvrage, s'en tenant essentiellement au libéralisme américain, mais il faut rappeler que, poussé dans ses retranchements, le libéralisme de Berlin s'expose au même genre de critique, et signaler que ce point a donné lieu à une abondante littérature que nous n'évoquons pas ici.

4 Son ouvrage le plus connu *The Morality of Freedom* rejette la neutralité pour au contraire défendre ce que l'on décrit comme un libéralisme perfectionniste.

## PEUT-ON DÉFENDRE LES INSTITUTIONS LIBÉRALES SANS ÊTRE LIBÉRAL ?

On se heurte ici à une question essentielle, dans la mesure où, si une telle division est impossible, c'est bien le projet libéral depuis Rawls qui risquerait d'être invalidé. Si la neutralité de l'État ne peut être désirée, voire conçue, qu'avec un *a priori* libéral, elle n'est pas plus neutre que les modèles libéraux plus anciens. Dans l'article « How Not to Defend Liberal Institutions », Barry se penche sur ladite division pour examiner les arguments généralement déployés pour décrire un possible soutien non libéral aux institutions libérales (Barry semble employer le terme au sens large puisque par « non libéral » il entend « dogmatique »). Son raisonnement commence par la distinction entre le soutien aux institutions libérales et l'adhésion du libéralisme aux « valeurs » du libéralisme pour reprendre la terminologie des auteurs examinés dans les deux derniers chapitres de cet ouvrage, que Barry nomme « *Liberal outlook* », ou dans une terminologie qui leur est plus commune, « *the liberal vision of the good life* » (Barry, 1990, 3). Si les institutions libérales n'incarnent pas celle-ci de manière exhaustive, il reste que ses tenants apportent en tout cas leur soutien aux institutions libérales. Pour Barry donc, et il rejoint ici le débat sur le pluralisme, c'est du côté de ceux qui ne partagent pas cette vision que se pose le problème : quels sont les termes de leur possible soutien aux institutions libérales même s'ils n'en partagent pas l'idéologie fondatrice ? Historiquement on a usé de trois arguments : « l'argument de la *paix* sociale, l'argument de la *prudence*, l'argument de *l'inefficacité*[5] » (Barry, 1990, 4). Or tous comportent des faiblesses : le premier repose sur un prérequis, puisqu'il faut que les adhérents potentiels aux institutions libérales retiennent la paix sociale comme une valeur suprême, valant l'abandon de leurs velléités de conversion religieuse par exemple. Le deuxième possède l'avantage de ne pas dépendre du désir de paix, en ce sens qu'il postule qu'un groupe préfèrera ne pas risquer d'être soumis à des valeurs qui lui sont étrangères en apportant son soutien à la tolérance qui lui garantit sa libre-détermination. Mais cette stratégie peut s'avérer inefficace quand

5 « *the argument from* social peace, *the argument from* prudence, *and the argument from* inefficacy ».

les forces en présence sont disproportionnées : si le dit-groupe compte 99 % de la population dans ses rangs, il ne sera plus soumis au même risque et pourra choisir de retirer son soutien aux institutions libérales. Enfin le troisième argument déjà rencontré parmi les penseurs étudiés ici, repose sur l'idée qu'une adhésion forcée à un ensemble de valeurs telle une croyance, est inefficace dans la mesure où seule une adhésion libre signifie la réelle adoption par l'individu des valeurs en question. Mais, quoique plus élaboré, les limites de ce dernier argument sont aussi aisément démontrables :

> *The argument depends on the following assumptions, all of which are questionable: (1) the sole purpose of coercion is the salvation of the person coerced; (2) salvation is a matter of inner belief rather than outward observance; and (3) coercion cannot produce alterations in inner belief. The first premise is the most vulnerable. The persecutor may be less concerned with converting existing heretics than with preventing them from gaining new adherents from the ranks of the currently orthodox, and for this purpose it may well be sufficient to prohibit all outward manifestations of the heretical belief. Even more importantly, the persecutor may well consider that, in the great scheme of things, saving the souls of the present generation of adults is of trivial significance compared with what is at stake in saving the souls of their descendants.* [...] *When we shift from beliefs to actions, this third argument becomes even weaker. Suppose we accepted that coercion is inefficacious in inducing belief. It is a good deal less implausible to think that it must be inefficacious in suppressing what is deemed to be wrong behaviour. If you believe that, say, homosexual acts are wrong, prohibiting them by law will, it seems reasonable to suggest, at any rate reduce their incidence.* (p. 5)

> « Cet argument dépend des axiomes suivants, tous discutables : (1) la contrainte a pour seul but le salut de la personne qui la subit ; (2) le salut est lié à la croyance intérieure plutôt qu'à la pratique extérieure ; (3) la contrainte ne peut modifier la croyance intérieure. La première prémisse est la plus fragile : celui qui contraint peut ne pas avoir pour but de convertir des hérétiques mais plutôt d'éviter que ceux-ci ne fassent des émules dans les rangs des orthodoxes. L'interdiction de toute manifestation de la croyance hérétique peut servir efficacement ce but. Qui plus est, le persécuteur sera probablement enclin à penser que le salut des âmes de la génération actuelle n'est rien face à la perspective de sauver tous leurs descendants. [...] Si l'on considère l'action plutôt que la croyance alos la faiblesse du troisième argument est encore plus visible. Admettons que la contrainte est inefficace en matière de persuasion, mais il est plus difficile de prétendre qu'elle est inefficace quand il s'agit de faire disparaître des comportements supposés mauvais. Si, par exemple, on pense qu'il est mal de se livrer à des actes homosexuels alors les rendre illégaux pourra probablement au moins en réduire le nombre. »

La participation de Barry qui semble particulièrement pertinente ici réside dans l'affirmation, voire la démonstration, que les arguments qui sous-tendent l'idée que les non-libéraux peuvent soutenir les régimes libéraux s'avèrent peu convaincants : ils ne fonctionnent, au fond, qu'avec des individus imaginaires, certes *a priori* non libéraux, mais finalement proches des valeurs libérales. Tout se passe alors comme si le libéralisme ne parvenait pas à concevoir une réelle opposition à des valeurs parmi les plus fondamentales du libéralisme telles que la tolérance, la paix sociale, qui sont portées, justement, par les institutions libérales qu'il est ici question de soutenir.

> *Let me make it clear that I have no wish to disparage the significance of these three arguments. They were unquestionably crucial in the development of liberal states. The beginnings of liberal institutions antedate the prevalence of liberal attitudes, and it was precisely pragmatic arguments of the kind outlined here that led to support for such practices as religious toleration. Nevertheless, such pragmatic arguments are valid only under quite restrictive conditions and even then limited in the range of activities they cover. It is true that we move away from pragmatism with the variant of the third argument that ascribes value only to freely chosen beliefs and actions. But this is in itself a viewpoint characteristic of liberal individualism and is by no means standard among religious believers. What we are looking for, it should be recalled, is an argument that can be addressed to non-liberals to induce them to support liberal institutions while retaining intact their non-liberal attitudes.* (Barry, 1990, 6)
>
> « Je veux rappeler que je ne cherche pas à décrier la portée de ces trois arguments. Il ne fait aucun doute que leur rôle dans l'émergence des États libéraux a été crucial. L'apparition des premières institution libérales est antérieure à la généralisation d'attitudes libérales : les arguments pragmatiques de l'ordre de ceux exposés ici sont précisément ce qui a fait pencher la balance en faveur de la tolérance. Il reste que leur validité ne vaut que dans des conditions bien précises et qu'ils ne s'appliquent qu'à un nombre limité de cas. Il est vrai que nous nous éloignons du pragmatisme avec la variante du troisième argument qui n'attribue de la valeur qu'aux croyances et actions libres. Mais il s'agit déjà d'un point de vue caractéristique de l'individualisme libéral qui n'est en aucun cas majoritaire parmi les adeptes des religions. N'oublions pas que ce que nous cherchons c'est un argument qui s'adresse aux non-libéraux et qui les convaincrait d'apporter leur soutien aux institutions libérales tout en gardant leur posture non-libérale. »

Le principe de neutralité réussit-il là où les autres arguments échouent ? Soulignant au passage le lien des philosophes qui l'ont popularisé avec l'institution judiciaire américaine (« Pour bien comprendre le principe de neutralité il faut le voir comme une généralisation de la position de la Cour Suprême qui, après 1945, a interprété la règle constitutionnelle qui interdit au Congrès de légiférer pour établir une religion de plus en plus rigoureusement »)[6], Barry interroge l'existence d'une justification du principe éthique de neutralité qui lui confèrerait une validité qu'il ne reconnaît pas aux arguments précédents et concède que lorsqu'on procède comme Rawls ou Dworkin (auxquels il rajoute Bruce Ackerman) c'est-à-dire que l'on « déduit la neutralité de la prise en compte des exigences de la justice distributive[7] » il est alors cohérent de prôner un État neutre.

> *there is one point on which they all agree, and that is the negative point that what cannot count as a good reason for allocating a smaller share of resources to one person than he would otherwise be entitled to is that he would use these resources to pursue unworthy ends. This is the principle of neutrality, the principle that public policy should not be based on an evaluation of people's conceptions of the good. If we go on to assert 'the priority of the right over the good', so that considerations of justice trump all others, we can conclude that the principle of neutrality should be the organizing principle of every society.* (p. 7)

> « Ils sont tous d'accord sur une chose : on ne peut accepter que quelqu'un reçoive moins que la part de ressources à laquelle il a normalement droit sous prétexte qu'il utilisera ces ressources à des fins jugées peu dignes. Le principe de neutralité est le principe que les politiques publiques ne devraient pas être liées à l'évaluation de la conception que les gens ont du bien. Si l'on va jusqu'à affirmer "la priorité du juste par rapport le bien" ce qui signifie que les enjeux de justice importent toujours plus que tous les autres, alors on peut conclure que le principe de neutralité devrait présider à l'organisation de toute société. »

Néanmoins, s'il est exact de penser que la neutralité peut être déduite de l'exigence d'égalité elle-même fondée dans l'impératif de justice, il n'en resta pas moins qu'une telle conception de la société reste liée à une vision libérale du monde, ce que Barry démontre en partant de la notion de préférence externe qu'utilise Dworkin (qui fait écho à la distinction entre *first* et *third-person ethics*). Le raisonnement est un peu long mais vaut d'être cité ici :

6 « *For the best way of looking at the principle of neutrality is to see it as a generalization of the line of postwar Supreme Court cases that interpreted with increasing stringency the constitutional requirement that Congress shall make no law establishing a religion.* » (p. 7)

7 « *derive neutrality from a consideration of the demands of distributive justice* ».

> *Suppose I have certain wants derived from any sexual orientation. These are unproblematic, and should go into the calculus. But suppose I also have a preference that you should be frustrated in satisfying wants derived from your sexual orientation, because it conflicts with my theory of the good. This is an 'external' preference and should not be counted because there is no reason why my preference for your not being able to pursue your conception of the good should lead to your having a less than equal opportunity to pursue it. This would be to impose an unfair burden on you.* (p. 8)

Cette exclusion de la condamnation des actes d'autrui – qui ne nous affecte pas directement – comme principe opérant au sein des règles organisant la société se trouve aussi chez Rawls qui dirait que l'on peut être le pire homophobe de manière privée mais que ces considérations n'interviennent pas dans la sphère politique. Le problème ici réside dans la caractérisation d'une telle position :

> *[Non-liberals] could never agree that these convictions should be discounted as 'external preferences' because they would regard 'preference' as a wholly inappropriate category in which to put them. Once conceded that it is merely a matter of whose preference gets satisfied and it is indeed hard to deny that someone who wants to have his 'external preferences' to count is being greedy. But of course someone who really believes that homosexual acts are sinful and wicked will disclaim any notion that they should be prohibited to please him. Rather, he will say that if it is a matter of pleasing anyone it is a matter of pleasing God. But really, he will add, pleasing is not what it's all about. Homosexual acts are wrong and that is why the law should prohibit them.* (p. 9)

> « Les non-libéraux ne peuvent absolument admettre qu'on doit reléguer de ces convictions au rang de "préférences externes" parce que, à leurs yeux, les ranger dans la catégorie "préférence" n'est pas du tout recevable. Si, en effet, on considère que tout ça n'est qu'une histoire de préférence qui est ou n'est pas accordée, alors on ne peut plus nier que celui qui veut que ses "préférences externes" soient prises en compte, en demande trop. Seulement si quelqu'un croit vraiment que les actes homosexuels sont un péché, une infamie ne reconnaitra pas qu'il demande leur interdiction pour sa propre satisfaction. Il affirmera qu'en admettant qu'il s'agisse de satisfaction, alors c'est de celle de Dieu dont il est question. Il ajoutera, en outre, qu'il faut des lois pour interdire l'homosexualité parce que c'est mal, non pas pour satisfaire quiconque. »

En effet

> *any understanding of the Church's teachings that treats them as matters of personal opinion is profoundly at odds with the claims that the Church itself makes for its teachings. Exactly the same can be said of those who derive their notions of right and wrong directly from an authoritative book such as the Bible rather than from*

> *an authoritative organization such as the Roman Catholic Church. Either way, for someone to be prepared to say 'Homosexuality is wrong but that's just my private opinion', he or she must already have swallowed a large dose of liberalism.* (p. 10)

> « le traitement des enseignements de l'Église comme des questions d'opinion personnelle est aux antipodes de la position de l'Église sur ses propres enseignements. Il en va de même pour ceux qui tirent leur conception du bien et du mal d'un livre faisant autorité, comme la Bible, plutôt que d'une organisation faisant autorité comme l'Église catholique. En tout cas, quelqu'un qui est prêt à affirmer "l'homosexualité c'est mal, mais il s'agit juste de mon opinion personnelle" a forcément déjà pris une bonne dose de libéralisme. »

Et Barry de conclure en faveur d'un libéralisme combatif qui défend ses valeurs parce qu'il y va justement de la survie des institutions libérales que les dogmatiques ne maintiendraient pas de leur propre gré.

> *I do not think that liberals can afford the luxury of unilateral disarmament. Very likely we are headed for a new Dark Age, and nothing philosophers of a liberal persuasion can do will prevent it. But given the choice between trying to persuade non-liberals to accept the principle of neutrality and trying to discredit their beliefs, I think that the second is clearly the better strategy.* (p. 14)

> « Je ne crois pas que les libéraux peuvent se permettre le luxe du désarmement unilatéral. Il est très probable que nous nous dirigions droit vers un nouvel âge obscurantiste et les philosophes d'inspiration libérale n'y pourront rien. Mais entre tenter de convaincre les non-libéraux d'accepter le principe de neutralité, et tenter de discréditer leurs croyances, je crois que la deuxième option est la meilleure stratégie. »

Ainsi la neutralité de l'État est au fond une forme institutionnelle cohérente pour le libéralisme, mais pas pour d'autres idéologies. Il s'ensuit que pour épouser la neutralité le libéral a bien moins de chemin à parcourir que les autres, ce qui augure mal de la possibilité de neutralité. Le défaut de cette représentation semble résider dans sa structure comparative qui paraît poser le problème dans les termes suivants : le non-libéral met ses valeurs dogmatiques de côté puisqu'il cesse de tenter de les imposer aux autres tandis que le libéral cesse d'exiger la liberté et l'autonomie de tous, renonçant, quant à lui, au libéralisme compréhensif. Or le dogmatisme et un esprit ouvert ne sont pas des positions similaires et comparables, ils ne peuvent être « équitablement réduits ». Si cette conclusion est correcte, alors il ne reste qu'à concevoir le libéralisme comme une idéologie propre qui n'a pas de disposition particulière à opérer la jonction avec d'autres idéologies même s'il les tolère. Il faudrait dès lors admettre que le libéralisme n'est que compréhensif et que les institutions libérales s'imposent aux non-libéraux soit contre leur gré, (mais il faudra alors admettre qu'il restreint paradoxalement la liberté de ces individus-là) soit parce que leur influence s'exerce effectivement suffisamment pour les rapprocher des valeurs libérales qu'elles incarnent.

## LE PLURALISME EST-IL LIBÉRAL OU ANTI-LIBÉRAL ? Deux exemples contradictoires

Comme nous l'avons vu dans cette première partie, la position qui consiste à réaffirmer la légitimité d'un fondement du politique dans l'éthique éloigne – explicitement dans le cas de Barry, implicitement dans le cas de Dworkin – de la perspective d'une possible neutralité de l'État, qui ne serait ni souhaitable ni tenable. Cette position s'avère cependant tout à fait insatisfaisante du point de vue strictement pluraliste. Si l'on considère que les valeurs morales sont par essence contradictoires entre elles, que le pluralisme des valeurs est le reflet exact de la condition humaine, on ne peut adhérer au libéralisme combatif prôné par Barry ou au monisme que Dworkin cherche à réhabiliter, sans pour autant aller dans le sens de la neutralité de l'État, par le biais d'une conception proche du libéralisme politique. Il s'agit alors, au contraire, de concevoir une politique avant tout conforme à la conception pluraliste, quitte à opérer un recul face aux valeurs libérales. On peut distinguer deux postures qui vont en ce sens. L'une, à l'instar de celle de William Galston, tend à trouver un lien nécessaire entre libéralisme et pluralisme, et suppose un infléchissement du libéralisme renonçant en tout cas à la supériorité de ses principes moraux historiques, pour devenir par exemple un « libéralisme pratique » (« *practical liberalism* ») selon l'appellation de C.L. Carr ; l'autre consiste au contraire à les considérer séparément pour conclure qu'une organisation politique respectueuse du pluralisme n'est pas forcément libérale, voire qu'une position libérale et pluraliste au sens fort du terme constitue en fait une contradiction. C'est notamment la position de John Gray, contre laquelle Galston se situe explicitement même s'il partage certaines de ses analyses.

Gray a essentiellement développé sa position dans les années 90, d'abord dans *Post-Liberalism*, puis avec son ouvrage sur Isaiah Berlin, enfin dans *Two Faces of Liberalism*, paru en 2000. Signalons que globalement Gray est un auteur prolifique, iconoclaste, dont les écrits plus récents, qui l'ont rendu célèbre en Grande-Bretagne, ne sont plus directement liés au libéralisme. De plus, outre les difficultés d'interprétation, sa trajectoire politique ou intellectuelle plus largement, contient des variations significatives qui rendent un exercice de présentation particulièrement périlleux[8]. De fait, l'appartenance de Gray au libéralisme n'a rien d'univoque. Certaines de ses critiques à l'encontre de celui-ci semblent si sévères qu'elles poussent à classer Gray comme anti-libéral, tandis que son adhésion au *modus vivendi*, lequel est souvent perçu comme néanmoins apparenté au libéralisme, tend à relativiser ce classement. En outre une bonne partie de son œuvre est consacrée au libéralisme si bien que si l'on réfute son appartenance au libéralisme, il ne fait aucun doute qu'il en est un spécialiste, en tant qu'universitaire, même si ses recherches l'ont mené à s'en éloigner progressivement. En effet, du propre aveu de l'auteur, c'est le terme *post-libéral* qui convient le mieux à la description de sa pensée politique, encore que ce terme ne résolve pas vraiment le dilemme puisqu'il reste à définir si le post-libéralisme peut être considéré comme une forme libérale.

> *Given its origin in problems arising in liberal theory it seems reasonable to describe modus vivendi as post-liberal rather than anti-liberal. At the same time the claim that it is anti-liberal cannot simply be dismissed. In the past I have described modus vivendi as a neo-Hobbesian theory, and this in itself raises the question whether it can count as a version of liberalism.* (Gray, *Reply to critics*, 2007, 221)

> « Dans la mesure où l'origine du *modus vivendi* réside dans les problèmes qui sont apparus dans la théorie libérale, je crois qu'il vaut mieux décrire celui-ci comme post-libéral plutôt qu'anti-libéral. En même temps on ne peut pas nier la possibilité qu'il soit anti-libéral. J'ai déjà défini le *modus vivendi* comme une théorie post-Hobbesienne, ce qui en soi suffit à poser la question de son appartenance au libéralisme. »

8 L'article « Gray's Progress: From Liberalisms to Enlightenment's Wake » de J. Shearmur donne un aperçu de cette trajectoire. Le chapitre de N. O'Sullivan (O'Sullivan, 2007) présente les enjeux essentiels d'une définition de la pensée de Gray.

Pour présenter succinctement le *modus vivendi*, tel que le conçoit Gray en tout cas, il faut indiquer le lien nécessaire entre celui-ci et le pluralisme des valeurs : l'un impliquant l'autre et réciproquement. Ainsi, « le *modus vivendi* est un projet politique raisonnable pour celui qui considère la diversité des intérêts et des idéaux comme la normalité de la condition humaine[9] » (*ibid.* p. 224), tandis que le pluralisme des valeurs est dénié par d'autres projets, notamment par le libéralisme et sa revendication universaliste, rationaliste. Cependant, comme nous l'avons dit, la réflexion de Gray ne se situe pas à l'extérieur du libéralisme mais bien, explicitement, dans sa lignée, pour s'appuyer, à l'instar, notamment, des penseurs présentés dans le chapitre 3, sur la distinction entre deux courants libéraux antagonistes et appeler à l'abandon du premier au profit du deuxième, qu'il nomme « post-libéralisme », « *modus vivendi* », « un autre libéralisme » ou encore « libéralisme post-Lumières » (« *post-Enlightenment liberalism* »).

> *Liberalism contains two philosophies. In one, toleration is justified as a means to truth. In this view, toleration is an instrument of rational consensus, and a diversity of ways of life is endured in the faith that is destined to disappear. In the other, toleration is valued as a condition of peace, and divergent ways of living are welcomed as marks of diversity in the good life. The first conception supports an ideal of ultimate convergence on values, the latter an ideal of modus vivendi. Liberalism's future lies in turning its face away from the ideal of rational consensus and looking instead to modus Vivendi.* (*Ibid.* p. 105)
>
> « Le libéralisme englobe deux philosophies. Dans l'une, la tolérance se justifie comme un moyen permettant d'accéder à la vérité. Dans cette perspective la tolérance permet le consensus rationnel et l'on supporte la diversité des modes de vie en croyant que celle-ci est vouée à disparaître. Dans l'autre, la tolérance est synonyme de paix, ce qui lui donne sa valeur – les différents modes de vie sont accueillis avec enthousiasme, en tant qu'ils indiquent la diversité de la vie bonne. La première conception nourrit un idéal de convergence ultime des valeurs, l'autre un idéal de *modus vivendi*. L'avenir du libéralisme réside dans l'abandon du consensus rationnel et l'adoption du *modus vivendi*. »

Un autre terme fréquemment employé, est celui de « néo-hobbesien » (voir citation ci-dessus), une terminologie qui place explicitement Gray dans la tradition hobbesienne par opposition à Locke et du côté de certains penseurs plus récents, Berlin bien sûr avec lequel il partage le

9 *« modus vivendi is a reasonable political project for one who sees the diversity of interests and ideals as the normal human condition ».*

pluralisme des valeurs mais aussi Oakeshott. Certains chercheurs ont d'ailleurs souligné les ressemblances entre le *modus vivendi* et la *civil society* de ce dernier.

> *Liberalism has always had two faces. From one side, toleration is the pursuit of an ideal form of life. From the other, it is the search for terms of peace among different ways of life. In the former view, liberal institutions are seen as applications of universal principles. In the latter, they are a means to peaceful coexistence; in the first, Liberalism is a prescription for a universal regime. In the second, it is a project of coexistence that can be pursued in many regimes. The philosophies of John Locke and Immanuel Kant exemplify the liberal project of a universal regime, while those of Thomas Hobbes and David Hume express the liberalism of peaceful coexistence. In more recent times, John Rawls and F.A. Hayek have defended the first liberal philosophy, while Isaiah Berlin and Michael Oakeshott are exemplars of the second.* (Gray, 2000, 2)

> « Le libéralisme a toujours eu deux visages. D'un côté la tolérance consiste à recherche une forme de vie idéale. De l'autre, c'est la recherche des conditions de la paix entre différentes formes de vie. Dans le premier cas, on considère les institutions libérales comme l'application de principes universels ; dans le deuxième, comme un moyen de coexistence pacifique. Pour le premier le libéralisme prescrit un régime universel ; pour le deuxième, il est un projet de coexistence que différents régimes peuvent adopter. Les philosophies de John Locke et d'Emmanuel Kant représentent le projet libéral d'un régime universel ; celles de Thomas Hobbes et de David Hume sont caractéristiques du libéralisme de coexistence pacifique. Plus récemment, John Rawls et F.A. Hayek défendent la première philosophie libérale, alors que Isaiah Berlin et Michael Oakeshott sont typiques de la deuxième. »

Le préfixe « neo » vient cependant indiquer une révision substantielle des préceptes hobbesiens : « il y a beaucoup d'erreurs et d'anachronisme dans la pensée de Hobbes[10] » (Gray, 2000, 132). Hobbes n'a rien d'un pluraliste et Gray rejette la nécessité de l'absolutisme, conçoit l'état de guerre comme une lutte entre groupes (« *communities* »), plutôt qu'entre individus. Pour autant il intègre l'idée que l'État moderne est le rempart nécessaire contre la généralisation de la violence, que la justice n'est jamais qu'une convention, l'imposition (« *enforcement* ») de règles par le pouvoir politique. Le *modus vivendi* néo-hobbesien apparaît finalement comme un régime au sein duquel des procédures propres maintiennent un processus de négociation entre les valeurs contradictoires. Il tire sa légitimité non seulement de sa capacité à permettre la paix mais aussi à éviter ce que

10 « *there is much in Hobbes's thought that is mistaken or anachronistic* ».

Gray appelle les fléaux universels (« *universal evils* »). Car ceux-ci existent, même pour un pluraliste, dans la mesure où ils empêchent *de facto* tout individu d'accéder au bien-être : le génocide, la torture, l'humiliation, une inégalité telle que certains sont exclus de la négociation… Le pluralisme des valeurs admet aussi que la paix et la justice constituent des valeurs universelles qui peuvent elles-mêmes entrer en contradiction. Pour autant le *modus vivendi* demeure une conception anti-universaliste. Ancré dans son contexte culturel et historique, fruit d'une négociation permanente, forcément singulier, il n'est en aucun cas une forme figée. Il est impossible d'en donner une description précise, Gray ayant recours à la multiplicité d'exemples pour en illustrer telle ou telle manifestation tout en insistant sur sa diversité. Il semble qu'il faille néanmoins retenir qu'il s'apprécie en termes de légitimité plus ou moins forte, c'est-à-dire du respect d'« un minimum de décence et de légitimité que tous les régimes actuels garantissent, mais qui ne constitue pas des valeurs libérales claires et évidentes[11] » (Gray, 2000, 109). Enfin, cette légitimité est toujours relative, irrégulière, puisque, par définition, des choix qui s'opèrent entre des valeurs contradictoires s'opèrent au détriment de certaines.

> *Legitimacy is not something that can always be easily decided. An authoritarian regime such as that ruling post-Mao China may protect some of the vital interests of the majority; but in so far as it is engaged in genocidal repression in Tibet its legitimacy becomes questionable. Equally a liberal democratic regime may be illegitimate insofar as it is too weak or too corrupt to protect the vital interests of the majority, or of minorities. In its last phase the Yeltsin regime in Russia may have become illegitimate in this way. (That does not mean that its successor will be more legitimate. It could well be worse.) There is no simple test of legitimacy.* (Gray, 2000, 108)
>
> « On ne pas toujours facilement se prononcer sur la légitimité. Un régime autoritaire comme celui de la Chine post Mao protège certains des intérêts vitaux de la majorité de la population ; mais dans la mesure où il est responsable d'une répression proche du génocide au Tibet, sa légitimité est discutable. Un régime démocratique libéral peut également être illégitime s'il est trop faible ou trop corrompu pour protéger les intérêts vitaux de la majorité ou des minorités. Les dernières années du régime de Eltsine en Russie témoignent peut-être de ce genre d'illégitimité (ce qui ne signifie pas que son successeur sera plus légitime, cela pourrait bien être pire). Il n'y a pas de test simple pour établir la légitimité. »

11 « *minimal standards of decency and legitimacy that apply to all contemporary regimes, but they are not liberal values writ large* ».

On le voit, Gray use de mots qui ne sont pas ceux auxquels nous a habitués le libéralisme. Exit toute considération morale, il s'agit ici des intérêts pratiques, voire physiques de l'individu. Pour Gray, la politique est affaire de réel, non d'idéal. Il n'est pas non plus question de droits, ni de liberté(s). Toute tentative de hiérarchisation des valeurs, d'érection en principe universel d'une morale, contrevient au pluralisme des valeurs, ne reflétant ni la complexité de l'expérience humaine, ni sa réalité. Hors *modus vivendi*, le libéralisme s'abîme nécessairement sur cet écueil. Le libéralisme politique, malgré son ambition pluraliste, n'échappe pas à la critique, d'abord parce que ce qui se présente comme une concession pluraliste se compose en fait de notions universalistes suffisamment vagues pour faire consensus : « les principes libéraux de Rawls hésitent sans cesse entre le Scylla du manque de détermination et le Charybde de l'incommensurabilité[12] » (Gray, 2000, 73). De fait, Gray est très véhément contre le « nouveau libéralisme » (il ne s'agit pas du « *new liberalism* » présenté au chapitre 2 mais de la veine du libéralisme philosophique et égalitaire qui apparaît avec Rawls), considérant, entre autres reproches, que le transfert du politique vers la justice constitue une grave erreur. La nature du politique consiste à établir un compromis entre des exigences discordantes. Si l'on cherche à graver certaines d'entre elles dans le marbre du droit, alors on tend à rendre le compromis impossible :

> *The notion that different communities might legitimately have different legal regimes for abortion or pornography, for example, is hardly considered. Indeed, it becomes difficult to state such a proposition intelligibly, as the discourse of rights increasingly drives out all others from political life. If the theoretical goal of the new liberalism is the supplanting of politics by law, its practical result–especially in the United States, where rights discourse is already the only public discourse that retains any legitimacy–has been the emptying of political life of substantive argument and the political corruption of law. Issues, such as abortion, that in many other countries have been resolved by a legislative settlement that involves compromises and which is known to be politically renegotiable, are in the legalist culture of the United States matters of fundamental rights that are intractably contested and which threaten to become enemies of civil peace. The new liberalism that dominates Anglo-American political philosophy is a faithful image of the political culture that gave it birth.* (Gray, 2007 (1995), 9)

> « La perspective qu'il est peut-être légitime que différentes communautés aient différents régimes légaux pour ce qui concerne l'avortement ou la

12 « *Rawls's liberal principles waver incessantly between the Scylla of indeterminacy and the Charybdis of incommensurability* ».

> pornographie, par exemple, est à peine évoquée. Il devient, en effet, de plus en plus difficile de le suggérer, et d'être compris, puisque le discours sur les droits exclut peu à peu tous les autres discours de la vie politique. Si le but, en théorie, du nouveau libéralisme consiste à remplacer la politique par la loi, son résultat, en pratique, surtout aux États-Unis où le discours sur les droits est le seul encore légitime, est d'avoir vidé la vie politique de tout argument avec la moindre substance et d'avoir effectué une corruption politique de la loi. Les enjeux, tels que l'avortement, qui dans de nombreux autres pays ont fait l'objet d'une résolution législative renégociable grâce à des compromis, sont, dans la culture légaliste des États-Unis des questions de droits fondamentaux, donnant lieu à des contestations insolubles et menaçant la paix civile. Le nouveau libéralisme qui domine la philosophie politique anglo-américaine est à l'image de la culture qui lui a donné naissance. »

Il semble que si Gray juge Rawls si sévèrement, malgré la prise en compte du fait du pluralisme par ce dernier, c'est au fond parce qu'il est trop kantien, incarne le rationalisme des Lumières, qui plus est, de manière anachronique, en perpétuant l'illusion d'un consensus rationnel universel. En outre, Gray n'est pas avare de critiques sévères, même face à des penseurs dont il loue par ailleurs la perspicacité comme Mill et Berlin. De ce premier, auquel il a consacré son premier ouvrage[13], il fait une analyse, qui rappelle – justement – celle que faisait Berlin de Mill, dans la mesure où il retient que Mill avait eu l'intuition du pluralisme des valeurs et de l'invalidation de l'universalisme des Lumières, sans pour autant renoncer à celui-ci. C'est, toujours selon Gray, Berlin (qui « a pris la relève de Mill[14] » (Gray 2000, 31)) qui dessine les contours du libéralisme agnostique auquel Gray semble encore adhérer au tournant du siècle. Admettant que les valeurs sont intrinsèquement potentiellement contradictoires, Berlin semble annoncer, aux yeux de Gray, qu'aucune valeur ne mérite un statut universel. Mais, et c'est là son incohérence, toujours selon Gray, il continue de considérer la liberté – négative – comme la valeur fondamentale du libéralisme, et le libéralisme comme le régime le plus souhaitable parce que respectueux de la liberté. Car, on l'aura compris, le pluralisme des valeurs implique que la liberté ne peut logiquement bénéficier d'un statut spécial, un pluraliste n'a donc pas de raison *a priori* d'être libéral. De plus, il semble que, dans la mesure où le libéralisme suppose finalement une adhésion à un idéal

13 *Mill on Liberty: A Defence* (1983).

14 « *took up where Mill left off* ».

universel, le pluraliste aura plutôt tendance à prendre ses distances face à celui-ci, toujours *a priori*, même si la tolérance historique des régimes libéraux pourra le rassurer.

Ainsi Gray paraît concevoir le pluralisme des valeurs comme le ver dans la pomme libérale. De ce point de vue Berlin aurait sonné le glas du libéralisme, sur le plan théorique du moins, et ce malgré lui. Cette interprétation est loin de faire l'unanimité, même parmi les pluralistes déclarés. Galston, répondant explicitement à Gray, rappelle tout d'abord que « la description que fait Berlin du seuil moral en dessous duquel aucun mode de vie ne peut être vu comme humain, décent, moralement acceptable, même minimalement, participe de la liberté négative[15]. » (Galston, *Value pluralism and Liberal Political Theory*, 1999, 772). Libre à Gray de ne pas partager cette opinion, mais il ne s'agit pas d'une incohérence, ni dans la pensée de Berlin, ni plus généralement, dans l'approche pluraliste dont on a déjà vu qu'elle identifie certains obstacles et certains prérequis au bien-être de l'humanité. Dès lors il faut reconnaître que les régimes libéraux sont bien plus prompts à protéger la liberté que les régimes autocratiques ou selon la formule de Crowder « par c'est l'ordre libéral qui offre la meilleure défense de la diversité[16] » (Crowder, 2007, 466). Enfin :

> *The third and deepest reason value-pluralist liberals cannot accept Gray's Hobbesian/Herderian politics rests on their understanding of human nature and culture. They readily acknowledge that not all societies are or need be well disposed toward the preference for individual choice characteristic of advanced industrial societies, and especially those of the English-speaking world. Yet, they believe nonetheless that most human beings bridle at repressive policies and resist them when they can. Although value-pluralist liberals celebrate legitimate diversity among cultures, they suspect that diversity will almost always exist within any culture as well and that one with a smoothly homogeneous face reflects the covert operation of power.* (Galston, 1999, 778)
>
> « La troisième raison, et la plus importante, pour laquelle les libéraux-pluralistes des valeurs ne peuvent accepter la politique hobbesienne/herderienne de Gray est lié à leur conception de la nature et de la culture humaine. S'ils reconnaissent volontiers que toutes les sociétés ne sont pas bien disposées, et n'ont pas à l'être, envers la prédilection pour les choix individuels qui caractérise les sociétés industrielles développées, notamment celle du monde anglophone,

15 « *a measure of negative liberty enters into Berlin's understanding of the moral threshold below which no form of life can be considered minimally human, decent and morally acceptable* ».

16 « *the promotion of diversity is best accommodated by a liberal political order* ».

ils pensent, cependant, que la plupart des êtres humains se rebiffent contre les politiques répressives, voire leur résistent quand ils le peuvent. Il est vrai que les libéraux-pluralistes des valeurs louent la diversité légitime des cultures, mais ils se doutent que la diversité est aussi inévitablement présente au sein d'une même culture. Face à une culture homogène, sans la moindre aspérité, ils verront l'exercice masqué de la force. »

Cette dernière citation, nous ramène au fond à des questions de philosophie libérale plus traditionnelles, à savoir la place de l'individu, à laquelle Gray et Galston n'apparaissent pas accorder la même importance. Or il nous semble que le pluralisme des valeurs tel que défini par Berlin, est par essence un individualisme, dans la mesure où le choix entre des valeurs contradictoires ne peut pas être évité, ni guidé par des principes généraux, le choix revient bien à l'individu concerné. Si les deux avocats de la diversité que sont Berlin et Mill – du propre aveu de Gray – sont aussi des champions de la liberté individuelle, c'est parce qu'ils affirment que l'individu est toujours le mieux placé pour prendre les décisions le concernant. Pour paraphraser Berlin, c'est bien la réalité du pluralisme des valeurs, la complexité de la condition humaine dans laquelle il n'y a pas un bon choix et un mauvais choix, mais plusieurs choix possibles qui engendreront tous des gains et des sacrifices, qui explique que l'être humain accorde tant d'importance à la liberté. Une conclusion notoirement réfutée par Gray qui refuse le passage de la nécessité de faire des choix vers la valorisation de la possibilité de choisir conduisant à la préférence pour le libéralisme. Ceci ne revient pas à dire que Gray considère la répression des dissidents comme bénigne : les autocraties auxquelles il accorde une certaine légitimité sont au contraire respectueuses des minorités (l'Empire Ottoman par exemple). Il reste qu'au sein de ces minorités ou de la majorité, rien ne garantit le droit à la diversité des individus : c'est certainement là l'un des points les plus contestables de l'argumentation de Gray. Ainsi dans son *Isaiah Berlin* (Gray, 1996), Gray réfute le passage du pluralisme au libéralisme défendu par Berlin en retournant l'argument de ce dernier qui soutenait le libéralisme parce susceptible d'accueillir une plus grande diversité en son sein que d'autres formes d'organisations politiques :

*If liberal societies are to be commended on the pluralist ground that they harbour more genuine values that some illiberal societies, does it not follow that the human world will be still richer in value if it contains not only liberal societies but also illiberal*

> *regimes that shelter worthwhile forms of life that would otherwise perish?* [...] *But if diversity comes into conflict with liberty, and the diversity is that of worthwhile forms of life expressive of genuine human needs and embodying authentic varieties of human flourishing, why should liberty always trump diversity–especially if one is a value pluralist?* (Gray, 1996, 152)
>
> « Si l'on doit faire l'éloge des sociétés libérales parce qu'elles sont pluralistes et abritent plus de véritables valeurs que certaines sociétés non-libérales, ne devrions-nous pas en déduire que l'humanité engloberait plus de valeurs encore, si elle se composait non seulement de sociétés libérales mais aussi de régimes non-libéraux qui permettent la survie de formes de vies qui méritent d'être vécues et qui seraient, sinon, vouées à disparaître ? [...] Mais si la diversité et la liberté s'excluent parfois l'une l'autre, si cette diversité consiste en des formes de vies qui méritent d'être vécues, manifestations d'authentiques besoins humains, incarnations d'un véritable épanouissement parmi ceux que peuvent connaître les êtres humains, alors pourquoi la liberté devrait-elle toujours triompher de la diversité, surtout si l'on est pluraliste des valeurs ? »

Or, du point de vue berlinien de Galston, la diversité que prétend sauvegarder Gray (qui tente, il est vrai, dans le contexte particulier de l'écroulement de l'empire soviétique de s'opposer à la tentation de faire du monde entier un régime libéral, quitte à forcer la main à quelques dictateurs à l'Est et au Moyen-Orient) est tout à fait valide dans certaines limites, notamment celle du respect de la liberté négative de l'individu.

> *But one thing is clear: Political communities cannot rightly be prisons, figuratively or literally. This rejection of human imprisonment is the core of what Berlin means by negative liberty, and it is a principle with moral force across political boundaries. It extends to cultural communities within specific regimes as well. While value pluralism suggests that a wide range of family practices, including (say) arranged marriages, may be acceptable, cultural communities may not use their practices as instruments of imprisonment directed against members who have ceased to believe in them.* (Galston, 2004, 56)
>
> « Une chose est claire cependant : les communautés politiques ne peuvent être des prisons, au sens propre ou au sens figuré. Ce refus de l'emprisonnement est au cœur de du sens que donne Berlin à la liberté négative. Il s'agit d'un principe dont la légitimité morale dépasse les frontières politiques. Il est aussi valable pour des communautés culturelles aux régimes spécifiques. Si le pluralisme des valeurs tient pour acceptable une large palette de pratiques familiales, comme, par exemple, les mariages arrangés, les communautés culturelles ne peuvent se servir de leurs pratiques comme moyens d'emprisonnement qu'ils imposeraient à ceux qui ont cessé d'y adhérer. »

Selon Galston, le pluralisme des valeurs n'implique pas nécessairement une dose aussi forte de particularisme que chez Gray, qui, s'il ne tombe jamais dans le relativisme s'en approche toutefois plus que Galston, lequel aime d'ailleurs à décrire son pluralisme (et celui de Berlin) comme un « pluralisme restreint » (« *restricted pluralism* »), c'est-à-dire qui tient certaines valeurs pour relativement essentielles (« *not wholly replaceable* ») (Galston, 2004, 49). Au contraire, sur le plan structurel seulement, le pluralisme des valeurs fonctionne dans le libéralisme pluraliste comme d'autres éthiques dans des formes libérales plus traditionnelles. Galston ne croit pas au libéralisme politique et à une raison publique qui ne reflète pas de principes moraux : il n'y a pas de principes moraux qui soient « hors » d'une subjectivité. Il considère, par conséquent, sa propre doctrine comme « compréhensive », même si son pluralisme des valeurs le mène à tenir compte de l'historicité des principes moraux et de leur possible contradiction. Significativement, comme Gray, Galston se repose sur une multiplicité d'exemples particuliers, mais la stratégie n'est pas tout à fait semblable : pour Gray, il s'agit plus de refléter la diversité de l'expérience humaine alors qu'on peut penser que Galston essaye surtout de défendre la véracité du pluralisme des valeurs. Il ne s'agit certes pas de justifier le libéralisme pluraliste par « supériorité épistémique » mais bien de montrer que celui-ci est suffisamment fondé pour constituer une alternative crédible à d'autres doctrines politiques. Concrètement, sans être prescriptif, Galston croit être en mesure de dessiner les contours d'une organisation politique acceptable pour le libéralisme pluraliste. Elle comprend trois caractéristiques. La première est l'existence de conditions indispensables à l'ordre public (*the minimum conditions of public order*), qui vient rappeler l'importance accordée par les pluralistes à la paix sociale, presque toujours facteur de bien-être ou d'épanouissement :

> *For modern societies these conditions form a familiar list. Among them are clear and stable property relations, the rule of law, a public authority with the capacity to enforce the law, an economy that does not divide the population permanently between a thin stratum of the rich and the numerous poor, and a sense of membership in the political community strong enough (in most circumstances, anyway) to override ethnic and religious differences.* (Galston, 2004, 66)

> « La liste de ces conditions est bien connue de nos sociétés modernes. On y trouve un rapport clair et stable à la propriété, l'État de droit, une autorité

publique capable de faire respecter la loi, une économie qui ne repose pas sur une population toujours divisée en deux groupes, l'un se composant de quelques riches et l'autre de nombreux pauvres, un sentiment d'appartenance à la communauté politique suffisamment fort pour l'emporter sur les différences ethniques ou religieuses. »

Signalons en outre que ces conditions supposent aussi une régulation de l'économie de marché, un minimum de prestations sociales et un accès à l'éducation. La deuxième caractéristique est le constitutionalisme, qui dans une société plurielle et pluraliste constitue un rempart contre l'émiettement de la société :

> *Within the pluralist understanding, to begin, there is no single constitutional ordering that is rationally preferable to all others–certainly not across differences of space, time, and culture, and arguably not even within a given situation. Nonetheless, the worth of a constitution can be assessed along three dimensions: Call them realism, coherence, and congruence. A constitution is realistic if the demands it places on citizens are not too heavy for them to bear. A constitution is coherent if the ensemble of values it represents are not too diverse to coexist within the same community. A constitution is congruent if its broad outlines correspond to the moral sentiments of the community and to the situation that community confronts.* (Galston, 2004, 67)

> « Tout d'abord le pluralisme ne conçoit pas d'ordre constitutionnel unique qui aurait sa préférence parce qu'il serait plus rationnel : il n'existe pas de tel ordre qui serait indépendant du lieu, du temps, de la culture, ni même, au demeurant, au sein d'un même contexte. On peut toutefois estimer la valeur d'une constitution en fonction de trois facteurs, qu'on peut désigner comme suit : le réalisme, la cohérence, la congruence. Une constitution est réaliste si ses exigences envers les citoyens ne sont pas excessives. Une constitution est cohérente si l'ensemble des valeurs qu'elle incarne ne sont pas diverses au point de ne pouvoir coexister dans une même communauté. Une constitution est congruente si, dans ses grandes lignes, elle correspond aux sentiments moraux de la communauté et à la situation à laquelle elle doit faire face. »

Enfin la « présomption éthique » qui constitue la proposition la plus originale, au regard de la tradition libérale. Il s'agit de s'assurer que dans les délibérations politiques on suppose l'existant préférable au changement à moins que l'avocat du changement ne puisse convaincre du caractère préférable dudit changement. Plus le changement proposé est ancré dans la société, plus le réformiste devra se montrer convaincant. Il s'ensuit que les principes pratiques et lois qui régissent nos vies sont à la fois solidement ancrés et contestables. Ceci vaut particulièrement pour les questions de « morale ordinaire » qui font que l'on condamne le vol, le meurtre, l'abus des plus faibles et pour la « culture publique » :

> *public culture, by which I mean the ensemble of practical principles that gives each political community its distinct identity. In the case of the United States, for example, a kind of social egalitarianism, libertarianism, commitment to equal opportunity and personal responsibility, and mistrust of authority (including governmental authority) helps define a public culture that differs from that of other democratic nations. The wind is in the sails of those who deploy these principles in defense of specific public policy proposals. By contrast, those who employ opposed principles (say, sociological determinism, rather than personal responsibility) bear a heavy burden of proof.* (Galston, 2004, 77)
>
> « ce que j'entends par la culture publique, c'est l'ensemble de principes pratiques qui donne à chaque communauté politique son identité distincte. Dans le cas des États-Unis, par exemple, une sorte d'égalitarisme social, d'idéal libertaire, d'attachement à l'égalité des chances, à la responsabilité individuelle et la méfiance envers l'autorité (y compris l'autorité du gouvernement) participent à l'élaboration d'une culture publique qui est différente de celles des autres nations. Les projets de politique publique particuliers s'inspirent de ces principes sont susceptibles d'être bien accueillis. Par contre, les projets qui se fondent sur des principes contraires, (par exemple le déterminisme sociologique en lieu et place de la responsabilité individuelle) ont fort à faire pour convaincre. »

La justification de la présomption éthique, réside dans le maintien d'un dialogue entre « l'individualisme qui pousse vers la différenciation et la communauté (*"commonality"*) qui tend vers l'organisation[17] » (Galston, 2004, 78). La présomption éthique agit comme un tropisme conservateur propre à éviter l'uniformisation que redoutent les pluralistes, même s'ils sont libéraux. C'est probablement la caractéristique que Gray ne rejetterait pas, encore qu'il y ait fort à parier qu'il trouverait l'approche quelque peu procédurière et trop influencée par le légalisme américain. À l'inverse, on remarquera que les deux premières caractéristiques s'inscrivent dans la droite ligne du libéralisme, surtout si on y ajoute l'insistance sur un minima de la liberté individuelle. Pour autant, dans le cas du libéralisme pluraliste, il n'est pas aisé de répondre à la question soulevée en introduction à ce chapitre, à savoir la possibilité pour un libéralisme ayant intégré le pluralisme de ne pas aller vers un recul de la liberté individuelle : le libéralisme pluraliste

17 « *the differentiating force of individuality and the organizing tendencies of commonality* ».

d'un Galston semble – évidemment – avoir définitivement renoncé à la promotion de la liberté individuelle en tant que valeur, donc à la défense énergique de l'individu libre que promettait le libéralisme sous sa forme millienne. Il reste que le respect du contexte culturel des pays anglo-saxons constituerait certainement aux yeux de Galston et de Gray un argument pouvant en justifier la tradition et la légitimité.

# CONCLUSION

L'objet du présent ouvrage était de permettre une meilleure compréhension de la tradition libérale anglo-saxonne depuis Mill. À cette fin, nous avons présenté différents traitements des concepts clés du libéralisme de la part d'auteurs donc nous estimons qu'il est légitime de les inclure dans un ouvrage sur le libéralisme, même s'il n'est pas simple de définir les frontières du libéralisme. Dans deux cas au moins, nous avons signalé une appartenance contestable, à savoir Oakeshott et Gray. Ces deux penseurs ont une caractéristique commune : tous deux remettent en cause la théorie politique en tant que catégorie, non pas seulement sur le plan du contenu de celle-ci, mais plutôt sur le mode d'une critique épistémologique. Cet aspect de leur pensée contribue d'ailleurs à les rendre quelque peu « inclassables ». Nous ne revenons pas sur Oakeshott, déjà longuement présenté, mais proposons de nous arrêter brièvement sur Gray, dont les liens avec le libéralisme se sont distendus au fur et à mesure qu'il proposait une critique méthodique de celui-ci. Car Gray paraît être proche d'une école de pensée qui s'affirme depuis une dizaine d'années et procède notamment à une critique rigoureuse du libéralisme, surtout du libéralisme d'inspiration rawlsienne du point de vue du « réalisme politique ». Le terme « école » n'est d'ailleurs pas le meilleur, puisqu'il n'existe pas de maître à penser, ni d'enseignement clairement identifiable. Il est sans doute préférable de parler de méthode.

> *It is reasonable to view liberal political philosophy as the philosophy of our times. There are of course many schools of thought critical of this philosophy, but it is hard to identify among that disparate group any persuasive alternative to liberalism as it is presented by, amongst others, Rawls and Dworkin. Of those critical voices, one of the least discussed, and the subject of this special issue, is the political realist school of criticism. As with communitarianism and other 'isms', it is a simplification to write as if there exists a coherent school of political realism, yet it is useful and, I think to a large extent justified, to speak of the realist critique of liberalism (though it is perhaps less plausible to speak of a single political realist approach to political theory). Like communitarianism, it is easier to understand realism in terms of what*

> *it is not–Rawlsian-style 'high' liberalism–than in terms of what it is, in large part because while those associated with political realism agree that there is something wrong with liberal political philosophy, they disagree about what needs to be done instead.* (North, 2010)
>
> « On peut raisonnablement considérer que la philosophie politique libérale est la philosophie de notre époque. bien sûr il existe de nombreuses écoles de pensée disparates qui critiquent cette philosophie mais il est difficile de discerner parmi celle-ci la moindre alternative crédible au libéralisme tel que le décrivent, entre autres, Rawls et Dworkin. Parmi ces écoles critiques, le réalisme politique, auquel se consacre ce numéro spécial, est rarement évoqué. Comme pour le communautarisme et tous les autres mots en "isme", prétendre qu'il existe une école cohérente du réalisme politique relève de la simplification ; l'appellation "critique réaliste du libéralisme" n'est pas pour autant inutile ou injustifiée, du moins de mon point de vue (même s'il est peu probable qu'il existe un seul et unique réalisme politique au sein de la théorie politique). Comme dans cas du communautarisme, il est plus facile de comprendre le réalisme en considérant ce qu'il n'est pas, c'est-à-dire un libéralisme élaboré de type rawlsien. En effet, si les penseurs que l'on associe au réalisme politique sont d'accord pour affirmer que la philosophie politique libérale laisse à désirer, il n'y a pas d'alternative qui fasse consensus. »

Avant tout, il faut apporter deux précisions préalables : d'abord, si le réalisme politique semble avoir un fort ancrage en Grande-Bretagne, il ne représente pas le retour de la division entre la tradition anglais et américaine. Au demeurant, son meilleur représentant, à nos yeux, Raymond Geuss, possède les deux nationalités, puisqu'il a été naturalisé britannique en 2000 après sept années passées à enseigner à Cambridge, après être passé par Columbia, Princeton et Heidelberg. Ensuite le réalisme politique ne fournit pas la critique tant attendue qui permettrait de résoudre une bonne fois pour toutes les tensions constitutives du libéralisme mises au jour dans cet ouvrage. Pluralisme et monisme, libéralisme compréhensif et politique, restent appréciés et compris de manière inégale. Pour certains le réalisme critique consiste en une nouvelle attaque contre le monisme, le libéralisme noble, ou trop ambitieux (*« 'high' Liberalism' »)*, pour continuer de prôner un libéralisme moins théorique, plus terre à terre, plus fidèle à ses origines. Ainsi Galston revendique-t-il son adhésion au réalisme politique. D'autres, comme Gray dans une certaine mesure, et Raymond Geuss, Glen Newey, de manière plus franche, semblent prendre une plus grande distance d'avec toutes les doctrines traditionnelles. Toutefois, puisqu'il est souhaitable de prendre un peu de distance avec le libéralisme pour pouvoir conclure, on peut aussi décrire l'entreprise comme une volonté de débarrasser la théorie politique de ses présupposés moraux, de ses *a priori* plus ou moins intuitifs sur les éléments qui fondent « la société bonne », de telle conception de la justice qui serait censée en être le juste fondement. Il s'agit donc de réalisme, terme du reste peu éclairant parce qu'extrêmement large, d'après les propres dires de Geuss[1], qui admet regretter avoir employé le mot dans son ouvrage *Philosophy and Real Politics* (Geuss, 2008). Heureusement la lecture de Geuss permet de préciser ce dont il s'agit. Le point de départ de la théorie politique doit, en effet, être une observation du contexte, la prise en compte des multiples aspects de l'expérience, une analyse de « ce qui se passe vraiment[2] » (Geuss, 2008, 10) et non pas l'établissement d'une société idéale qu'il faudra, dans un deuxième temps tenter d'appliquer au monde. C'est le sens de sa critique de « l'éthique appliquée », (« *applied ethics* »). En plus du réalisme, il faut concevoir la théorie (ou philosophie, puisque Geuss insiste sur la synonymie des termes) politique, comme étant essentiellement et avant tout, une forme d'action, comprendre qu'elle est propre à un contexte (« il n'existe pas de "questions éternelles" de philosophie politique dignes d'intérêt[3] » (Geuss, 2008, 13)), et qu'elle « tient plus de la pratique artisanale ou artistique que de ce à quoi, traditionnellement, on s'attend quand on passe à l'application d'une théorie[4] » (p. 14). Tous les concepts-clé de la philosophie politique, donc du libéralisme, sont mis à mal par le réalisme de Geuss. Chacun comporte des contradictions potentielles, surtout une fois qu'ils sont mis à l'épreuve du contexte, selon la démarche typique de l'école de Cambridge. Mais une fois les fondements de la critique réaliste exposés, quelles sont ses orientations, quelle politique faut-il adopter, qui supplantera celle que défendent les libéraux ? Cette question ne peut obtenir qu'une réponse contextualisée de la part d'une approche qui privilégie justement le contexte. C'est en effet là l'alternative la plus crédible à la théorie libérale, l'idée qu'il faut

---

1 *Cf.* « Realism, Wishful Thinking, and Utopia: A talk by Raymond Geuss », May 6, 2010, University of Minnesota, URL : http://ias.umn.edu/2010/05/06/geuss-raymond-2/

2 « *what actually happens* ».

3 « *there are no interesting "eternal questions" of political philosophy* ».

4 « *is more like the exercise of a craft, or art, than like traditional conceptions of what happens when a theory is applied.* » On ne peut s'empêcher de percevoir une certaine proximité avec Oakeshott ici, d'autant que Geuss se réfère lui aussi à Hobbes.

renoncer à la théorie, au moins, en tant que théorie normative universelle par opposition à l'approche descriptive. Geuss semble néanmoins penser qu'il faut, quel que soit le contexte, garder un œil sur le pouvoir, sous toutes ses formes, reprochant d'ailleurs au libéralisme d'avoir les yeux rivés sur l'État[5] au point de ne pas voir l'accumulation du pouvoir à d'autres endroits comme la coopération économique internationale. Ce qui ne revient pas à affirmer que Geuss est « contre l'accumulation du pouvoir », mais seulement à ne pas perdre celui-ci de vue :

> *It is merely an empirically general fact about societies we know (those that have existed in Europe during the past two thousand years or so, and some others) that in them power is going to be of interest. In Foucault's terms: power is the present danger. This means not that it is inherently bad–it would make no sense to claim that. Rather, it merely means that it is advisable to pay attention to it. Perhaps one day it will not be so important. Whether or not it is better for there to be "equal power" (assuming we knew what that meant) rather than "unequal power" between given individuals is a question to which no general answer can be given. It depends completely on the specific circumstances.* (Geuss, 2008, 97)

> « Que le pouvoir suscite l'intérêt est tout bonnement une donnée, générale et empirique, des sociétés que nous connaissons (celles qui existent en Europe depuis deux mille ans et d'autres encore). Comme le dit Foucault : le pouvoir est le danger présent. Cela ne signifie pas qu'il est mauvais en soi – une telle affirmation serait absurde. Cela veut simplement dire qu'il faut y prêter attention. Peut-être qu'un jour il perdra de son importance. Quant au fait de savoir s'il est préférable que le "pouvoir soit partagé de manière équitable" (en admettant que cette phrase ait un sens) ou de "manière inéquitable" entre les individus, il n'y a pas de réponse générale à cette question. Ça dépend complètement des circonstances. »

5 Conférence « Raymond Geuss – Philosophy and Real Politics », University of East Anglia, 2012. URL : https://www.youtube.com/watch?v=1PGOJYdKFM4

# BIBLIOGRAPHIE


ABBEY, Ruth, « Biography of a Bibliography. Three Decades of Feminist Response to Rawls », in *Feminist Interpretations of John Rawls*, Ruth Abbey (edit.), University Park (PA), Pennsylvania State University Press, 2013, voir p. 1-23.

ABBEY, Ruth, « Back toward a Comprehensive Liberalism? », *Political Theory*, février 2007, voir p. 5-28.

ARNESON, Richard J., « Democracy and Liberty in Mill's Theory of Government. » *Journal of the History of Philosophy*, janvier 1982, voir p. 43-64.

AUDARD, Catherine, *John Rawls*, Stocksfield, Acumen, 2007.

AUDARD, Catherine, *Qu'est-ce que le libéralisme ?*, Paris, Gallimard, 2009.

BARRY, Brian, « How Not to Defend Liberal Institutions », *British Journal of Political Science*, 20, no. 1, janvier 1990, voir p. 1-14.

BAUMEISTER, Andrea, *Liberalism and the 'Politics of Difference'*, Edinburgh, Edinburgh University Press, 2000.

BELLAMY, Richard, *Liberalism and Pluralism, Towards a politics of compromise*, London, Routledge, 1999.

BELLAMY, Richard, *Rethinking Liberalism*, London, Pinter, 2000.

BERCUSON, Jeffrey, *John Rawls and the History of Political Thought*, New York, Routledge, 2014.

BERLIN, Isaiah, « Herzen and Bakunin on Liberty », in Berlin I., *Russian Thinkers*, London, Penguin books, 1994, voir p. 82-113.

BERLIN, Isaiah, « Introduction to Five Essays on Liberty », in Berlin I., *Liberty*, Oxford, OUP, 2002 voir p. 3-55.

BERLIN, Isaiah, « John Stuart Mill and the Ends of Life », in Berlin I., *Liberty*, Oxford, OUP, 2002, voir p. 218-251.

BERLIN, Isaiah, « The Counter-Enlightenment », in Berlin I., *Against the Current. Essays in the history of Ideas*, NY, The Viking Press, 1980, voir p. 1-24.

BERLIN, Isaiah, « The Hedgehog and the Fox », in Berlin I., *The Proper Study Of Mankind. An Anthology of Essays*, NY, Farrar, Straus & Giroux Inc, 2000, voir p. 436-498.

BERLIN, Isaiah, « Two Concepts of Freedom, Romantic and Liberal », in Berlin I., *Political Ideas in the Romantic Age*, Princeton, Princeton University Press, 2006 (2014), voir p. 195-260.

BERLIN, Isaiah, « Two Concepts of Liberty », in Berlin I., *Liberty*, Oxford, OUP, 2002, voir p. 166-217.

BOUCHER, David et VINCENT, Andrew, *British Idealism and Political Theory*, Edinburgh, Edinburgh University Press, 2000.

BROWN, L. Susan, *The Politics of Individualism. Liberalism, Liberal Feminism and Anarchism*, Black Rose Books, Portland, 2003.

CALDWELL, Bruce, *Hayek's Challenge. An intellectual biography of F.A. Hayek.* Chicago, The University of Chicago Press, 2004.

CALDWELL, Bruce, « Hayek on Mill », *History of Political Economy*, 2008, voir p. 689-704.

CARR, Craig L., *Liberalism and Pluralism*, NY, Palgrave Macmillan, 2010.

CHERNISS, Joshua, *A Mind and its Time, The Development of Isaiah Berlin's Political Thought*, Oxford, OUP, 2013.

CROWDER, George, « Two Concepts of Value-Pluralism », *Political Theory* 35, no. 2 (Avril 2007), voir p. 121-146.

DOSTALER, Gilles, *Le libéralisme de Hayek*, Paris, Éditions La Découverte, 2001.

DWORKIN, Gerald, « Autonomy », in *A Companion to Contemporary Political Philosophy*, 2nd Edition, Pettit P., Pogge T., Goodin R.E., Malden (edit.) (MA) Blackwell, 2007, voir p. 443-451.

DWORKIN, Ronald, *Justice For Hedgehogs*, Cambridge (MA), Harvard University Press, 2011.

DWORKIN, Ronald, *La vertu souveraine*, (J.-F. Spitz, Trad.) Bruxelles, Bruylant, 2007.

DWORKIN, Ronald, « Liberalism » in Dworkin, R. *A matter of Principle*, Oxford, OUP, 1985, voir p. 181-204.

DWORKIN, Ronald, *Sovereign Virtue (The Theory and Practice of Equality).* Cambridge (MA), Harvard University Press, 2000.

DWORKIN, Ronald, *Taking Rights Seriously*, Cambridge (MA), Harvard University Press, 1977.

EXDELL, John, « Feminism, Fundamentalism, and Liberal Legitimacy », *Canadian Journal of Philosophy*, Septembre 1994, voir p. 441-463.

FARRANT, Andrew, *Hayek, Mill, and the Liberal Tradition*, London, Routledge, 2011.

FONTANEY, Pierre, « T.H. Green, la métaphysique », in *Le Nouveau libéralisme anglais*, Chrétien, M. (édit.), Paris, Economica, 1999, voir p. 40-63.

FRANCIS, Mark et MORROW, John, *A History of English Political Thought in the 19th Century*, London, Duckworth, 1994.

FRANCO, Paul, « Oakeshott; Berlin and liberalism », *Political Theory*, vol. 31, no. 4, août 2003), voir p. 484-507.

FREEDEN, Michael, *Ideologies and Political Theory, A Conceptual Approach*, Oxford, OUP, 1996.

FREEDEN, Michael, « Ideology, Political Theory and Political Philosophy », in *Handbook of Political Theory*, Kukathas, C., Gaus, G., (edit.), London, SAGE Publications, 2004, voir p. 3-17.

FREEDEN, Michael, « Liberalism », in *The Routledge Companion to Social and Political Philosophy*, Gaus, G., D'Agostino, F. London, (edit.), Routledge, 2013, voir p. 231-242.

FREEMAN, Samuel, *Rawls*, Abingdon, Routledge, 2007.

GALSTON, William, « Value pluralism and Liberal Political Theory », *American Political Science review*, vol. 93, n°4, décembre 1999, voir p. 769-778.

GALSTON, William, *Liberal Pluralism*, Cambridge, CUP, 2004.

GAMEL, C., « Hayek et Rawls sur la justice sociale, les différences sont-elles "plus verbales que substantielles" ? », *Cahiers d'économie Politique*, no. 54, 2008, voir p. 85-120.

GAUS, Gerald,« Green, Bosanquet and the philosophy of coherence », in *Routledge History of Philosophy*, vol. 7, Ten, C.L. (edit.), London, Routledge, 1994, voir p. 339-364.

GAUS, Gerald, « The Turn to a Political Liberalism », in *A Companion to Rawls*, Mandle J., Reidy D. (edit.), Malden (MA), Wiley Blackwell, 2014, voir p. 235-250.

GEUSS, Raymond, *History and illusion in Politics*, Cambridge, CUP, 2001

GEUSS, Raymond, *Outside Ethics*, Princeton, Princeton University Press, 2005

GEUSS, Raymond, *Philosophy and Real Politics*, Princeton, Princeton University Press, 2008.

GRAY, John, *Enlightenment's Wake*, London, Routledge, 2007 (1995).

GRAY, John, *Isaiah Berlin*, Princeton, Princeton University Press, 1996.

GRAY, John, « Mill's conception of happiness », in *On Liberty in focus*, Smith G.W., Gray, J., (edit.), London, Routledge, 1991, voir p. 190-211.

GRAY, John, *Post-liberalism*, London, Routledge, 1993.

GRAY, John, « Reply to critics », in *The Political Theory of John Gray*, Horton J., Newey, G., (edit.), London, Routledge, 2007, voir p. 211-233.

GRAY, John, *Two faces of Liberalism*. Oxford, Polity Press, 2000.

GREEN, Thomas Hill, *Prolegomena to Ethics*, Oxford, Clarendon Press, 1906 (1883).

GREEN, Thomas Hill, *Works of Thomas Hill Green*, Nettleship, R. L., (edit.), London, Longmans, Green and Co, 1888.

GREENLEAF, William H., *The Rise of Collectivism, The British Political Tradition*, vol. 1, London, Methuen, 1983.

GUEST, Stephen, *Ronald Dworkin*, (3e édition), Stanford, Stanford University Press, 2013.

HAYEK, Friedrich A., « The Constitution of Liberty », in *The Collected Works of F.A. Hayek*, Hamowy R, (edit.), vol. 17, Chicago, The University of Chicago Press, 1960 (2011).

HAYEK, Friedrich A., *The Counter Revolution Of Science*. London, Collier-Macmillan, 1955.

HEIDENREICH, Felix et SCHAAL, Gary, *Introduction à la philosophie politique*, Paris, CNRS éditions, 2012.

HOBHOUSE, Leonard Trelawny, *Liberalism*, London, Williams & Norgate, 1911 (1919).

HOBHOUSE, Leonard Trelawny, *The Metaphysical Theory of the State*, London, George Allen & Unwin, 1918.

HORTON, John, « Rawls in Britain », *European Journal of Political Theory*, vol. 1, n° 2, octobre 2002, voir p. 147-161.

IGNATIEFF, Michael, *Isaiah Berlin, A Life*, New-York, Metropolitan Books, 1998.

ISAACS, Stuart, *The Politics and Philosophy of Michael Oakeshott*, London, Routledge, 2006.

KELLY, Aileen, « A Revolutionary without Fanaticism », in *The Legacy of Isaiah Berlin*, Lilla, M., Silvers, R. Dworkin R., (edit.), New York, New York Review Books, 2001, voir p. 3-30.

KÉVORKIAN, Gilles, « Qu'est-ce que le libéralisme ? Questions de méthode », in *La Pensée Libérale (Histoires et controverses)*, Kerkévian, G. (édit.), Paris, Ellipses, 2010 voir p. 257-308.

KNUTTILA, Murray, *State Theories. From Liberalism to the Challenge of Feminism*. Halifax, Fernwood Publishing, 1992.

KUKATHAS, Chandran, « Liberty », in *A Companion to Contemporary Political Philosophy*, Pettit P., Pogge T., Goodin R.E., (edit.), Malden, (MA) Blackwell, 2007, voir p. 685-698.

KYMLICKA, Will, « Communitarianism », in Kymlicka, W., *Contemporary Political Philosophy. An introduction*, Oxford, OUP, 2002, voir p. 208-283.

KYMLICKA, Will, *Contemporary Political Philosophy*, New-York, OUP, 2002.

LARMORE, Charles, *The Morals of Modernity*, Cambridge, CUP, 1996.

LAURENT, Alain, *Le Libéralisme américain. Histoire d'un détournement*. Paris, Les belles lettres, 2006.

LEWIS, Jane, « The place of social investigation, social theory and social work in the approach to late Victorian and Edwardian social problems, the case of Beatrice Webb and Helen Bosanquet », in *The Social Survey in Historical Perspective, 1880–1940*, Bales, K., Kish Sklar K., Bulmer M., (edit.), Cambridge, CUP, 1991, voir p. 148-169.

LITTLE, Daniel, « Rawls and Economics » in *A Companion to Rawls*, Reidy D., Mandle J, (edit.), Chichester, Wiley Blackwell, 2014, voir p. 504-525.

MACPHERSON, C.B., *The Life and Times of Liberal Democracy*, Oxford, OUP, 1977.

McClelland, J.S., *A History of Western Political Thought*, London, Routledge, 1996.

McIntyre, Kenneth B., *The Limits of Political Theory. Oakeshott's Philosophy of Civil Association*, Exeter, Imprint Academic, 2004.

Meadowcroft, James, *Conceptualizing the State*, Oxford, OUP, 1995.

Mill, John Stuart, *Essays on Politics and Society Part I, [On Liberty] The Collected Works of John Stuart Mill*, Vol. 18, Toronto, University of Toronto Press, 1977.

Mill, John Stuart, *Essays on Ethics, Religion, and Society [Utilitarianism], The Collected Works of John Stuart Mill*, Vol. 10, Toronto, University of Toronto Press, 1985.

Mill, John Stuart, *The Earlier Letters of John Stuart Mill 1812–1848 Part I, The Collected Works of John Stuart Mill*, Vol. 12. Toronto, University of Toronto Press, 1963.

Moller Okin, Susan, « Political Liberalism, Justice and Gender » *Ethics*, n° 105, Octobre 1994, voir p. 23-43.

Moller Okin, Susan, *Justice, Gender and the Family*, New-York, Basic Books, 1989.

Mortier, Janie, « T.H. Green, le philosophe dans la cité » in *Le Nouveau libéralisme anglais*, Chrétien, M. (édit.), Paris, Economica, 1999, voir p. 77-100.

Nadeau, Christian, « Libéralisme, pluralisme et démocratie. » in *La pensée libérale*, Kerkévian, G. (édit.), Paris, Ellipses, 2010, voir p. 243-256.

Nardin, Terry, *Michael Oakeshott's Cold War Liberalism*, NY, Palgrave Macmillan, 2015.

Nardin, Terry, *The Philosophy of Michael Oakeshott*, University Park (PA), The Pennsylvania State University Press, 2001.

Neal, Patrick, *Liberalism and its Discontents*, New-York, NYUP, 1997.

Neill, Edmund, *Michael Oakeshott*, London, Continuum, 2010.

North, Richard, « Political realism, Introduction », *European Journal of Political Theory*, vol. 9, n° 4, Octobre 2010, voir p. 381-384.

Nussbaum, Martha, « Rawls and Feminism », in *The Cambridge Companion to Rawls*, Freeman, S. (édit.), Cambridge, CUP, 2002, voir p. 488-520.

Nussbaum, Martha, *The New Religious Intolerance*, Cambridge, (MA), Harvard University Press, 2012.

O'Sullivan, Luke, « Oakeshott on Bentham and J.S. Mill », academia.edu. septembre 2001. http://www.academia.edu/1041922/Article_Oakeshott_on_Bentham_and_J.S._Mill (accès 15 juillet 2015).

O'Sullivan, Noel, « Liberalism, Nihilism and Modernity in the Political Thought of John Gray », in *The Political Theory of John Gray*, Horton J., Newey, G. (édit.), London, Routledge, 2007, voir p. 174-192.

Oakeshott, Michael, *On Human Conduct*, Oxford, OUP, 1975 (2003).

OAKESHOTT, Michael, « Political Education », in *The Voice of Liberal Learning*, Indianapolis, Liberty Fund, 2001, voir p. 159-188.

OAKESHOTT, Michael, *Rationalism in Politics*, London, Methuen & co, 1962.

OAKESHOTT, Michael, « The Masses in Representative Democracy », in *Freedom and Serfdom, An Anthology of Western Thought*, (edit.) Hunold, A., Antoni, C., Dortrecht, D. Reidel, 1961, voir p. 151-171.

OAKESHOTT, Michael, *The Social and Political Doctrines of Contemporary Europe*, Cambridge, CUP, 1939.

PAKALUK, Michael, « The Liberalism of John Rawls, A Brief Exposition », in *Liberalism at the Crossroads*, (edit.), Wolfe, C., Lanham, (MD), Rowman & Littlefield Publishers, 2003, voir p. 1-20.

POCOCK, J.G., Political *Thought and History. Essays on theory and method*, Cambridge, CUP, 2009.

PODOKSIK, Efraim, *In Defence of Modernity, Vision and philosophy in Michael Oakeshott*, Exeter, Imprint Academic, 2003.

RAWLS, John, *A Theory of Justice*, Cambridge (MA), Harvard University Press, 1999.

RAWLS, John, *Justice as Fairness, a Restatement*, Cambridge (MA), Harvard University Press, 2001.

RAWLS, John, *La justice comme équité*, (B. Guillarme, trad.) Paris, La Découverte, 2008.

RAWLS, John, *Lectures on the History of Moral Philosophy*, Cambridge (MA), Harvard University Press, 2000.

RAWLS, John, *Libéralisme politique*, (Catherine Audard, trad.), Paris, PUF, 1995.

RAWLS, John, *Political Liberalism*, New York, Columbia University Press, 2005.

RAWLS, John, « The Idea of Public Reason Revisited », in *The Law of Peoples*, John Rawls (edit.), 129-180. Cambridge (MA), Harvard University Press, 1999.

RAWLS, John, *Théorie de la justice*. (Catherine Audard, trad.) Paris, le Seuil, 1987

REES, J.C., « A re-reading of Mill On Liberty », in *On Liberty in focus*, (edit.) Smith G.W., Gray, J., London, Routledge, 1991, voir p. 169-189.

ROUSSIN, Juliette, « http//www.cevipof.com/fr/colloque/papiers/ », www.cevipof.com/, 20-21 septembre 2012 (accès 19 novembre 2015).

RYAN, Alan, « Liberalism », in *A Companion to Contemporary Political Philosophy*, 2d Edition, (edit.) Pettit P., Pogge T., Goodin R.E., Malden, (MA) Blackwell, 2007, voir p. 360-382.

RYAN, Alan, *The Making of Modern Liberalism*, Princeton, Princeton University Press, 2012.

SANDEL, Michael, *Liberalism and the Limits of Justice*, Cambridge, CUP, 1998.

SHEARMUR, Jeremy, « Gray's Progress, From Liberalisms to Enlightenment's Wake », *The Journal of Libertarian Studies*, vol. 21, no. 3, 2007, voir p. 79-114.

SIMHONY, Avital et WEINSTEIN David. *The New Liberalism. Reconciling Liberty and Community*, Cambridge, CUP, 2001.

SKINNER, Quentin, « Introduction, the return of Grand Theory », in *The Return of Grand Theory in the Human Sciences*, Skinner K. (edit.), Cambridge, CUP, 1985, voir p. 1-21.

SKORUPSKI, John, *Why Read Mill Today?*, London, Routledge, 2006.

SMITH, Andrew F., « Closer But Still No Cigar, On the Inadequacy of Rawls's Reply to Okin's "Political Liberalism, Justice, and Gender" », *Social Theory and Practice*, vol. 30, n° 1, janvier 2004, voir p. 59-71.

SPITZ, Jean-Fabien, « Ronald Dworkin et le faux dilemme de l'égalité et de la liberté », *Revue internationale de philosophie*, n° 233, 2005, voir p. 413-434.

STEPHEN, James Fitzjames, *Liberty, Equality, Fraternity*, Indianapolis, Liberty Fund, 1874 (1993).

TEBBLE, A.J., *F.A. Hayek*, London, Continuum, 2010.

TSENG, Roy, *The Sceptical Idealist. Michael Oakeshott as a critic of the Enlightenment*, Thorveton, Imprint Academic, 2003.

TYLER, Colin, *Idealist Political Philosophy, Pluralism and Conflict in the Absolute Idealist tradition*, London, Continuum, 2006.

VOICE, Paul, *Rawls Explained: From Fairness to Utopia*, Chicago, Open Court, 2011.

WALDRON, Jeremy, « Theoretical foundations of Liberalism », in *Liberal Rights: Collected Papers 1981–1991*, Waldron, J. (edit.), Cambridge, CUP, 1993, voir p. 35-62.

WEINSTEIN, David, « English Political Theory in the Nineteenth and Twentieth Centuries », in *Handbook of Political Theory*, Kukathas, C., Gaus, G., (edit.), London, SAGE Publications, 2004, voir p. 410-426.

WEST, Edwin G., « Liberty and Education. John Stuart Mill's Dilemma », *The Journal of the Royal Institute of Philosophy*, n° 40, Avril 1965, voir p. 129-142

WILLIAMS, Bernard, « Conflict of Values », in *The Idea of Freedom. Essays in Honour of Isaiah Berlin*, Ryan, A. (edit.), Oxford, OUP, 1979, voir p. 221-232.

WOLFE, Christopher, « The Egalitarian Liberalism of Ronald Dworkin », in *Liberalism at the Crossroads*, Wolfe, C. (edit.), Lanham, (MD), Rowman & Littlefield Publishers, 2003, voir p. 21-40.

# INDEX

# TABLE DES MATIÈRES